国家出版基金项目
NATIONAL PUBLICATION FOUNDATION

"十二五"国家重点图书
出版规划项目

红色延安口述·历史
HONGSE YAN'AN
KOUSHU·LISHI

# 国际友人在延安

任文 主编

陕西师范大学出版总社有限公司

图书代号　SK14N0323

**图书在版编目(CIP)数据**

国际友人在延安 / 任文主编. —西安：陕西师范大学出版总社有限公司，2014.4（2019.6重印）
（红色延安口述·历史）
ISBN 978-7-5613-7094-0

Ⅰ.①国… Ⅱ.①任… Ⅲ.①友好往来—外国人—生平事迹—中国—现代 ②抗日战争—史料—陕甘宁抗日根据地 Ⅳ.①K812.6 ②K265.06

中国版本图书馆 CIP 数据核字(2014)第 075328 号

## 国际友人在延安
GUOJI YOUREN ZAI YAN'AN

任　文　主编

| 责任编辑 | 巩亚男　张旭升 |
|---|---|
| 责任校对 | 张　佩 |
| 出版发行 | 陕西师范大学出版总社有限公司 |
|  | （西安市长安南路 199 号　邮编 710062） |
| 网　　址 | www.snupg.com |
| 印　　刷 | 西安市建明工贸有限责任公司 |
| 开　　本 | 710mm×1020mm　1/16 |
| 印　　张 | 20 |
| 插　　页 | 2 |
| 字　　数 | 241 千 |
| 版　　次 | 2014 年 4 月第 1 版 |
| 印　　次 | 2019 年 6 月第 3 次印刷 |
| 书　　号 | ISBN 978-7-5613-7094-0 |
| 定　　价 | 50.00 元 |

读者购书、书店添货或发现印刷装订问题，请与本公司营销部联系、调换。
电话:(029)85307864　85303629　传真:(029)85303879

## "红色延安口述·历史"
## 编辑委员会

**总策划** 冯晓立　傅功振
**主　编** 任　文
**编　委** 薛义忠　石　杰　梁向阳　孙国林
　　　　朱鸿召　张军锋　梁星亮　姬乃军
　　　　刘卫平　田　刚　陈答才　王晓荣
　　　　刘东风　冯晓立　傅功振
**参编人员** 王　耀　王晓飞　王慧子　邓　微
　　　　　仝　蕾　巩亚男　庄婧卿　刘存龙
　　　　　张　双　赵虹波　雷亚妮

# 编辑说明

"红色延安口述·历史"是一套以口述实录、回忆录、访谈录以及相关原始档案并配以历史图片为基本内容的史料集成。它试图以亲历者、当事人、知情者或者后代的讲述、回忆,来还原历史真相,呈现延安十三年的辉煌,从而改善当代人对"符号化"延安的僵化认识,再现一个本色、真实的延安。入选文章均来自已出版的图书、杂志、报纸,酌量选录地方党史办公室、政协文史机构等征研的资料。

丛书所选文章注重大历史背景下个人独特的经历和感受,尤重对历史细节的挖掘和梳理。丛书内容虽以回忆、口述等形式呈现,但其较强的故事性、可读性,有益于对当代读者,特别是对青少年读者进行革命传统教育,进一步弘扬延安精神,具有积极的现实作用与意义。

丛书共17种21册。内容包括口述实录、回忆录、访谈录、重要的档案材料及代表性研究文章。口述实录、访谈录与回忆录前均设置了对口述人或回忆人的简要介绍,并突出介绍口述人或回忆人在延安的工作或生活经历。

所选文章中,因个人当时的见闻条件、历时记忆在一定程度上的失真以及可能附加的主观因素等,讲述人或作者对历史事件的忆述不一定完全符合已逝的客观真实,且不同的亲历者对同一事件的细节叙述也常稍有出入,这一方面反映了历史事件的复杂性、多元性，另一方面也说明历史应该是"人的历史"，不能只有一种"写法"或"说法"，更不存在"唯一性"，这样才能更趋历史"真相"。为尊重原作，编者收入时未强求统一，多以"编者注"提醒读者注意。

入选文章写作时间跨度从上世纪30年代到本世纪初，每篇文章自有其文字风格和时代的语言习惯，收入本丛书时，除特殊情况外，皆尊重原文，不做改动；原书专名（人名、地名、术语）及译名与今不统一者，多未做改动。如确系作者笔误、排印错误、数据计算与外文拼写错误等，则予以修正。标点符号、数字用法等，依据现有出版规范做了统一处理。除特殊情况外，原文篇后注或行文注统一移作脚注，文献著录稍加统一。

由于我们工作经验不足，或翻检资料有限，或水平、认识有限，其中可能存在讹误或差错，敬请方家、读者批评指正。

作为一套大型汇编丛书，涉及文字与图片等著作权联系方面的工作难度很大，我们进行了多方努力和联系，但仍有部分作者信息不明或原工作、生活地址变动而无法联系，希望版权人或版权继承人见书后与我们联系，以奉稿酬与样书。

谨以"红色延安口述·历史"的出版，向革命先辈致敬！

"红色延安口述·历史"编委会

2014年3月

## CONTENTS 国际友人在延安 目录

1 当惊宝塔殊：国际友人在延安（代前言） 朱鸿召

### 上 编

## 与外国友人面对面

002 随斯诺访问陕北　黄　华

014 欢迎史沫特莱　朱正明

017 回忆毛主席在延安会见海伦·斯诺及其他　余建亭

025 记1938年世界学联代表访问延安　刘家栋

030 忆1939年陪埃德加·斯诺二访延安　石　锋

039 白求恩助手深情回忆白求恩　口述：燕真　整理：顾炳枢

049 共产国际联络员弗拉基米洛夫在延安　师　哲

057 接待中外记者西北观察团和美军驻延安观察组　杨尚昆

069 走上世界大舞台前的"窑洞外交"——中国共产党早期外交机构及活动
　　　凌　青

082 美军军事观察组在延安　口述：李耀宇　整理：李东平

### 下 编

## 追述外国友人的延安之旅　孙国林

108 斯诺：《西行漫记》之外的故事

123　访问延安的美国医学博士——马海德

139　乐于挑战的美国女记者——史沫特莱

153　海伦·斯诺：踏着丈夫的足迹前行

167　白求恩：不远万里来中国

180　卡尔逊：首位以美国官方身份来访的人

191　卡尔曼：乘坐小汽车来访的人

199　印度援华医疗队

212　外国记者西北访问团的延安之行

227　官方外交的开端——美军观察组在延安

241　斯特朗：最后来访的美国记者

256　最后到访的美国人——李敦白

269　附录　国际友人在延安大事记（1935—1949年）　姬乃军

# 当惊宝塔殊：国际友人在延安（代前言）

朱鸿召

上世纪三四十年代，延安在10年左右的时间里，先后有美、英、苏、德、加、波、印、朝、日、新西兰等10多个国家，100余位国际友人到延安及陕甘宁边区访问或工作。他们中有记者、学者、作家、医生、技术人员、军事顾问和社会活动家等。就对中国抗战的贡献和国际文化交流，以及其个人命运浮沉来说，最富传奇的是来自西方国家的新闻记者和作家。最令人崇敬的是以身殉职的援华医生。规格最高、能量最大、对历史格局形成最有影响的是美军观察组及美国政府要员。

## 远来的朋友都是客

1935年10月，中国共产党率领工农红军长征到达陕北，参与解决"西安事变"，高举抗日民族统一战线大旗，虽然取得了立足存身之地，并获得政治合法性和一定的军事装备，但处境仍然困难，迫切需要道义的伸张和舆论的支持，以拓展生存空间，赢得力量的增长。

在这种情况下，党对于由朋友内线介绍来的境外新闻记者就格外器重，敞开大门，礼遇有加。朋友介绍的客人就是自己的朋友，多个能对外界发声说话的朋友就多了一条通往前途的生路。经宋庆龄引荐，在中共中央北方局的周密安排下，1936年7月，埃德加·斯诺与马海德一起穿越东北军防地，经延安到达当时的红军总部和中共中央所在地保安。马海德是医学博士，此后10年一直在延安当医生，并与漂亮的鲁艺学员周苏菲喜结良缘。斯诺成为采访红军、报道现代中国革命的第一人。

中共中央对斯诺到访非常重视。主持中央工作的张闻天，早在5月15日就专门召集会议讨论并布置有关事宜。当时在保安的外国人只有李德——共产国际派来的军事顾问，曾随同红军长征，时任红军大学军事教员。斯诺和马海德的到来，使得中华苏维埃共和国中央政府外交部的招待所第一次名副其实地接待了下榻的国际友人。

斯诺到来的当天晚饭后，毛泽东来到招待所。这位名震遐迩的"赤匪"、国民党政府悬赏25万元银洋予以缉拿的第一号人物，立刻引起了斯诺的兴趣。斯诺此后将他在延安采访到的内容，撰写成在海内外产生巨大影响的《西行漫记》。

但是为什么选择了斯诺？因为他的国籍、他的联系和他的独立性格。当然有可能的话，也可以找一名中国记者，但他得不到治外法权的保障。如果找英国、法国或德国记者，他们国家的治外法权已给他们带来极坏的名声。如果找俄国记者则会引起各国的怀疑，这是毛泽东和那些不同意莫斯科意见的中国领导所不能接受的。这样就只有考虑找美国记者，其中斯诺是最理想的。美国记者史沫特莱和中国左翼的联系比斯诺密切，但联系太紧会变成一个党派人物的形象，发表作品的领域就有限。[①]

毛泽东先用几个晚上向斯诺介绍中央的政策，说明在中国产生的共产党力量是如何聚集在一起的，以后又打破了共产党领导人不谈个人私事和家庭生活的习惯，毛泽东对自己的家庭和经历做了仅此一次、以后再也没有过的详细叙述。中共中央和红军的其他领导人以及普通士兵，都坦露情怀地接受了客人的采访。

## 延安感动了国际友人

接客以礼，待客以诚。延安条件艰苦，国际友人的生活却都被安排得比较

---

[①] [美]约翰·马克斯韦尔·汉密尔顿：《埃德加·斯诺传》，沈蓁、沈永传、许文霞，译，学苑出版社1990年版，第70页。

好。1937年1月，史沫特莱以记者和作家的身份到延安，在"外交部招待所"住了很短的时间后，就搬到了凤凰山东麓的两间窑洞里，出行有马，使唤有"小鬼"，做伴有翻译吴光伟，生活很是满足。同年7月，她致朋友信中称：在战争和战争的各种流言中，我在这里有了一个美国式的花园。……清晨我在山间漫步，穿过峡谷，一路采摘野花——燕草、橘红色的大百合、鸢尾花等等，在这里它们显得漂亮极了。然后，我骑上心爱的"云南"——贺龙在云南缴获的小马，朱德送给我的。一阵风似的驰过峡谷，翻过小山。[①]

延安宁静温馨的客居生活，深深地感染着这位生活中的流浪人、感情上的猛浪者。

史沫特莱生于美国西部，自称有印第安血统，中学时就是"一个直言不讳，爱惹是非，激烈异常，带着枪和匕首进进出出"，"想出各种办法来消除身上任何一点女人气"的人。她有诙谐而粗俗的谈吐，以自己的精神和肉体去交往印度自由之友协会的领导人，在美国被捕入狱，偷渡去柏林参加第三国际，要"像一个男人一样解决性欲"……极度的激烈和反抗，使她一度接近精神崩溃和彻底衰竭。直到1928年她从柏林到莫斯科见到宋庆龄，并来到中国，在上海接触茅盾、鲁迅、冯雪峰和新文学年轻作家萧军、萧红、周立波等人后，才逐渐收敛自己。所有这些被生活扭曲了的个性和自我的尊严，都在延安的客居礼遇中得到慰藉和补偿，"我过着一种从未梦想过的平静而美好的生活。无论是在上海还是在美国，我都不能过得如此自由自在，如此惬意"[②]。她申请加入中国共产党，遭到拒绝。

她提出领养一名红"小鬼"为子，又未成。殊不知，客只能是客。从冬到春，经夏至同年9月，她不无感伤地离开了延安。

在延安供给制条件下，八路军津贴分为五等：士兵1.5元；排级2元；连

---

[①] [美]珍妮斯·麦金农、斯蒂芬·麦金农：《史沫特莱——一个美国激进分子的生平和时代》，汪杉、郁林、方菲，译，中华书局1991年版，第240页。

[②] [美]珍妮斯·麦金农、斯蒂芬·麦金农：《史沫特莱——一个美国激进分子的生平和时代》，汪杉、郁林、方菲，译，中华书局1991年版，第241页。

级3元；营团级4元；师级以上，包括毛泽东等中央领导均为5元。但新知识分子，如艾思奇、何思敬、徐懋庸等人，津贴费却达到每月10元。1938年3月随加拿大美国医疗队来到延安的加拿大医生白求恩，同年6月奔赴晋察冀前线，毛泽东致电聂荣臻，每月发给他生活津贴100元。白求恩谢绝了，他表示自己不需要钱，因为衣食住行等一切均已供给。

1944年7月美国军事观察组——又名"迪克西使团"——抵达延安，其成员津贴每人每天7美元，即每月约200美元。"每天早晨，中国勤务兵就会把每个窑洞门口的大陶瓮里装满热水。观察员们再将水舀进他们的脸盆里。""尽管除了早上的咖啡时间外，共产党负责他们所有的起居饮食……包瑞德提出要对这些服务付费，但周恩来说共产党人把为使团提供食宿当成他们的义务。"饮酒、打猎、跳舞、看电影，是消磨业余时间的主要方式。唯一遗憾的是，观察组成员大多是身强体壮的光棍汉。有一次，瓦尔特·格雷斯在舞会上对一位中国姑娘眉目传情，延安方面非常严肃地对待之。也是周恩来告诉包瑞德，他们反对这种调情行为，除非两个人是真心相爱。包瑞德马上警告格雷斯，如果再发生这种事情，他就得离开使团。一位不愿透露姓名的观察组成员说："与重庆相比，延安简直是地狱，因为在延安没有妓女可带回他的住所。"①

## 换一双眼睛看延安

兵荒马乱的年代，虽然有治外法权为作客的洋人们做保障，但土匪、流弹、灾祸、疾病是不认这个账的。还有国民党当局的检查封锁，更使国际友人到延安遇到重重困难。路途的艰险、延安的礼遇、共产党的蓬勃朝气，尤其是严密而强大的组织动员能力，深深地吸引了这些来自不同文化背景的国际友人们。

---

① [美]卡萝尔·卡特：《延安使命——1944—1947美军观察组延安963天》，陈发兵，译，世界知识出版社2004年版，第53、54、62、290页。

1936年10月，海伦·斯诺以斯诺夫人的身份到西安，滞留了两周，每天都急得要死，渴望次日清晨就能动身去陕北。由于西安事变前形势危急，她只有折回北平。半年后，她才如愿进入延安。她出身高贵，美貌而有教养，带有西方贵族气质。她以自己特有的敏感，关注延安革命队伍里的妇女问题和生命问题。"现在（1937年春夏之际，引者注），陕北是世上绝无仅有的一个依旧有鼠疫的地方。天花、伤寒、红疹等病症通常在延安按时流行，痢疾和诸如此类的小病更简直是一种习惯。共产党又如何敢带领一支军队到这样一个地方——也许是中国最容易死亡的地方来？"理想，崇高的理想，她发现这是红军和中国共产党人在恶劣的环境中英勇奋斗的动力所在。"中国共产党在许多方面，实现了欧文、傅立叶时期的原始乌托邦社会主义者所梦想的公共社会生活，惟以英雄的主旨代替了村落的幽静。"[①]个人观点难免偏颇，能提供一个新的视角，便增加了一份对复杂历史的理解可能。

那些曾带着挑剔眼光进入延安的美军观察组成员，在观察延安并深入华北前线考察后，写给其上司的报告中，表达了他们的惊叹：

在我到过的所有共产党根据地，即使最漫不经心的人也会立即注意到，那里有一种生机勃勃的气氛和力量，一种与敌人交手的愿望。这在国民党的中国是难以见到的。……毫无疑问，目前他们是中国最现实、组织最严密、意志最坚决的组织。

我们接触到的他们的所有政治理论工作者的基本前提都是：政府应当是为其治下的人民谋福利的。像样的待遇、公正的税收、基本民权、丰衣足食，这是把共产党军队和政府真正与人民团结在一起的要素。

我们所目睹的华北共产党得到民众支持的证据是这样广泛和明显，已经不能再认为这仅仅是为了欺骗外国来访者的一场表演。在中国近代史上，头一次

---

[①] *Inside Red China*, P80, P86, By Helen Foster Snow（Nym Wales）. New York: Da Capo Press, 1979. 此书中文译本通译为《续西行漫记》，最早是胡仲持等翻译的，由复社在1939年4月出版。1991年3月，生活·读书·新知三联书店出版由陶宜、徐复合译的新译本。2002年6月，解放军文艺出版社重新出版陶宜、徐复译本。这两个中文译本，文字出入较大。

有一个统治着广大地区的完全由中国人治理的政府得到民众积极支持，而且民众的参与正在不断扩大。①

1944年6月，随中外记者西北参观团赴延安和陕甘宁边区采访的冈瑟·斯坦因，通过自己的观察理解，发现：

做一个中国共产党员和在英美属于某一政党，和做一个中国国民党员是完全不同的一回事。和做苏联共产党员一样，做中国共产党员得要毫无保留地把一个人的生命贡献于一件义务，这种义务凌驾于一切个人利益之上。这就是说，在个人的职业和住所的选择上，也要服从党的命令，服从党的决定，不管这决定是由上面交下的，或是个人所属的小组的多数的决定。做一个共产党员就像做一个职业士兵一样。②

以近代个人主义民主思想的西方文化背景作为潜在的精神资源，使斯坦因将中国共产党与英、美、苏政党相类比，从而得出他眼中"中国共产党人惊人的特点"。所有这些，都深深地触动了到访的国际友人们，并影响到事态的走向。

斯诺的《西行漫记》最初在英国出版，立刻引起轰动，几星期就销售10万余册。随后的美国版，成为有关远东时局的最畅销书。总统内政秘书哈洛特·艾克斯连夜读完此书，并推荐给罗斯福总统。较早读过该书手稿的总统前侍卫长卡尔逊，在斯诺帮助下，到访华北和延安。时任美驻华使馆二等秘书，兼中国战区参谋长史迪威统帅部政治顾问的谢伟思（John S.Service），在该书出版前的一个晚上，认真听取了斯诺的内容介绍。后来他参加美军延安观察组，对八路军和中共都秉持比较公正的立场。

## 一波三折的使命

中国在世界格局中的体量和潜能，西方记者对延安的热情报道，以及国民

---

① *Foreign Relations of the united States*（FRUS），1945—Ⅶ，P204，P200. 转引自资中筠：《追根溯源——战后美国对华政策的缘起与发展（1945—1950）》，上海人民出版社2000年版，第365、364页。

② [英]斯坦因：《红色中国的挑战》，李凤鸣，译，新华出版社1987年版，第59页。

党政府的政权腐败与民主凋敝，使得美国政府在太平洋战争爆发后，格外关注中共在局势发展变动中的作用。站在自己的全球利益立场上，美国援助中国抗日，希望出现一个和平统一、民主稳定的中国，借以稳定东亚局面，遏制苏联势力的扩张。于是，赫尔利作为美国总统特使，试图导演国共和谈。

1944年11月7日，时年61岁的高个子的赫尔利将军，以美国总统特使的身份，应朱德的邀请、戴维斯的催促，从重庆飞抵延安。中共主要领导人全部到机场迎接。

正式会谈一开始，赫尔利就声明，美国不想卷入中国的国内冲突，他的目标是团结中国所有的军事力量与美国合作以打败日本。随即，转交给毛泽东一份声明，说这代表了蒋介石愿意在此基础上达成协议[①]：

1. 中国政府和中国共产党为打败日本和重建中国，将共同努力将中国的所有军事力量都团结起来。

2. 中国共产党的部队将遵守和完成中央政府和它的全国军事委员会的命令。

3. 中国政府和中国共产党为建立一个民有和民治的政府而支持孙中山的三民主义。两党都奉行旨在促进政府民主进程的政策。

4. 中国将只有一个国民政府和一个军队。中国共产党军队的所有军官和士兵……都接受相同的报酬和津贴……在弹药和供给上享有相同的待遇。

5. 中国政府承认并将使中国共产党政党地位合法化。所有的政党都将给予合法地位。

毛泽东看罢，问这五点建议代表谁的观点。特使说，主要是我的意见，但是我们大家都做过研究。休会后继续会谈，毛泽东告诉赫尔利，中国需要统一，

---

[①] 该协议的内容及下文的毛泽东的五点建议、蒋介石的三点反建议出自[美]卡萝尔·卡特：《延安使命——1944—1947 美国观察组延安963天》，陈发兵，译，世界知识出版社2004年版，第164、165—166、168页。——编者注

但要建立在民主的基础上。最后特使问毛泽东，需要什么条件才能加入联合政府。9日，毛泽东提议中共六届七中全会第三次全体会议讨论与赫尔利谈判问题。10日，毛泽东交给特使同样五点建议，即《延安协定草案——中国国民政府、中国国民党与中国共产党协定》：

  1. 中国政府，是中国国民党和中国共产党为打败日本和重建中国而共同努力将中国的所有政治和军事力量都团结起来的联合国民政府。

  2. 目前的国民政府将并进联合国民政府，该联合国民政府包括所有反对日本的政党团体和无党派政治团体。要公布进行军事、政治、经济和文化改革的新的民主政策。同时，全国军事委员会要并进由所有反日代表组成的全国联合军事委员会。

  3. 联合国民政府将支持孙中山的三民主义建国原则，旨在奉行促进进步和民主的政策，建立公正、良知自由、出版自由、言论自由、集会和结社自由、上诉权、人身保护权和居住权之政策。联合国民政府还要奉行使国民免于恐惧和物资匮乏之政策。

  4. 所有反对日本的军队都遵守和完成联合国民政府和全国联合军事委员会的命令，并将得到政府和军事委员会的承认。来自外国的所要求的供给都要平等分配。

  5. 中国联合国民政府承认中国国民党和中国共产党以及其他所有抗日团体的合法性。

特使提议，他和毛泽东都在协议上签字，并留下空间等待蒋介石签字。但在送行的路上，特使提醒毛泽东，他不能保证委员长都接受这些条件。

果然，蒋介石拒绝在中共提供的协议上签字，赫尔利很生气。这时，罗斯福总统任命赫尔利担任美国驻中国大使。作为回应，蒋介石又提出"三点反建议"：

  1. 为达到迅速击败日本和展望战后中国重建之目的，国民政府期盼中国所有的军事力量得到有效的统一和集中，并同意在重新组织后将中国共产党军队并入国民军，报酬、津贴、弹药和其他供给与其他部队一样，它们将得到平等的待遇，并承认中国共产党为合法的政党。

2. 为进行抗战和战后中国重建，中国共产党要给予国民政府以全部支持，并将其全部军队交由国民军事委员会指挥，国民军事委员会将吸收共军高级将领参加。

3. 中国共产党须承认国民政府所推行的孙中山先生的民有、民治、民享"三民主义"建国纲领，它将奉行促进民主进步发展的政策。按照抵抗和全国重建的计划，保障实现言论自由、出版自由、集会和结社自由以及其他公民自由，除了为有效进行抗日战争之特别安全需要外。

在重庆的周恩来表示，中共方面坚决不接受。周恩来转述毛泽东的话说，蒋介石是一个腐烂的躯壳，假如美国继续扶持他的话，那是美国的权利，但蒋介石无论如何是注定要失败的。至于中国共产党，尽管美国抛弃我们也许让我们感到失望，但我们不需要任何国家的扶持。我们的人民不会妥协投降，要是蒋介石在场的话，我会当面骂他是乌龟王八蛋。

## 未能成行的毛泽东访美

实际上，这场和平谈判一开始就错了。作为特使，赫尔利太过自信，以为凭借美援就可以搞定蒋介石领导的国民政府，责成其政治改组、民主改革；共产党是股新兴的力量，可以吸收以促进国民政府焕发生机。殊不知国共两党的恩仇渊源，绝非美国民主、共和两党之关系可比拟。共产党则甚至筹谋绕过赫尔利，直接访美以获得援助。

1944年12月初的一个子夜，毛泽东、周恩来、朱德和马海德秘密会见美军观察组中的海军中尉赫伯特·希契，要求他亲自到华盛顿，送交海军上将欧内斯特·J·金一封信。希契找借口从观察组请假，搭乘飞机到重庆，几经周折得见中国战区司令威德迈将军。12月23日，他抵达华盛顿，通过海军部长，于12月29日会见国务院的约翰·卡特·文森特，转呈毛泽东的信。希契告诉文森特，他在延安的经历使他确信无疑，中国的农民是全心全意支持共产党的，共产党也是诚心诚意急于和重庆合作的，只要加强他们在中国的实力。

1月6日，希契受到联席参谋长的接见，他们正式邀请他列席参谋长联席会议。希契在发言中说："无论我们花多少钱来帮助蒋介石的政权，最终中国共产党都会取得全中国的。"因此，他建议"我们最好能重新审视一下我们的对华政策"。

几天后，等待希契的是：我们不知道还会不会让你返回中国。

延安没有等到希契的回音，叶剑英向美军观察组直接表示：如果罗斯福总统愿意在白宫把我们当作中国的一个重要党派来接见，毛泽东和周恩来愿意尽快单独或同去华盛顿。可惜的是这个信息也只走到了重庆。

因为美国对华长期政策目标是："使中国成为远东一个主要稳定因素，作为该地区和平和安全的基本条件。……我们不偏袒任何政治派别，但我们继续支持中国现政府。不过，我们寻求在它的现有格局内实现所需要的统一和有效率的政府。"①有关中国的大量新闻报道和观察报告，使得美国高层非常清楚，中国国民政府已经是扶不起的阿斗，转而支持共产党势必加强苏联的社会主义东方联盟，那是万万不可以的。

目前的趋势如果不加制止，将导致国民政府的解体、中国共产党决定性的军事胜利、军阀势力的扩张、分裂和叛乱的趋势急速加剧。这种四分五裂的局面十分可能导致共产党统治中国。为了避免土崩瓦解，国民政府可能寻求妥协解决它与共产党的斗争，作为最后出路。不过，除非以在政府中占统治地位为条件，否则，要共产党同意这样一项解决办法是不可想象的。不过，不论是瓦解，还是妥协，它所导致的严重的政治和经济混乱多半会在若干年内，延缓一个共产党中国的发展，使之不能成为苏联政策的有效工具。②

这是彻头彻尾地在使坏！延长混乱，其结果只能是最后摊牌。

---

① 《美国国务院、陆军部、海军部协调委员会报告》（SWNCC83/6，1945年10月22日），转引自资中筠：《追根溯源——战后美国对华政策的缘起与发展（1945—1950）》，上海人民出版社2000年版，第376页。

② *Foreign Relations of the united States*（FRUS），1945—VIII，P44. 转引自资中筠：《追根溯源——战后美国对华政策的缘起与发展（1945—1950）》，上海人民出版社2000年版，第400—401页。

1945年8月26日，赫尔利以个人性命做担保，再次飞往延安，与张治中一起接毛泽东到重庆去和平谈判。毛泽东和他的战友们审时度势，认真分析了时局；以一个革命家和战略家的大无畏气概，毅然飞抵重庆，最终签署"双十协定"。9月22日，赫尔利紧急返回华盛顿听取训令。他向国务院报告，中国的两个政党似乎在和解，关于内战的谣言正在减少。甚至他也觉得，杜鲁门总统应当亲自接见蒋介石和毛泽东，让他们捐弃前嫌。

11月6日，这位将军大使提交了一份详尽的辞呈，不愿意再回中国。

## 梦萦魂绕是延安

生前死后都愿意再回中国的，是那些杰出的新闻记者们。

延安以其黄土地的深情和中国共产党人的血肉精神，赢得了这些国际友人的倾心。冷战时期，意识形态斗争的热化，当年那些对中共持友好态度的人士，如谢伟思、斯诺等人，都遭到"麦卡锡主义者"的疯狂迫害。当这些国际友人因为延安而颠沛流离，为了延安而梦萦魂绕，新中国敞开胸怀，安顿了这些永远的客人。

1947年1月底，国民党军队开始向延安推进，中共中央正计划撤离延安。斯特朗请求自己能被留下来，同延安人民一道撤离，过游击生活。这个请求遭到婉言拒绝时，58岁的她禁不住哭了起来。1949年新中国成立后，她急切盼望着到中国来。途经苏联蒙受不白之冤，又遭美国政府刁难。直到1958年，她才克服重重阻力来到中国。1970年3月不幸病逝于北京，她最后融入了心灵最温暖的土地。

1950年5月6日，史沫特莱孑然一身，在英国牛津大学医院因病与世长辞，留下一封"遗嘱"般的信件，其中交代：

我的书所带来的全部收益，不管从哪里来的，全交给中国人民解放军总司令朱德将军，按他的意思处理……我不是基督徒，因此不希望在我的遗体前举行任何宗教仪式，绝对不要。我只有一种忠诚，一种信仰，那就是忠于贫穷和受压迫者的解放。在这个意义上，就是忠于中国正在实现的革命。如果中国大使来到，只要在我的遗体前唱一支歌，我就要感谢不尽了——那就是中国的国歌"起来"。因为我的心，我的精神在世界任何一个地方都不能得到安息，除了在中国。因此我希望自己的骨灰和中国已逝的革命者生活在一起。

次年5月6日，她的骨灰由一个英国"人民代表团"带到中国，被安葬在北京八宝山革命公墓。

当初与埃德加·斯诺最早进入陕北的美国医生马海德，1988年10月在北京逝世。遵照他的遗愿，遗体献给医学事业，火化后，一部分骨灰安放在八宝山革命公墓，一部分被带回美国，还有一部分撒在延河里。

埃德加·斯诺作为中华人民共和国政府特别邀请的客人，1960年、1964年和1970年，他又先后3次访问中国。1972年2月15日，他在晚年定居地——瑞士日内瓦留下遗言：我热爱中国。在我死后，我愿把我的一部分留在那里，就像我生前一贯做的那样。美国抚育、培养了我。我希望我的另一部分安葬在赫德森河畔，也就是它即将汇入大西洋、流到欧洲和人类所有海岸去的地方。

10月19日，他的一部分骨灰被安葬在北京大学未名湖畔。两年后，他的另一部分骨灰被送回美国故土。

（本文选自2005年9月1日《南方周末》）

## 上　编

### 与外国友人面对面

# 随斯诺访问陕北

黄 华

> 黄华，曾用名王汝梅。河北磁县人。1936年加入中国共产党。后任北平（今北京）学联党团书记，陕北苏区红军总部翻译。抗日战争时期，历任中共中央组织部干部科干事，西北青年救国会组织部长，中共中央长江局青年委员，全国学联党团书记，延安青年干部学校教育长，朱德的政治秘书，中共中央海外工作委员会秘书长、中央外事组科长。新中国成立后，曾任中华人民共和国外交部部长、国务委员、国务院副总理兼外长。

## 冒险到陕北

1936年6月中旬，我已是燕京大学四年级学生，正在准备毕业考试。我很注意红军长征北上的消息，从天津《大公报》范长江的报道中获悉中央红军1935年10月已到达陕北。进步学生都很高兴。我的室友新西兰研究生詹姆斯·贝特兰后来写的文章中曾说到我常告诉他红军北上的消息。我的心头很自然地闪过到陕北去参加红军的遐想。恰巧这时我的老朋友、热情支持和报道"一二·九"运动的美国记者埃德加·斯诺秘密地告诉我，中共中央已答应他的请求，同意他去陕北苏维埃地区参观访问。他虽然会说一些中国话，但还不怎么行，问我愿不愿意陪他去陕北采访，帮他做翻译工作。真是喜从天降！我不假思索，立即高兴地一口答应了。四年的大学生活，以及同进步同学的交流，使我受益匪浅。当时的问题是时间上有冲突，去陕北就不能参加毕业考试，就拿不到毕业文凭了。但是有机会去陕北参加革命队伍，那张大学文凭对我来说已经无所谓了。

斯诺同我简单地计划了旅程。他先去西安,办好有关包括我这名翻译在内的去苏区的手续后,即按约定的秘语,电告他留在北平的妻子海伦·斯诺,然后我就可以动身,到西安的西京招待所同他见面。海伦也是一位才华出众、同情中国革命事业的作家。

斯诺很快坐火车离开北平。

我不露声色,还应付了一堂考试。我请燕京大学的秘书蔡一谔先生写了一封介绍信给张学良将军,证明我是燕京大学毕业生,来西北考察银行事业,希望各方予以关照。这时我发现手里的钱不足以保证西北之行路费的需要,便找海伦借了30块银圆。为避免走漏风声,我直接向中共北平市委的黄敬同志汇报了同斯诺做上述约定的情况。他表示同意。

斯诺离开北平几天后,海伦通知我说,收到斯诺的电报,您可以动身了。我提了一个小皮箱悄悄离开学校,宿舍内的一切原封未动,也未告诉任何同学和亲友。

我上了平汉路火车,到郑州转陇海路到达西安,住进鼓楼大街西北大旅社,这是一家中等水平的旅馆。逛书店时,我买到一本刚出版的进步杂志,其中刊登着鲁迅先生1936年6月9日写的《答托洛斯

埃德加·斯诺

1934年春，黄华在燕京大学校园

基派的信》。鲁迅赞扬毛泽东的"各派联合一致抗日"的主张，并说："那切切实实，足踏在地上，为着现在中国人的生存而流血奋斗者，我得引为同志，是自以为光荣的。"

我如约找到斯诺下榻的旅馆——西京招待所，这是当时西安唯一的一家较现代化的高级饭店。我敲门后走进房间一看，除了斯诺外还有一位外国人。经斯诺介绍，得知他是美国人乔治·海德姆医生，也是和斯诺一样，经宋庆龄推荐去陕北的。海德姆就是后来因献身苏区和新中国卫生事业而举世闻名的马海德大夫，也是我的终身挚友。斯诺、海德姆和我都是第一次到西安，在等待出发去陕北的通知之际，我们利用短暂停留的几天时间一同去开元寺、碑林、大雁塔等地游览。之后，斯诺和海德姆就由东北军上校军官和中共驻东北军的联络军官刘鼎同志陪同，乘坐东北军军车向延安出发。我留下来等待下一批交通员带领北上。

当时陕西尤其西安的政治情况很复杂。这里有张学良统领的东北军和杨虎城领导的西北军部队，也有国民党中央军的特务系统和康泽的别动队。当时张学良是"剿匪"总司令部的副总司令，代行总司令的职权。1935年10月，红军主力到达陕北后同东北军进行过两次交战，东北军损失惨重。经过同中共代表周恩来、李克农的深入交谈，张学良和东北军将领深感中共和红军关于抗日的主张和相关政策十分正确，态度真诚，光明磊落，从他们身上可以看到中国的希望，因而佩服之至。从1935年年底起，双方前线部队已约定，两军实际停火，互不侵犯。共产党派了叶剑英、邓发等高级军官秘密驻在西安东北军司令部，负责沟通联络工作，穿东北军军服，佩带军衔领章，以便往来于西安和保安之间。

斯诺一行出发北上后，我一个人留在西安等候。这时，遇到一次政治麻烦。我在西北大旅社住的房间在二楼。一天，有两名自称是国民党省党部的人上楼，要强行进入我的房间，看来是要盘问或搜查我。我站在房门口不许他们进来，引用《六法全书》的有关章节说，未经本人同意或不出示官方授权的执行公务的正式文书，他们无权进入我的临时住所，无权搜查。他们问我是干什么的，我说我是燕京大学毕业生，此行任务是来考察西北的银行事业。他们问我要见什么人，我说首先要拜见张学良副总司令。谈话中我听口音知道他们都是陕西人，就提到陕西省的有名将军高桂滋，说他的千金是我燕京大学的同学，她这个暑假就要同南京军校的某某先生结婚等等，问他们知道么？他们忙说："啊！知道知道，原来是自己人，误会，误会，有所冒犯，请原谅。"这时我说，既然是朋友，现在我请你们进来坐，我的衣箱就放在床底下，你们如要搜，请便吧。他们很尴尬地说，不必了，真对不起，请原谅。然后他们就急忙告辞下楼，同守在旅馆门口的两个便衣一起走了。

刚到西安时，我曾到我认识的一位东北著名的爱国教育家车向忱老先生家拜访，不巧他不在，我给他夫人留下了旅馆的地址。国民党特务来查找我的第二天下午，车老来旅馆看我，我把前一天发生的事告诉了他。他说："这里很复杂，你不便在西安久留。"他说他会及时把发生的情况转告刘鼎。此后两天，刘鼎和刘向三先后到旅馆来看我，说北上的安排业已就绪。我当晚同旅馆的老板结了账，佯称约了朋友第二天一早去临潼旅游。

次日清晨，刘向三和东北军的一位上校开了一部军车来到旅馆，接我上车。

在车上我看到已有王林、徐行和另一位较年长的同志，都穿着东北军军装。我也在出城门之前，在车上换上东北军军装。从西安到延安有300多公里路，我们的车走了两天多。过三原、宜君和洛川时，有军事检查人员问话，由护送我们的东北军上校出面应对。在旅馆住宿时，上校有时找卖唱的歌女进屋点唱歌曲，付费也不寒酸。第三天中午，军车开到肤施（延安）城内的东北军办事处。前面没有公路了，我们同上校握手告别，走出延安北门。刘向三担任向导和指挥。我当时又渴又饿，问他是否可以停下来吃点东西。他说，不行，这里是三不管地段，常有土匪、民团出没袭击。我们沿城外土路北行，赤脚蹚过延河，直奔杨家岭坡上。这时，我们侧后河边有东北军的哨兵喊话："谁？口令！我要开枪啦！"接着就听见哨兵拉枪栓的响声，但没有射击。刘向三叮嘱我们："别理他，走我们的，快走。"我们在茂盛的草丛中弯下腰快速爬过山梁。这天下午和夜里，我们走了约30公里路，直奔安塞方向。在进入一条比较开阔的平川后，步伐可以放慢了。我们从延安步行的当天夜里到达了红军的防守地区。此时，我们的心情是多么舒畅啊！我们可以自由地呼吸和大声说话了！

大概是7月20日晚上，我们一行到达陕北苏区东部的前沿指挥中心——安塞白家坪。当晚，李克农和边章五在灯光下询问了我的个人经历和党的组织关系。我很高兴地把一切告诉了他们。第二天，我见到了自己早就心怀崇敬的周恩来，当时他是中共中央军事委员会副主席，红军和苏区人民都称呼他周副主席。他蓄着黑里透亮的浓密的络腮胡子，穿着灰布军服，笑着伸手欢迎我们，问我们北平的情况。我简单介绍了平津学生"一二·九"运动和斯诺的情况，把那本紧紧揣在怀里的文学杂志交给他，说里面有鲁迅先生最近发表的那封充满激情和正气的信，请他阅转毛主席。

## 斯诺在陕北苏区的采访

经过一天的行程，到了保安，我兴奋地与斯诺和海德姆重逢，并被安排同他们住在一起。我们热切地交谈别后的情况。斯诺告诉我,他已几次采访过毛主席。毛主席侧重谈了当前中国形势和共产党关于努力促成抗日民族统一战线、准备对日作战等方针政策,还谈了他自己的历史,是吴亮平和陆定一帮助翻译的,他收获极大,记录写了好几本。只是他觉得一些重大的政策问题和人名、地名还记得不太准确,希望我帮他查询订正。

最激动人心的时刻到来了。我和王林按约定时间去看望毛主席。毛主席对我说,他收到了周恩来转给他的那本杂志,很高兴鲁迅先生如此高度评价红军的斗争。他又说,"一二·九"运动是五四运动以来最伟大的群众运动,只是因为消息闭塞,他在"一二·九"运动之后好久才知道。他说北京的年轻人干得好哇。他当即给我指示,让我在陪斯诺到前线采访的同时,作为白区学生代表,向战士和群众宣传国民党地区的学生抗日救亡运动。我欣然接受了这个任务,在访问十五军团的一次联欢会上,我讲了北平学生运动和全国各界人民群众要求停止内战、团结抗日和反对出卖华北五省投降妥协的斗争等情况,说明全国人民的心是站在共产党和红军一边的。

在保安,斯诺采访毛主席之后,又采访了上百位中共领导人和红军指战员。周恩来亲自帮斯诺制订了采访计划。林伯渠、徐特立、谢觉哉三位老革命是名列前茅的采访对象。在采访洛甫(张闻天)和陆定一时,他们往往直接用英语交谈。洛甫用了4个多小时来介绍我党的理论、政治路线和当前的政策。斯诺同苏区政府外交部负责人李克农和刘晓等几位同志几乎天天见面,斯诺一有事就找克农同志商量。红一方面军政治部主任杨尚昆向斯诺提供了有关红军的各种重要数据,增加了斯诺采访报告的说服力。林彪、蔡树藩、罗炳辉、张爱萍、黄镇、伍修权和许多红军男女干部、战士和红小鬼向斯诺畅谈了红军在长征中创造的大量不可思议的人间奇迹。

在陕北吴起镇即苏区的后勤工厂区和兵工厂所在地,在红军的后勤基地河连湾,斯诺不放过任何机会,采访工人、管理人员和工程师,了解包括女工待遇和产假等问题,勤奋地做记录。斯诺关于农民和土地革命的问题也一一得到答复。

8月下旬，斯诺在陕北的采访计划已大体完成，就要出发去红军在宁夏的前线，那里有国民党包括马鸿逵的20多万大军同红军对峙着，战斗频繁。我们去向毛主席告别。斯诺提议给毛主席照一张相。我们走出窑洞，在明亮的阳光下看到毛主席穿的衣服还挺整齐，就是头发比较乱。斯诺就把自己头上缀有红星的崭新的八角帽摘下请毛主席戴上。这张照片成为斯诺最得意的作品，后来更是成为中国人民家家户户最喜欢摆放的毛主席相片。1971年冬，斯诺重病，他的好友玛丽·戴蒙德夫人到他瑞士的家中探望，拍下了他凝视这张照片的镜头。透过他的表情可以看出，他深深地沉浸在对那段往事的回忆中。

离开保安前，毛主席曾交代请斯诺先把他（毛主席）关于建立抗日民族统一战线的思想与政策的谈话记录整理出来，要我译成中文，即时派通信员专程送回保安，他好核定。我们利用去前线路上的中午休息时间，在阳光底下，斯诺用打字机打出笔记记录，我就译成中文，译完一篇就卷起封好，请红军派通信员送保安交毛主席。这样工作三次，完成了毛主席交代的任务。

在离开保安去宁夏前线的行军途中，我和斯诺、海德姆三人由一个班的红军骑兵护送。出发前，红一军团政委聂荣臻

斯诺在保安（今延安志丹县）

国际友人在延安

给两个外国人各一匹马，给我的是一匹六岁口的温顺的母骡子。它很机警，不喜欢队里的公骡子骚扰它，总是紧紧地跟着前面的马队走。一次，我骑在这匹骡子上，正悠闲地观看四周的风景和地貌，忽然前面的骑兵看见一大群黄羊，急忙纵马飞奔，追捕黄羊。我的骡子也紧跟着窜上去，一下子把它的肚带给崩断了，我没有提防，还未来得及拉紧缰绳和踏好马镫，就连人带鞍子摔了下来，顺着草坡滑了几公尺远，制服胸前的五只扣子全都蹦飞了。海德姆连忙过来给我检查，发现我很侥幸一点也没有受伤。由于红军非常珍惜为数很少的子弹，没有人开枪打黄羊，追了一阵就都遗憾地归队了。

在宁夏前线的豫旺堡，斯诺访问了一方面军和前敌总指挥部，他用敏锐、客观、深刻和探索的眼光观察和采访了红一方面军司令员彭德怀、红一军团参谋长左权、政委聂荣臻、红十五军团军团长徐海东、红一军团一师师长陈赓、中央军委骑兵团政委兼代团长张爱萍、红一军团一师政委杨成武、二师师长杨得志和二师政委肖华等同志和许多其他干部战士，参观了部队训练和防空演习，看到了红军骑兵上千匹体健膘肥的马队阅兵式和表演。最令人感到壮观的是伪装表演，指挥员一声令下，人、马都披上预先做好的用绿叶树枝做成的伪装，一下子人、马都变成一片绿色的田野。斯诺用他的摄影机把这些场面照了下来。斯诺详细了解了中共的抗日救国纲领、军事战略策略、统一战线方针和措施、俘虏政策、少数民族政策、宗教政策、土地革命、婚姻制度、工商业政策和给养情况，等等。他在访问苏区前拟订的90个问题都找到了解答。他直接了解和面对面采访了近百位红军高中级干部，他们给他留下了非常深刻的感受和生动活泼的印象。他看到中国红军的领导人是知识丰富、举止文明、懂得革命理论和政策、善于组织领导和爱护人民群众的英才，完全不是蒋介石所咒骂的"土匪"；红军战士个个都是坚强、团结、守纪律和好学的工农子弟，是满怀革命抗日斗志和乐观精神的年轻人。而最重要的是，他从多方面证实了红军士兵的高昂士气和人民群众对共产党和红军真心实意地拥护。

帮斯诺做翻译，使我有机会接触所有他采访过的领导干部和战士，了解他们苦难的身世、艰险的战斗经历……由于红军采取灵活的战略战术,他们经常能以少胜多、以弱胜强、转危为安。红军指战员都是身经百战,经验丰富,对战胜蒋介石反动集团充满信心;他们胸襟广阔,不只关心当前的斗争,还关心国际反法西斯统一战线,如西班牙共和派反对佛朗哥的战争和埃塞俄比亚塞拉西皇帝反意大利侵略的斗争等;他们有勇有谋,无难不克,对中国会打败日本充满信心;他们把人民视同亲人,纪律严明,秋毫无犯,从而得到人民的热爱拥护。真是军民鱼水情啊!在苏区人民,在红军战士身上,我的确发现了另一个中国,看到了中国人民的希望和力量!我太幸福太高兴了!我更加坚定了在中国革命的道路上走下去的决心。

斯诺在采访中非常注重眼见为实的原则,拍摄了大量照片。他原想把我和海德姆也纳入镜头,但我和海德姆一到苏区即下决心不再离去,所以向斯诺提出,请他在报道中不要提及我们的名字,也不要给我们照相。因为海德姆还有亲属在美国,我也考虑,如果组织上派我到国民党地区做秘密工作,斯诺任何照片和文字报道对我以后的工作都是不利的。所以我叮嘱斯诺写文章、写书都不要用我的名字和照片,同时我也注意在他照相时总是避到一旁。直到西安事变和1937年初国共关系有所变化,我才改变上述做法。斯诺是一位十分重友情和诚实的人,他答应了我们的要求,并且忠实履行自己的诺言。他的书在新中国成立后再版时才提到我的参与。顺便提一下,这时,经组织批准,我已不再使用原来王汝梅的名字,而改称黄华。海德姆也按宁夏人的大姓改姓马名海德了。

9月初,在豫旺堡地区,斯诺用了近一周的时间随彭德怀和其他首长到前线采访,访问了许多战士、农民和回民。

有一天晚上,我被安排同左权同志挤住在一个炕上休息。左权是红一方面军的十分优秀的指挥员。他的枕旁总是放着一部电话,随时同彭德怀或陈赓联系,报告敌情和下达命令。他一说完话,放下听筒又能马上入睡。一晚上有四五次这种情况。我赞叹他随时能醒来又能入睡的本领,这必然是身经百战才能锻炼出来的。

我也从心眼里佩服徐海东和陈赓那样的革命者。他们的传奇故事现在已是广为人知。

1936年8月底,前敌总指挥部根据中央军委关于我军行动方针的通报,指示一方面军第一军团和第十五军团开赴甘肃南部打下一两个城市,以便迎接朱德总司令带领的四方面军和贺龙、任弼时带领的二方面军同一方面军会合。此时又得知蒋军嫡系胡宗南部队已经从河南郑州向西安、兰州开拔,企图同国民党其他部队共30万之众从南、西、北方面剿灭即将会师和立足未稳的红军。斯诺必须及时离开前线和陕北苏区,不然通往西安的公路可能被切断,那么他就不能回到北平了,也不能用他独家采访得来的极宝贵资料写他的《红星照耀中国》了。

得知二、四方面军即将到达甘南同一方面军会合,我和马海德当然很想跟随部队去亲眼观看红军

1936年8月,埃德加·斯诺(右一)在保安采访老革命家徐特立(左一),左二为黄华

三个方面军胜利会师的伟大场面。9月7日,在豫旺堡,斯诺要动身回保安了。他同前敌总指挥部的同志们一一道谢握别。现在,一起度过十分不寻常的马背生活的三个"赤匪"——斯诺、马海德和我就要分手了。马已备好,随行人员都在等候着。我们3个人相互热烈拥抱,6只手紧紧地叠在一起,像庄严地宣誓:为了新的中国,我们将坚决奋斗!

要离别了,我对斯诺说,我非常感激他使我有别人无法得到的机会参与了这次对红军和苏区的采访。我亲自听到中共许多革命领导人、红军干部和战士讲述他们在长征中的英雄事迹,体会他们那种同甘共苦、殊死搏斗的伟大精神。这一切使我看到中华民族的精髓,受到巨大的震动,得到最深刻的教育。斯诺说他很幸运被邀请到红军来采访,他的许多问题得到了解释和答复,他看到了中国的希望。他感谢我给他的帮助,希望我在红军中快速成长,不要太久再见面。这时,我们都十分激动,眼眶都湿了。终于,斯诺骑上了马。马队出发了,不久就消失在飞扬的尘土中。

斯诺回到北平后做的第一件事是发报道给英美各大报刊,宣传红军的事迹和主张,让全世界知道中国有这样一支思想先进、作风优良、朝气蓬勃、坚决主张反对法西斯和抗日救国的力量。这些报道是当时最轰动的新闻。接着他全身心地投入写书,废寝忘食,对照着笔记、照片和电影片,把在苏区的新鲜见闻整理、构思并打字成书。他感到遗憾的是没能见到还在长征路上率领四方面军北上的红军总司令朱德。这个任务由他的妻子海伦在1937年到延安采访时完成了。

在北平,欣喜若狂的海伦帮助从陕北归来的丈夫把几十卷胶卷交照相馆冲印出来,进行分类,注上日期、地点和人物。斯诺的陕甘宁之行的介绍会和图片展览吸引了许多燕大师生,他们多么想早一点知道关于红军、苏区、毛泽东等等的情况啊!他们认真地听斯诺的介绍,争着看他拍的照片,兴高采烈地展开议论。这时有人提议组织北平学生陕北访问团,去实地亲眼看看。不久,这个访问团真的组成了,共有12位同学参加,其中就有后来担任驻英国大使的柯华同志。他们于 1937 年 5 月到达延安，在那里看到了生活艰苦但朝气蓬勃的红军和群众，所见所闻完全证实了斯诺的采访，他们的革命决心更加坚定了。他们也很意外地在延安看到了一年前在燕京大学失踪的老同学王汝梅，大家十分高兴。

斯诺的书在 1938 年被几位留在上海外国租界里的地下党同志译成中文，以复社的名义出版。如大家所知，为规避国民党政府的新闻检查，书名改为游记式的《西行漫记》。此书在进步知识分子中被广泛地秘密传阅，成为一本为读者开阔视野、认识革命、引导人们追求光明的书。成千上万爱国青年读了它以后投笔从戎，不远千里奔赴延安，投身革命。在国外，《红星照耀中国》是第一本由外国记者根据现场采访和照片，以第一手材料写就的关于毛泽东、周恩来等中共领导人和中国红军以及苏区人民真实情况的书。这本书在英国出版后一个月内就再版了 5 次，震惊了世界。

（本文选自《百年潮》2006 年第 10 期。标题有改动，内容有删节）

# 欢迎史沫特莱

朱正明

> 朱正明，笔名 L.INSUN，1936 年 10 月从上海经西安到延安志丹县，1937 年春离开延安，在上海《译报》发表《陕甘文艺运动的建立》《陕北的戏剧运动》等文，新中国成立后从事文学创作和评论工作。

1937 年 3 月 1 日，新中华社与中国文艺协会联合举行欢迎美国革命女作家史沫特莱大会，同时欢迎从北平历尽艰险来到延安的学生们。毛主席和朱总司令等都出席参加了。

史沫特莱是同丁玲一起到延安来的。西安事变时，史沫特莱住在西京招待所，目睹这次震惊中外的事变的实况。她用中国话高呼"打倒蒋介石"，并协助西安电台进行对外广播工作。她对中国革命一向热烈支持。1934 年，上海地下党连续遭到严重破坏，经济上也一时陷于绝境，大家几乎连饭都吃不上。史沫特莱主动拿出四万美元，帮助地下党渡过了难关。世界上第一部介绍中国红军的英文著作，就是她写的那本《中国红军在前进》，她曾在丁玲出狱及脱险中出过力，她是中国人民的忠实朋友之一。

参加欢迎会的学生共有 20 余人。他们从北平出发时，大约有一二百人，结成大队同行，但在途中多次遭到阻难和危险，因而走散、失踪和被捕的不少。他们 20 余人侥幸脱险，绕道渡过黄河才得以安全到达延安。组织上立时接待他们，对他们进行慰问。他们大多数是大中学生，20 岁左右的男女青年，在今天的会场上，他们依然显得很疲乏，形容憔悴，但神态刚强，兴奋而又幸福。他们受到许多人的注意和关怀。不少人向他们问长问短。我代表新中华社和中

国文协致欢迎辞，史沫特莱用英语发表了长篇讲话，由黄华同志担任翻译，尽管时间更长，但全场听众毫无倦容，最后报以热烈的掌声，使史沫特莱非常高兴。

1937年，艾格尼丝·史沫特莱（右一）在延安采访毛泽东、朱德

北平学生的代表讲了话。除汇报北平的学运情况外，详细谈了沿途的艰险经历，他们最后到达黄河边上，又有许多人不幸被抓走。他们沉痛地怀念这些同伴们，对国民党反动派表示非常痛恨。他们从自身的经验中得出一个结论：以后从白区到延安来的人们，不宜成群结队同行，这样目标太大，所

受损失也大，他们认为今后应该结成小队，分路进入苏区，这样路上比较安全，穿越边界或过黄河时也比较方便。他们就是采用这种散兵作战的方法，才安全来到延安的。他们的话获得大家的掌声和鼓励。中国进步人士，为了抗日救国，追求革命，找共产党，冒着千险万难，甚至牺牲性命的，真不知有多少。

毛主席以"围剿"为题发表了一篇讲话，朱总司令，林伯渠、徐特立二老，以及吴亮平同志等相继发表演讲。徐老那天特别高兴。他开头说只讲一个问题，接着说我再讲一个问题，这样一个接一个，讲了好几个问题。他略带歉意地说，我再讲最后一个问题。结果又继续讲了两三个最后问题。这位革命老前辈红光满面，精神焕发，滔滔不绝，忘了疲倦，也忘了时间。我们大家都忍着笑耐心地听着。毛主席同大家一样，耐心地饶有兴趣地静听着这位老师讲个没完，丝毫没有焦急或不耐烦的神色，可见他对老师确是非常尊重的。因为时间实在晚了，屋里在逐渐暗下来，徐老才不得已收住话头，可是又加说一句，我还有最后一个问题，可惜没时间了，以后再讲啰。这位革命老人才余兴未尽地在自己的位置上坐下了。

我们为了照顾统一战线的关系，所以那个原国民党延安县长也是来宾之一。这位芝麻七品官可能姓高，名字忘了。那天他特别谦虚，我们为了礼貌让他上座，他连称不敢，退到墙边一张板凳上坐下。讲话时，他只讲了几句恭维话收场。

因为天色在黑下来，大会告结束。毛主席、朱总司令等也是等到散会后才走。

（本文选自《传记文学》1993年第1期。标题为编者所加，内容有删节）

# 回忆毛主席在延安会见海伦·斯诺及其他

余建亭

> 余建亭，江西新建人。1936年加入中国共产主义青年团。同年转入中国共产党。曾任军委直属政治部组织科科长，军委军事工业局党的总支委书记兼政治科科长，中共富裕、讷河县委书记，陈云秘书，轻工业部副部长，全国政协委员，中国国际友人研究会理事。

1937年8月上旬，我在抗大二期十四队学习，中央组织部找我谈话，告诉我说：美国新闻记者斯诺夫人要到前方去，需要有一个翻译，要我做这个工作，陪同她到山西前线去，随军采访、报导军民抗战情况。由于单独行军不方便，要我们同西北战地服务团一道走。这样，我就离开了抗大。

斯诺夫人是指海伦·福斯特·斯诺，是美国新闻记者埃德加·斯诺的前妻。她是1937年4月从北京动身，5月5日到达延安的。由于埃德加·斯诺访问陕北时，朱德、刘伯承和红二方面军、红四方面军仍在长征途中，他希望他的妻子到延安去，以便会见更多的红军领导人和根据地各界人士。海伦·斯诺本人早就想到陕北去，打算继埃德加·斯诺的《西行漫记》之后再写些报导中国红军和革命根据地的书籍，进一步了解中国共产党的各项政策，取得更多的"独家新闻"。她克服了许多困难，摆脱了国民党警察的监视，在朋友们的协助下，从西安经三原、云阳抵达延安。当时她29岁。

海伦·斯诺抵延安时正值苏区党代表会议开会期间，毛泽东、周恩来、朱德、张闻天等领导同志先后会见过她，许多红军将领和地方干部接受过她的

1937年，海伦·福斯特·斯诺（即尼姆·韦尔斯）在延安。右起：何长工、海伦、聂鹤亭、边章伍

采访。到8月初，原来陪同她采访兼做翻译的陈翰伯、王福时同志已经离开边区。8月中旬毛泽东主席又三次会见了海伦·斯诺，都由我担任翻译。地点都是在延安城内西北角凤凰山下的毛主席家里。那里原来是居民住的小院子，有三间坐北朝南的拱形房子，是用灰砖盖起来的，旁边还有几间平房，排成一行，院子里有几棵树，门口有警卫站岗，门外有防空洞。

第一次谈话是在 8 月中旬的一个下午,当海伦·斯诺和我步行来到毛主席家门口时,警卫大概事先得到通知,没有阻挡,也没有盘问。一进院子就看见毛主席坐在树下的一个帆布躺椅上看书,他见海伦·斯诺来了,站起来表示欢迎。树的旁边摆好了一张茶几和几个椅子。谈话就在露天进行,内容是谈中国红军十年的发展史,这个题目是海伦·斯诺事先提出来的。开始毛主席说真正了解红军十年斗争史的人不多,接着从一九二七年南昌起义和秋收起义谈到井冈山会师,建立中央苏区,粉碎五次围剿,经过长征,到达陕北。海伦·斯诺认真敏捷地做笔记,当中插话、提问题不多,毛主席也没有准备谈话提纲,一直谈到掌灯的时候为止。那时延安城内没有电灯,因在室外,使用的是马灯。这次谈话的内容与朱德同志的谈话综合在一起,发表在她的著作《续西行漫记》中。

第二次谈话也是在 8 月中旬,还是在院子里的树下,主要谈中国共产党抗日救国十大纲领,这是在中共中央主办的《解放》周刊正式发表以前同她谈的。毛主席逐条做了说明,强调了必须实行民主,发动群众起来参加抗战。海伦·斯诺提出了一些问题,毛主席详细做了回答。最后表示希望她把抗日救国十大纲领介绍给全国人民和世界各国。

后来,海伦·斯诺在她的著作《一个女记者的传奇》中是这样叙述这次谈话的:"在 1937 年 8 月 13 日,我访问毛时,他告诉我共产党'拯救中国'的十点主张,特别是把中国从日本现在的威胁中拯救出来。主要的推动力量是'给人民以爱国活动的自由,和武装他们自己的自由'。"

"在访问的结尾,毛站了起来,重重地敲击着桌子;他的脸变得红起来,眼里闪烁着光亮。他说如果能得到南京政府的合作,使这十点得到承认,'我们就可以打倒日本帝国主义;否则,中国就要灭亡!'他愤怒地重复了最后一句话。"

第三次会见是在 8 月 19 日。当时海伦·斯诺要求到山西前方去,随军采访,以便报导战地军民的抗战情况。她的要求曾事先向毛主席提出,征得同意。

这次会见是到毛主席住所去取介绍信，那时办公室与住所是在一起的。

海伦·斯诺和我到达毛主席家里时已接近傍晚了。警卫员通报后，我们走进了毛主席的工作室，从三间砖房的当中一间进去，转到左侧一间。室内有一张桌子，几个凳子和一些书籍报纸，似乎还有一张床。我们走进去时，毛主席正在吃饭。桌上除纸墨笔砚外摆着两个小盘子，一个是炒鸡蛋，一个是炒蔬菜，数量都不多，还有一碗米饭。

毛主席看见海伦·斯诺走进室内，知道她的来意，就告诉她："我给你写一封证明信给在前线的邓小平。"接着就拿起桌子上的毛笔在一张毛边纸上写信。后来海伦·斯诺描绘了毛主席当时写信的情景。她写道："当他一面亲笔写信时，一面甩掉遮住眼睛的厚厚的黑发。"（《一个女记者的传奇》）

这封信是写给弼时、小平同志的，那时弼时是八路军总政治部主任，邓小平是副主任。信的内容很简单，大意我还记得，文字记不清了，落款是毛泽东。最近在她的著作《七十年代西行漫记》一书中看到她发表的记录。这封信的全文是这样的：

弼时、小平同志：

斯诺夫人随部队一起赴前方，作为战地记者，向外写报导。请在工作、生活诸方面予以协助和关照。

致礼！

毛泽东
1937年8月19日

写完后毛主席把信交给海伦·斯诺，对她说："到前方去的其他问题找肖劲光同志解决。"此外还说："我们欢迎斯诺先生在任何时间再次来访问。"海伦·斯诺高兴地走出房间。毛主席送到房门口，带着问话的口气对我说："你也想到前方去呀？"我说："是的，我想到前方去。"当时八路军在后方的人员一般都希望到前方去。

上面发表的毛主席的亲笔信在署名前是写"致""礼"，据我分析，原文可能是"致""布礼"，意思是致以布尔什维克的敬礼，因为当时内部写信常常写"此致布礼"。可能是发表时为了避免麻烦或者省得做很多解释，将一个"布"字删去了。

第二天海伦·斯诺带着毛主席交给她的介绍信约我去找八路军后方留守处主任肖劲光同志。海伦·斯诺和他谈得很顺利。劲光同志答应派最好的警卫员照顾她，还调给她一匹马和两头骡子。走出大门，她对我说："肖真是个美男子。"后来海伦·斯诺在《一个女记者的传奇》中是这样描写的："肖是一个魁梧的、肌肉发达的军官，苹果红的脸颊，指挥着后方警备区。"

正当海伦·斯诺准备启程去山西前方时，埃德加·斯诺9月6日从天津给她发来电报，告诉她："你仍可经青岛回来，但要立即动身，否则今年就不能返回。"接电报后，海伦·斯诺改变了原先的想法，放弃去山西前方的打算，决定第二天就动身去西安，转道回北京。这样我的任务也就结束了。

在离开延安以前，她向周恩来同志借到一些钱。她写道："我可以从谁那里借钱呢？我决定，最能理解人的是周恩来。在红色都城里现款是难得的，我只借到了必需的最少数量。"

海伦·斯诺在延安时很担心她拍摄的照片胶卷和笔记本在她返回西安时被国民党军警没收，因此，她事先已委托访问延安的其他美国人带给埃德加·斯诺。《西行漫记》中有些照片包括朱德、贺龙、任弼时、肖克、徐向前等同志的照片都是她拍摄的。她在自己的著作中写道："……后来我确曾请某位离开延安去北京的人带了一些照片。埃德正好及时得到它们，把十一幅收入了《红星照耀中国》。""埃德"是埃德加·斯诺的昵称，《红星照耀中国》是原来的书名，译成中文时改称《西行漫记》。

9月7日，海伦·斯诺离开延安时由新派来的警卫员郭森华同志随同。毛主席写的亲笔介绍信还由她保存，带在身边。1979年小平同志访问美国时，海伦·斯诺把这封保存了42年未曾递交的介绍信交给了小平同志。她在《一个女记者的传奇》中写道："1937年我到达前线的时候，邓和他的部队已经向前线推进了。但是到1979年，邓小平副总理在华盛顿受到美中关系正常化

1937年5月，海伦·福斯特·斯诺在延安采访朱德

的接待，成为官方贵宾的时候，我终于在 42 年以后，把毛的信交给他了。"在这里，她把西安附近的三原县云阳镇一带看成是前线，因为她在同一书中的另一处提到了这件事。

海伦·斯诺原准备用一个月左右的时间访问延安，结果花了四个月进行考察访问。上述三次会见是在访问的后期安排的。在这以前，毛主席还会见过她两次。

一次是在她到达延安的第二天即 5 月 6 日。她在《一个女记者的传奇》一书中写道："我在延安的第一个早晨，当我的新警卫员通知我，毛泽东主席和朱德将军已在院子里，将对我做迎接的拜访时，我还在由于乘卡车来延安的艰苦旅行而东倒西歪。"见面以后，她告诉毛主席说："我丈夫一回到北京，我就立即把你的自传打印出来。这是一个巨大的经典著作。他将影响每一个阅读的人。于是我决定将不惜任何代价来访问你的地区。我丈夫让我从你这里获得最后一章。""毛泽东以他习惯的方式轻轻地笑着，和蔼地点点头。"

另一次是在 7 月 4 日，她在叙述毛主席在抗大讲演之后，接着写道："他在 7 月 4 日美国国庆日让我做了关于'中国革命的性质'的第一次采访，以表示好感。"

海伦·斯诺离开延安后写过很多报导和论著，介绍中国红军和革命根据地的情况。她依据毛泽东、朱德和张闻天同志的谈话，在《续西行漫记》中介绍了中国革命的性质、中国革命的历史阶段和中国红军发展史。热情地称赞了中国的劳动阶级。在《续西行漫记》的序文中她写道："中国的劳动阶级是没有匹敌的。他们比任何种族的人们在生活上所求取的少，而所贡献的多。他们的手和脑是多么灵敏，他们欣然耐苦和不断斗争的能力是多么强，他们对于工作是多么胜任，谁只要认识他们，就不由得会赞佩他们，而希望他们抬头，他们凭其自然的优越性，是应当抬头的。这些人们差不多占着中国人口百分之九十。"

新中国成立后，海伦·斯诺两次访问我国，一次是在 1972 年年底到 1973

年年初。另一次是在1978年秋，她率领电视摄影小组来华拍摄电视片，历时六个星期。重访了北京、西安、志丹（埃德加·斯诺访问陕北时，中共中央的所在地）和其他几个城市。我国领导人两次都会见了她。回美国后她在《七十年代西行漫记》中写道："我和我丈夫埃德加·斯诺常常感到，我们自己在本世纪三十年代的活动，成了中国西北形势的一部分，我们是那些和杨虎城将军一起发动了1936年西安事变的东北难民们的特殊朋友。为了寻求真理，我们心甘情愿，冒着一切风险，于1936年和1937年，分别完成了我们的西北之行，并把事实真相公诸于世。"

海伦·斯诺写过的介绍中国红军和根据地情况的书籍除上面已经提到的以外，还有《中国共产党人》《中国工运》等。

海伦·斯诺1931年8月远涉重洋，来到灾难深重的中国。1932年年底与埃德加·斯诺结婚，1949年离婚，她旅居中国十年。三十年代中期，正当中华民族和中国人民的事业处于紧急和关键的时刻，他们冲破了国民党的封锁，冒着危险，不畏艰苦，不带偏见，先后访问了我国革命根据地，报导了中国红军和根据地的真实情况。报导了中国人民的民族解放斗争及远东形势，第一次向西方世界公正地评介了中国左翼作家和艺术家的作品，亲自参加并报导了中国"一二·九"学生运动。因此每当我们纪念埃德加·斯诺的时候，我们也要怀念海伦·斯诺。这不仅是因为她曾经是埃德加·斯诺的伴侣，更重要的是她本人同情和支持中国人民的事业，并做出了自己的贡献。

（本文选自《理论导刊》1989年第10期。标题有改动，内容有删节）

# 记1938年世界学联代表团访问延安
刘家栋

> 刘家栋，原名刘甲三，1917年7月生于北京，河南修武人。参加了"一二·九"运动、"一二一六"游行，被师友誉为"三剑客"之一。1936年2月加入共产主义青年团，同年6月加入中国共产党。1936年秋，考入燕京大学并做党内交通工作。1937年参加了中国人民抗日斗争史上被称为"四十一人守聊城"的抗日活动。1937年11月到延安，入"抗大"学习，1938年5月调中央组织部任陈云部长秘书，兼任中共中央青委干事。

1938年6月，世界学联代表团带着世界青年的友谊，带着对中国人民抗日战争的声援与支持，飞抵延安。代表团的成员是：美国人柯乐曼、莫莉·雅德（女）、雷克福和付雷德。他们参观了延安、访问了抗大，受到了毛泽东主席、朱德等领导人的接见，毛主席还回答了他们提出的问题。这是一次成功的外事活动，整个接待过程，都是由陈云同志亲自安排的。我目睹了当时一些珍贵的历史片段，至今回忆起来，恍若昨天。

陈云同志当时兼任中央青委书记，接待代表团工作总的由陈云同志负责，他亲自参加了接待代表团的一些活动，具体接待工作由当时西北青年救国会会长冯文彬和新华社向仲华等同志负责，我也参加了一些活动。

那年7月1日是党17周年的生日，那天，党中央召开了欢迎世界学联代表团大会。

7月3日，世界学联代表团在抗大又一次受到了热烈欢迎，并接受了抗大授予的名誉博士学位。

上午10点钟，四位代表来到抗大驻地，受到5000多青年学员的热情欢迎。在座谈会的自由畅谈中，他们明白了什么叫艰苦奋斗的作风。他们对抗大开天辟地的创造力很有兴趣，并深感惊异。接着，参观了1937年10月抗大学生自己建筑的新校舍——窑洞，兴趣浓厚地看了女同学在露天愉快地吃小米饭的姿势。晚上，八路军总政治部的欢迎晚宴刚刚结束，抗大欢迎会又开了幕。校领导先向他们颁发了名誉博士证书。面对隆重的场面，四位代表非常兴奋，他们说：永远忘不了这一历史性的纪念日！欢迎会上，同学们将自己亲手制作的旗帜献给代表团。旗上写着"全世界青年联合起来，援助中国抗战！""最后胜利是我们的"。当赠旗人念出旗帜文句时，热烈的掌声和着欢呼声，在全场经久不息。

八路军参谋长滕代远赠给他们每人一套红军10周年（1927—1937）纪念章、第十八集团军证章、平型关大捷中缴获的胜利品和照片。并授予四位代表"八路军名誉战士"称号。付雷德和雅德激动地把两枚纪念章马上缀在衣襟上。

柯乐曼致辞说："抗大今天开这样热烈的欢迎会，送给我们很多礼物，尤其是艰苦奋斗的作风，这是最宝贵的礼物，使我们万分兴奋！抗大的事业——反对日本帝国主义的事业，不仅是中国青年担负的任务，也是全世界青年应担负的任务！""全世界青年都同情中国的抗战，中国人民在反对日本法西斯侵略中进行了坚决的斗争，这使得全世界人民兴奋，给全世界人民、首先是青年以极大的鼓舞！""我们唯有努力为中国工作，用具体工作和世界青年的斗争来回答同志的情义！"

接着颁发抗大军服、军帽、领章、毕业证章、符号、讲义，还特别赠给雅德一双布条织成的草鞋。这双草鞋上有一张卡片，写着"献给我们的朋友雅德女士。抗大七队（女生）赠"。他们戴上军帽，雅德高兴地说："以后不许再叫先生、女士，该叫同学了。"雷克福在欢迎大会上表示：以抗大名誉博士资格遵守校规，努力工作。在晚会开始时，雅德用华语高歌："起来，不愿做奴隶的人们！"

第二天，代表们参观了抗大。他们先到男生宿舍，一条长炕上七八条被子

1938年7月1日，延安民众欢迎世界学联代表

叠得整整齐齐。从男生宿舍出来，雷克福给正在吃饭的同学拍了照，然后又朝女生宿舍走去。这里布置得更加整洁，他给几位正在自修的同学拍了照。另一间宿舍墙边横陈着置放步枪的木架，雅德从中取出一支，向墙上日本军官的漫画瞄准，大家鼓起掌来。随后又乘车去三大队，走到山脚下，性急的付雷德迈着大步冲上山去，可惜天太热，爬到半山腰已经汗流满面了。山腰上有一片窑洞，这是三大队的一个女生宿舍，门前修了一块平地，可容几百人集合。这时有百多名女生围成十几个小圈在吃午饭——"消灭"小米饭。抗大罗瑞卿副校长介绍说："三期同学用自己的手，在这里修了170多孔窑洞，

宿舍不够用的问题解决了，成千上万个突击手在工作中锻炼出来了。"代表们走进窑洞，凉爽明亮的空间引起他们的惊异和极大兴趣。雅德戏称邀请抗大同学去美国担任挖窑洞的教授，答复是："多得很，三期同学个个都成。"随后参观了救亡室，墙上挂着名人肖像，抗战的各种图表，还有一大幅欢迎代表团的墙报，形式新颖，反映了延安青年对他们的热情和希望。柯乐曼拿出手册，一一记了下来。走出窑洞，看到不远处延河水向嘉陵山流去，绕过山脉又遥遥东去了。代表们拿出照相机，将这优美的景色摄入了镜头。

在这次访问中，毛泽东同志曾回答了代表团提出的五个问题。这五个问题是：第一，目前边区在中国的意义与作用是什么？第二，目前中共在全国的作用是什么？第三，中国有什么条件可以缩短这一持久战的时间？第四，抗战胜利后，中共的主要任务是什么？第五，你以为现在中国的学生与青年在抗战中的主要任务是什么？世界学生与青年在援华运动中的主要任务是什么？

49年后的一天，莫莉·雅德女士作为中美友协、对外友协的客人，访问了北京。1987年6月3日，人民日报披露了以下消息：中美友协和对外友协今天中午举行招待会，欢迎中国人民的老朋友莫莉·雅德女士及美国友好人士访华团。在招待会上，莫莉·雅德把一批珍贵的革命历史文物赠送给中国人民，这批文物包括世界学联代表团1938年访华时拍摄的反映延安军民战斗和生活的电影，几百张照片，毛泽东和代表团正式谈话的记录全文，以及莫莉·雅德一本完整的访华日记，她所收集的陕甘宁边区的报刊杂志和她回国后所做的讲演、报告及美国报纸的报道等。中共中央顾问委员会常委、中美友协会长黄镇等出席了招待会。

当年在陈云同志的领导下，对世界学联代表团的热情接待，是一次卓有成效的外事活动，在中国青年运动史上，也留下了一段佳话。它向延安青年进行了一次国际主义教育。它向世人敞开了延安这块神圣土地的胸怀，对世界青年认识延安，认识中国，认识中国共产党起到了重要作用。它通过四位外国青年的耳闻目睹，将延安青年思想觉悟、学习生活的真实情景和他们艰苦奋斗、坚持抗战、乐观向上的革命精神，传向四面八方，以至延续了整整半个世纪。这在雅德女士1987年来访时带来的一批珍贵革命文物中，得到了历史的印证。

往事悠悠，多少年过去了，无论我在陈云同志身边工作还是以后和他接触的日子里，没再听陈云同志谈起过这件事，他在这次接待中所做的工作，一直鲜为世人所知。因此，我有责任将这些历史片段记述下来，留给我们的后人。

（本文选自《中华魂》1998年第7期。标题为编者所加）

# 忆1939年陪埃德加·斯诺二访延安
石 锋

> 石锋,原名石启运,陕西陇县人。陕西省五届人大常委会副主任。

美国记者埃德加·斯诺曾于1936年6月至10月访问延安,回美国以后撰写了《红星照耀中国》一书[①],出版后引起极大的轰动,仅1937年一年就再版5次,1938年再版时,改为《西行漫记》。从此,延安——红色革命根据地、红军的红色领导人及红军的生活随着这本书的流传而广为世人所知;埃德加·斯诺的名字也随这本书的流传家喻户晓,并有了一种传奇色彩。

1939年8月,斯诺第二次踏上访问延安的征途,这段史实却鲜为人知。因这次是由我陪同前往,且经历了一些不寻常的事情,所以,虽已过去近70年的岁月,我回想起来,当时的情景似乎仍历历在目。

## 送蒋介石特使回西安

1939年8月上旬,一个炎热的星期天中午,我午觉刚起,电话铃就急促作响。拿起电话,原来是边区政府秘书长曹力如打来的,他要我立即到他办公室去,说有紧急的事要我马上去办。我当时在边区交际处工作,和边区政府虽咫尺之隔,却是隔山相望,到政府去,需上山、下坡、过沟,天气又极其炎热。我感到事情紧急,故马不停蹄地赶到曹力如那里。他在院子门口已等得不耐烦了,

---

① 埃德加·斯诺在《西行漫记》一九三八年中译本作者序中写道:"最后,我还得感谢我的朋友许达,当我在北平最不稳定的状况下,写这本书的时候,他曾经跟我一块儿忠诚地工作。"由此可知,斯诺是在北平创作此书的。——编者注

劈头盖脸地冲我吼道："叫你快来，你慢腾腾走了一个钟头，快走两步好不好！"我问道："大星期天的，有什么紧急的事，这么火烧火燎？""快！进门再说。"进了门，不等我擦汗，他就急切地说："中央决定派你去西安出差，马上就走。"我一听，马上说："我去可能不合适，西安国民党哪个不知道我是共产党的情报人员？"曹力如回答说："这个中央已考虑过了，你去西安的任务是陪送蒋介石派来延安的陆军医院陈副院长。你在西安有上层社会关系，在交际处又和那些上层人士有来往，共产党的情报人员就是要了解各界人士，加强抗日统一战线，况且，借此你还可以看看分隔两地的媳妇，公私两利，有什么可怕的？因为要有相应的身份，肖劲光司令员特授予你八路军少校军衔，你的身份是少校联络科长。"我问道："给我们处长说过没有？"曹力如回答："中央定的，处长金城还能不知道！实际上，让你出差，还是他推荐的。"

我在交际处工作以来，和曹力如打交道较多，他擅长书法，文笔流利，思维清晰，为人豪爽，是个有工农气质的知识分子。他平时和人爱说爱笑，没有架子，处理问题干净利落，痛快果断，从不拖泥带水。我说："这位特使住在王家坪叶帅处，我没有接触过。"曹力如立刻回答："送客只是国共两党抗战中的一次礼节性问题，几个钟头的路程，他坐小车，你坐军车，有什么接触不接触？所以给你军衔，也是对客人的礼节，途中遇事也方便。到西安后，他走他的，你走你的，就算完成任务。回来再带什么任务，由西安八路军办事处伍主任安排。"这预示着我在西安将有不同寻常的任务。此时，曹力如要忙送客的各种应酬活动，要我回去赶快准备，第二天一早就动身。当天下午，交际处就按曹力如的安排，替我做了各种准备工作。同时，八路军后方留守司令部还送来一套军装，衣领、胸前皆挂少校军衔。

次日早晨，中央医院和边区政府送客人员，陪陈副院长等一行三人到交际处，曹力如秘书长给我们相互做了介绍。为了消除我们之间的生疏感，陈副院长让我看了周副主席右臂的X光片，认真解释了病情，说："伤后时间已长，臂部范围也小，动手术比不动好，也不影响工作。所以我回去还要向蒋总裁汇

今天的七贤庄（西安八路军办事处旧址）院内

报。"寒暄完毕，礼节过后，客人共三人乘小车，我乘军车，同时向西安进发。进入蒋管区后，哨卡森严，我以八路军少校军官的身份接受了蒋军士兵的军礼。我们在耀县停留一夜，第二天中午顺利到达西安八路军办事处。

待伍云甫主任安排送陈副院长一行去西北行营后，我即向其汇报旅程情况。完毕之后，伍主任对我说："你这次来西安还有另一任务，美国记者埃德加·斯诺要再去延安，中央来电，要你陪同。但他本人还在重庆，你需要在西安等数日，我已叫居敬同志为你做了安排和准备工作。在西安期间，你可住在家里，比在八办方便。"此时，我才明白这次出差西安的另一项任务，也是中央确定的。

## 在西安等待斯诺

居敬是八路军办事处的交际科长，我们相识已久。他已替我准备了一套西装，并送我一双皮鞋，让我换去军装，穿上西服，这样可掩人耳目，便于活动。随后，要我和他去莲湖公园吃西餐，顺便认识一下该餐厅的张老板。说话间，聂景德也来了，说我妻子彭毓泰正在去云阳的路上，现已派人去追她回来。

到了莲湖公园西餐厅，居敬向我介绍了张老板，说这位朋友是北方（指延安）来的，以后有事由张老板联系。张老板听说是北方来人十分兴奋，但因工作纪律，不便多打听，只是以极大的热情为我做了他极为拿手的菜肴。张老板对敌情非常熟悉，是做地下工作的行家里手。他向我说，他如能到延安，可将粗粮加工成高级食品，为中央领导人和红军战士改善伙食、增加营养，但是八路军办事处不放他走。最后，他儿子张协和还是去了延安，成为延安著名的美坚木工厂的厂长，圆了他父亲为边区人民服务的梦。新中国成立后，张协和任机械工业部机械科学研究院副院长，为我国的机械工业科研设计及管理与制造、军工科研、建筑、教育以及中医学等事业的建设和发展，付出了毕生心血，是我党复合型和专家型的领导干部。

饭后回家，妻子彭毓泰已在家中等候。同院的房客是一位铁路工程师，我妻子向他介绍说我在国民党三十八军工作，现回家探亲。房客为表示对主人的敬重，第二天特准备了一桌饭菜，招待我们。席间，因天气太热，我脱去上装，衬衣口袋画着一颗闪亮的红星。这位工程师已意识到我的身份，叫我不要脱外衣，他把房门打开。

此后在家的数日，络绎不绝地有人来，多为在西安上层颇有身份的世交长辈，如杨明轩、杨晓初、李馥清、韩兆鹗等，均是以民主党派身份出现的我党地下或外围工作者，而那位工程师则自觉地变为我的保护人。

来人都希望能听到延安的消息，但令我惊讶的是，延安的重要活动他们均清楚地了解，特别是我在行前刚刚听过的刘少奇《论共产党员的修养》的报告，这里已经看到全文。他们对中央的路线、方针、政策以及国共合作中的一些摩擦的观点，对我思考交际处工作有不少启迪。在这期间，为躲避日军轰炸，我在北关砖瓦窑又结识了杜斌丞先生，与之成为挚友。他们在一起时，表面上是坐在麻将桌前手搓麻将，实际上是在探讨国共合作或抗日之事。白色恐怖环境中的地下工作造就了不少奇人奇事，给我留下了深刻的印象，现在回忆起来，真是意犹未尽。

一个星期很快就过去了，彭毓泰返回云阳，我住进八路军办事处等候斯诺。

## 陪同斯诺去延安

不久，斯诺就来到西安，同行的还有一位国民党合作社的负责人孟用潜。伍云甫给我们相互介绍后，斯诺送了一本中文版的《西行漫记》给我（可惜的是，这本书在"文化大革命"中遗失了）。我用英语说："谢谢你，你的这本著作对中国的革命、抗日战争，特别是对中国青年有不小的帮助。"斯诺听了非常高兴，特别是同行者懂英语，行程将不会寂寞，也会很方便，所以他说："谢谢你的评价。"互相介绍认识后，伍云甫交代完有关事宜，我们就坐进汽车，踏上去延安的路途。

天有不测风云。在西安，烈日炎炎。可进入泾阳，霎时乌云满天，一阵大风由西向东而来。我让司机加大油门，加速行车，在大雨来临之前赶到三原。斯诺问："你懂气象？"我说："自古长安西风雨，这是民谚，也是科学规律。现在乌云向东而来，西风乍起，肯定有大雨。"话音未落，大片雨滴已开始落下。此时泾阳已过，三原在望。当车刚进三原城，已是倾盆大雨，泼在车上，溅入车内，前方一片雨雾蒙蒙，显然不能再走了。远远看到八路军第一一五师办事处的牌子，我命司机加速驶入办事处大院，暂作休息。

无巧不成书。听到汽车声，办事处里第一个出门观望的，竟是我在西安二中任教时教过的学生胡轩。我们几年没有见面了，胡轩一见到我，格外亲切，急忙迎了上来，帮我和客人擦去雨水，殷勤地左右逢迎，腾房接待，真有宾至如归之感，令斯诺极为感动。我向胡轩介绍：这位洋人就是大名鼎鼎的美国记者埃德加·斯诺。胡轩极为兴奋，他说，真得感谢这场大雨，不然，咋能有幸见到这位能同情中国人的朋友。我把话讲给斯诺,斯诺为这番话深受感动。

雨越下越大,我看这场雨一时半刻也停不了,天色渐晚,为安全起见,决定在此停留一晚,明早天晴再走,便吩咐胡轩安排住所和晚饭。晚饭令人意外,送来的是三个人的西餐。询问之下,原来是胡轩与隔壁基督教堂交往甚密,那里的厨师听说胡轩的老师陪同远方客人来此地,颇为感动,鼎力协助,以丰盛的西餐作为招待。胡轩还带来一个年轻人,说是基督教堂厨师的儿子,跟其父学手艺。由于大雨下了两个小时,积水很大,向北去的路的路基已基本冲毁,不少路段已形成沟壑,许多车辆被困在路上。第二天,即使不下雨,也不能动身。胡轩带来厨师的儿子,想询问客人还喜欢吃什么中国菜,他回去准备。斯诺再一次受到感动,他激动地说:"被大雨困在半路上,左右危难之际,能吃到饱饭,已是喜之意外之事,还能吃到黄油、面包、果酱,还有鸡腿、鸡汤,太让人感动了。我知道,这是因为我写了《红星照耀中国》一书的影响,而在中国受到盛情款待。"他反复对胡轩和厨师的儿子表示感谢,并希望国民政府尽快抢修道路,让我们及早动身。由于道路原因,不得不推迟了会见毛泽东的时间,他深感抱歉。

第二天,我让胡轩借了一副扑克给斯诺和孟用潜玩,我和胡轩去看道路抢修的情况。到现场一看,工程浩大,一半天是修不完的。空隙间,我们去三原城内探望了我妻姐彭毓恒。她也是党的地下工作者,是由延安派出的人员,负责电台操作和维护。电台设在她西安家中的地洞里,长期的地洞生活,损坏了她的健康,此间,她正在三原养病。我们已三年没有见面,她见到我,非常激动,急切地向我打听从延安到西安的人和事,急于归队的心情溢于言表。大半天的时间就在这里度过了。

从彭毓恒那儿出来后,胡轩对我说,那二位客人均已安排好,要我尽管放心。剩下的时间,他建议我去云阳看一下陕西省委地下党的同志。那里正在召开选举七大代表的会议,他已备好两辆自行车。拗不过胡轩的热情,再说,我也很想看一看那些战友,时事难测,往往是风云突变,这一走,不知何日再能相见，况且，云阳离三原并不太远，不会误事。于是胡轩引路，我随行，一路急行，不一会儿就到了云阳。

在云阳，我见到不少老战友、老朋友和老熟人，如罗文治、曹冠群、黄崴等，并得知我妻子彭毓泰也被选为七大代表，成为陕西参加七大唯一的女代表。同志见面格外亲切，述不完的战友情。时间匆匆而过，由于公务在身，不可久留。此时天气放晴，我必须尽快回去安排明日的行程。

翌日一大早，我去和胡轩清算费用，他坚持不要，并介绍那位小厨师随我一同去延安。延安的烤面包就是从他开始的。告别胡轩后，我陪同斯诺又踏上去洛川的行程。三原两日给我留下了终身难以忘怀的记忆。遗憾的是，此后再未见到过胡轩，也未能有他的音信。

大雨后的道路极为难行，我们直至傍晚才到洛川。晚饭后，我陪斯诺在洛川街上游览。行至街口，见一堆人站在黑板报下看新闻，我也挤了过去。只见黑板上报道，德苏协议以及苏军出兵波兰，中共中央发表"九一"声明表示支持，重庆报刊纷纷转登。斯诺听到这一突变，马上沉下脸，表示："延安我不去了，我要立即返回重庆。"我说："那不行，我的任务是陪你去延安，重庆不能返。"他急了："那我自己买票，自己行动。"我说："那也不行，对你的安全我责无旁贷，特别到这个时候，我的责任更大，所以必须等我请示延安后，才能定。"斯诺说："形势突变，我不能等。"我强调："我要报告延安，你必须等。"僵持中，我即到二战区八路军办事处给曹力如挂了电话，他立即请示中央后回答："毛泽东主席正在延安等他，欢迎他来延安。"我立即将电话的内容向斯诺做了转达。斯诺听了电话内容，黑沉的脸马上转晴，面带笑容地说："对不起，刚刚一时冲动，难为你了，我们明天继续往北走。中午能到延安吧！"我毫不在意地说："那算不了什么，干我们这种工作，没有一种海量是不行的。"

我们第二天一早出发，急速赶路，中午到达延安边区交际处。听到山下汽车声鸣，交际处处长金城以及斯诺的旧友马海德、诗人萧三、英文翻译黄华等

人都跑下山来，和斯诺拥抱、握手，以各种方式表达旧友重逢的喜悦，并告知斯诺，毛主席确定第二天就接见他，使他异常兴奋。

1939年，毛泽东与美国记者斯诺的第二次会面

当天下午，警报响起，日军的飞机来轰炸延安。斯诺找我，要我陪他去拍几张日军轰炸延安的照片。我领他到宝塔山下，他一看，说："这里目标太大，不安全。"我说："这里是最安全的地方，比防空洞还安全，延安几千孔窑洞，就凭这宝塔山寻找目标，如果炸毁目标飞机就成了瞎子，还有什么炸头？"听到此，斯诺问道："延安几千孔窑洞有多少人？"我说："大概2万人。"斯诺面带疑容说："2万人如何能取得抗战胜利？"我解释说："2万人'每人胸中都自有数万甲兵'，这句话就刻在宝塔山下的岩

石上。"我指给他看。这是北宋时代，西夏进犯延川时，延安镇守使范仲淹说的。听到此，他大笑起来，过来拉住我的手，要我以岩石上的字谕为背景替他拍照留念。

第二天，毛主席接见了斯诺。七天后，斯诺就返回国统区，转赴德苏战场。这次接见，我在鲁迅图书馆看到上海《英文报》做过报道。大概因斯诺对国共合作前途忧虑偏重，延安未做转译，故斯诺二次访延安鲜为人知。但对我来说，却是难以忘怀的一段历史：一是涉及了周副主席臂伤和著名人士斯诺二次访延安的事件；二是事情发生在七大召开之前，黄崴、彭毓泰是为数不多的女代表中的两名；三是此时正处于德苏战争的前夕。

陪同斯诺到延安后，我即兴冲冲地向曹力如报告了送迎陈副院长和斯诺的情况，并为自己圆满完成组织交办的任务感到高兴。但曹力如听后半天不语，脸上没有丝毫笑容，沉默了一会儿，他对我说："石锋啊，你这次任务只完成了一半。""完成了一半？"我不由自言自语地重复了一句。那另一半任务是什么？我愣住了，脑子很快回想了整个任务的完成过程，觉得没有什么疏漏。曹力如见我呆在了那里，用手做了个喝酒的示意后笑了起来，我立即明白了过来。曹力如是边区有名的酒仙，我回来时早有准备，立即答道："你批评错了，这次任务我已全部完成，西凤酒早已买好，还未送来，你就着急了。"说完，我俩都笑了起来。当时边区领导和同志们关系非常融洽，不论身份高低，都很随便，情谊深厚。此为其间的一个花絮，亦随笔记上。

（本文选自《中共党史资料》2008年第2期）

# 白求恩助手深情回忆白求恩

口述：燕真　　整理：顾炳枢

> 燕真，河北定县人。1938年5月，18岁的他在日军的一次大"扫荡"中离开村子，跑到当时在曲阳的八路军晋察冀军区参加了革命。因为此前他曾在地方上学过一点医，部队便把他分到三分区卫生处，第二天发衣服时说让他当司药。第四天，卫生处首长又通知他去五台县军区卫生部医训队去学习。到医训队所在地河北村的次日，他们集体去8公里以外的耿镇河西村去参观白求恩的"医院"。在这里，燕真第一次见到了白求恩大夫。

## 事必躬亲的白求恩

白求恩是1938年初受加、美共产党派遣，从加拿大告别白发高龄老母，来到中国支援抗日的。他当时是国际上著名的胸外科专家，率领加美医疗队来到中国后，拒绝了国民党的挽留坚持去前线，于4月到延安。在见过毛主席后，他东渡黄河，突破重重封锁线，辗转一月有余，于5月末来到战事激烈的晋察冀前线。看到当时八路军战场上医疗救护条件很差，经验也不足，白求恩一到前线，就开始组建一个战地"白求恩模范医院"，一边收治伤员，一边示范教学，这个医院就设在河西村。我们到这里来时，医院正在筹建中。

我们是上午到的，一看，这个名为"国际和平医院"的"医院"其实就是一个破庙。一进庙门，我看到一个瘦削、高个儿、头发稀少而且花白的外国老头儿，正在画图并躬着腰教一位当地木匠做救护伤员的木夹板和牵引架，他就是白求恩。他穿着八路军的灰军装，戴着袖标打着裹腿。老头儿动作敏捷，看

白求恩在前往华北前线途中

上去很精神，出出进进忙个不停。院子里还有个铁匠摊儿，忙完了木活那边，白求恩又来到铁匠炉跟前蹲下，指导铁匠打制托马氏夹板的铁条，还亲手拿榔头敲敲打打，火星溅了一身也不躲闪。医院显然才开始建，虽然在庙堂的干草地上已接收了几十个伤员，但能够证明是医院的任何东西都没有。庙里到处是尘土和蜘蛛网，一些人正在打扫，不时抬进来一两张从村里借来的破旧桌子，我们这些刚来学习的人，也加入了打扫，整整干了一天。这天，我亲眼看到已经年过半百的白求恩大夫和大家一样忙里忙外，一刻都不休息。中间有人劝他休息一会儿，不料，老头儿胡子一撅嚷道："NO！NO！NO！"

当时战地什么都没有，全得自己想办法。我们第二天去，白求恩让我们看他怎样自制生活用具，他亲自裁剪美孚废油桶，教人们焊制伤员用的大小便器和喝水的缸子，还找来一个首饰匠做手术镊子和探针等物品。白求恩还让人找来农村妇救会的一帮妇女，给伤员做棉屁股垫子，中间掏一个洞，用来透气。我们第三天去，分了组，白求恩开始轮流给各组讲课：怎么给伤员换衣服，怎么给喂饭，怎么给擦脸，怎么给翻身，怎么扶伤员大小便，怎么换药……一讲来，极其细微周到。然后亲手示范，再让学员们一个个地做给他看。有一位学员给伤员换裤子，有点紧张忘了讲的方法，先穿好腿后穿伤腿弄疼了伤员，白求恩立刻大发脾气："你这是犯罪！犯罪！"他极其严肃地再一次对大家说："你们千万要记住，给伤员换衣服，一定要先穿受伤的腿和胳膊，因为好着的胳膊和腿好动，不会弄疼伤员，可以后穿……"大家发现这个洋大夫从来不笑，脾气挺大，有点害怕，但还是觉得他脾气大得很有道理，心里是很敬服他的。我因为在革命前接触过几天医，多少有些常识，做实习的时候，白求恩大夫还算满意，但他只是点点头，没有说什么表扬的话。白求恩大夫是一位非常严谨和严肃的好医生，我心里很崇敬他。

白求恩在"模范医院"正式开幕典礼时，发表了一番精彩的演讲，他说："因为日本人残杀中国人民，我才要求到中国来的，我觉得这儿是迫切需要援助的地方，这儿对我是最有用的地方！"他说："不要以为奇怪，那些爱自由的人们同你们自己一样，正在绕地球三万里之外来帮助你们……"从他那次演讲中，我才知道白求恩的家庭也是加拿大的贫穷人家，他年轻时自筹学费发愤学医，后来成为闻名欧美的胸外科专家，他发明创造了一些外科器械，为人类医学做出了贡献。他接受马列主义，为劳苦大众服务，全力帮助那些付不起医疗费的穷人。他离开豪华的医院，到贫民窟里去长期为穷人治病，后来又谢绝了大学教授的头衔和英国皇家医学会的聘请，参加了革命，成为一名共产党员。他在二战西班牙战场国际纵队组织著名的"流动输血队"，救护反法西斯战士，赢得战士们的高呼："战地输血万岁！"白求恩来到中国，作为晋察冀军区的卫生顾问，经常到我们医训大队来演讲，并兼任教务长。他比我们更爱护那些受伤的战士，这使我非常感动。

白求恩常到我们河北村医训队讲课，我们临床实习就到白求恩的"模范医院"。这一段，前前后后两个多月时间，白求恩给我留下了深刻的印象。

## 比中国人还中国人

1938年9月，日本人扩大扫荡圈，集中两万多兵力向五台山地区发动疯狂进攻，"模范医院"和军区医训队就都转移了，白求恩也去了前线。10月，反扫荡斗争开始，医训队转移到平山县常峪村，我第二次见到了白求恩。

白求恩和我们分手去了前线后，在短短一个月时间里，就在四分区战地医院为伤员做了六十多个手术，在火线做手术二十多个。10月下旬，他回到"模范医院"，我又见到了他。

白求恩一回到医院，连饭都不吃，就直奔病房查看伤员。他看到医院仍保持着他的"模范医院"的作风，很高兴很满意，只是说消毒条件太差了。他看我们正在水中煮消毒包，就立刻把袖子捋上去，亲手把有血和无血、有脓和无脓的一一分开，并当场教我们怎样折纱布和装袋子，讲他总结出来的"消毒十三步"。就是扫地、端水这样的细节小事，他都有要求，嫌我们做得不合格，

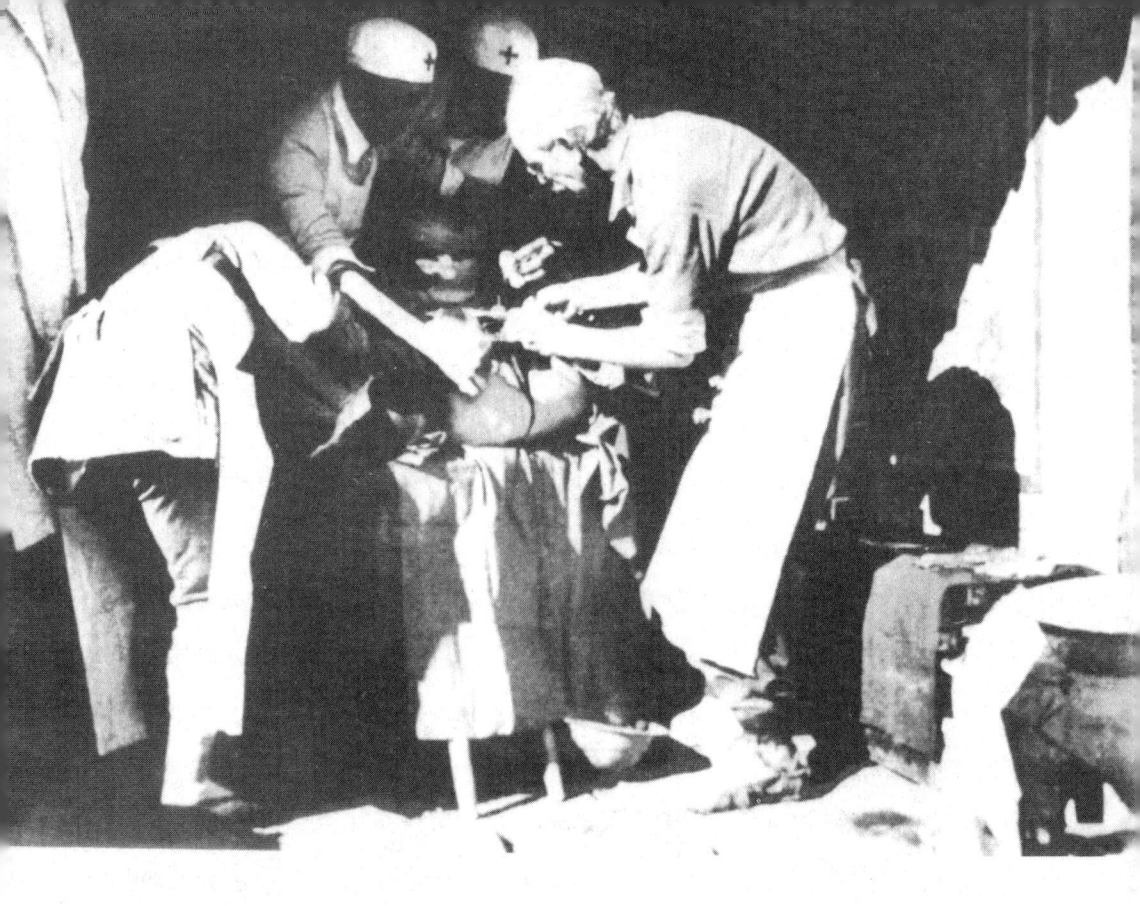

说要推着扫不会飞尘；端水要快走，时间就是生命，"多争取一分钟就可多挽救一个战士的生命"。白求恩回来后每天都忙着给伤员做手术。他是著名的胸外科专家，但做手术仍然非常严谨科学，旁边放一摞医书，边做边翻书查阅，怕记忆有误。

白求恩在前线为伤员做手术

大约一周后，白求恩大夫接到前线王震旅长的电报又走了。他连饭都没顾上吃，昼夜急行军赶到前线，连续工作了十几天，救了几十个重伤员的生命。他从来就是这样，一会儿在这儿一会儿跑那儿，哪个战场上呼救紧急，他就出现在哪里，忙得不亦乐乎。也就是这个时期，他认识到在游击战争的环境中建立固定的医院显然不可能，所以他产生了建立战时特种外科医院的想法，把医院建在老百姓家里，敌人就很难破坏掉它。

我第三次见白求恩,是他从王震旅长那里再次回到常峪村来筹建特种外科医院的时候。当时我们收容了300多名重伤员,都分散在老百姓家里,全部治疗都是白求恩亲自指导的。他每天带领我们学习骨折固定和腿伤吻合等大手术,亲自指导我们写病历、开处方和给伤员换药。这段时间,我担任白求恩手术的第二助手,负责抬伤员、麻醉等工作。开始十多天,白求恩亲手做了几十个大手术,大部分重伤员都保住了性命。白大夫讲:"时间就是生命!""抢救正在战斗中的八路军伤员,必须争分夺秒,越快越好。"他反复用他亲身经历的一个事例来说服大家:两个情况几乎相同的伤员,子弹进入腹内,两者的大肠和小肠都有十多个创口和裂隙,都大量出血积血,粪便都进入腹腔,都是在蜡烛和手电筒的光亮下实施手术的,可第一个次日就死了,第二个则平安痊愈了,虽然在第二个星期内每天夜晚要在简陋的担架里被搬运60里。生与死的区分,就在伤后施术的8小时和18小时之别。由此,他得出结论:直接在火线疗伤的疗效可达空前高度,遂提出"医生在后方等待伤员的时期已经过去了,医生的工作是在前线"的口号。这个口号,后来成为军区卫生工作条例之一。白求恩大夫自己就是这样做的,他一直奔波在战区各前线救护地,哪儿战斗吃紧哪儿伤员多哪儿呼救紧急,他就出现在哪儿。

白求恩大夫用他卓越的外科技术在战地上及时实施手术,抢救了无数中国八路军士兵的生命,还慷慨地用自己的鲜血,挽救生命垂危的战士。有一次,一个伤员需要做断肢手术,急需输血,当时他毫不迟疑地伸出自己的胳膊要求输他的血。大家看他已年过半百、鬓发花白,又整天连续工作,健康状况也并不好,都不同意他这样做。但他立刻虎起脸来坚持说:"前方将士为国家为民族流血牺牲,我们献出一点血有什么不应该的!"于是伟大的国际主义者的鲜血徐徐流入一个普通中国战士的躯体。这个战士被救活了,三个星期后要转移到后方休养,他大哭着与白求恩告别,白求恩深情地对他说:"希望你好好养伤,早日恢复健康,再回到前线消灭敌人。"白求恩就是这样。"一切为了伤员,一切为了阶级兄弟，一切为了无产阶级革命事业的胜利！"他是这样说的也是这样做的。在白求恩的感召倡议下，医院成立了战地输血队，医院领导、翻译、医生、护士及当地的老乡都参加了，什么时候要血什么时候抽。建立输血队的做法在边区各医院得到推广，许多伤员得以获救。

军队特种医院建成后，白求恩又急匆匆到各分区检查工作和帮助手术去了，他还在三分区建成第二所特种外科医院。这时，西线五台山石盆口战斗打响了，他又立刻赶到车箭岭医院，连续不断施行大小手术300多例。

## "要把伤员当兄弟"

我第四次见到白求恩，是1939年7月。在这之前半年里，白求恩一直带着他组建的二十多人的"白求恩医疗队"东征，辗转在晋察冀战场前线各地。他3天做40多个手术，在一二〇师一天就做了60多个手术。4月，在河间、齐会战斗中，白求恩在敌人的炸弹炸塌了他正做手术的庙院后墙的时候，他继续做手术，奇迹般地连续工作69个小时，完成了115名伤员的手术，然后才开始转移。这一段时间，白求恩在战地亲手做了近千例手术，走过1504里路程，帮助各分区医院建立手术室和包扎所13处，并组建了两个新的医疗队……受到晋察冀军区聂荣臻司令员和中央首长们的高度赞扬。他在日记里这样写道："我确实很累，但我从没有这样高兴过，我感到满足，我正在做着我要做的事情。这里到处需要我……"

7月，我到军区卫生部后方医院（也就是原"模范医院"，设在唐县稻远乡花盆村）当科员和主治医生不久，有一天，白求恩忽然来到村里，风尘仆仆的样子，我一看就知道他是刚从前线回来的。他还是那样，不喝水，不吃饭，也不休息，一进门就问："伤员在哪里，在哪里？"他直接去病房，我和卫生部长游胜华跟在他后面。他一边在病房巡视，一边听我们汇报情况，忙了一下午。晚上他给医院打分：59分。接着就发脾气，批评医院不如以前。

第二天查房，白求恩要求我挨个病人给他汇报，他一边听着察看着，一边在本儿上记床号记病情。我把一个伤员左腿伤误说成了右腿，白求恩发现后大发脾气。后面我又说错了一次，白求恩又批评了我一通："怎么搞的，这么粗心？"检查完后，他决定三十多个伤员要做手术，亲手开列了名单。这天晚上，我正为自己的工作做得不周到受到白求恩大夫批评而难过，忽然白求恩来了，他和蔼地向我道歉："对不起，白天我批评了你，不知道你是新来的。"我一听，差点哭出来，我没把工作做好，心里正内疚，他反倒向我道起歉来，当时在场的医护人员都非常感动。白求恩就是这样一个心直口快、对工作极其

白求恩在烈日下，用轻便的打字机不停地工作着

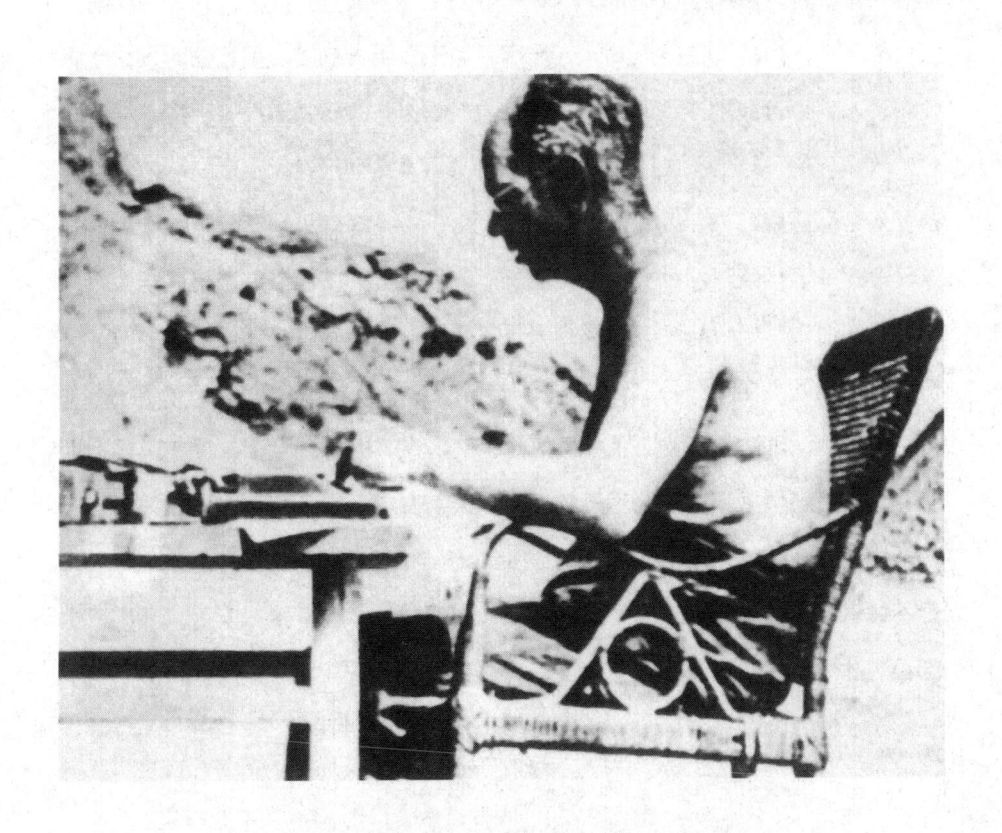

严格对同志极其谦和真诚的人。这一段经历对我的教育极其深刻，影响了我一生，如今仍历历在目，记忆如初。

白求恩回来后，又开始整顿医院，教我们管理教我们技术，讲得非常细，如抬伤员上山或下山要头朝上；断肢者不准脱衣裤只能用剪子剪，以免造成碎骨新的扎伤；"手术室"地下一定要洒水避免起灰；还让我们不翻身睡觉来体验伤员的痛苦，督促我们给伤员勤翻身……白求恩在进行战地救护工作的同时，还抽空编写教材，给我军留下了一批实用战地医疗救护教材，其中仅他自己绘制的插图就多达119幅，并教我绘制了一厚本。尤其令我们感动的是，他经常讲"要把伤员当兄弟，不然就是犯罪"这句话。有个叫李盛才的骑兵连长（红军），右大腿骨折，上了"托板"，他嫌牵引难受私自松开了，白求恩发现后，上去就把负责这个伤员的医生扇了一巴掌，大怒着喊："你怎么不管住他，你这是犯罪！犯罪！"

这时，白求恩的手术室是借用民房搞起来的，地上铺上席子，弄一些铁盆子、瓷盆子放在凳子上，两张老乡的方桌拼起来铺上被子和布单就是手术床，上面再拉起一张大布单遮灰尘。在这样的艰苦条件下，白求恩做了很多肢体离断术、肠胃吻合和肠肠吻合术等大手术。我作为白求恩的第一助手，在与他合作的同时，目睹了他高超的技术和拼命工作的崇高忘我精神。有时候，白求恩让我做手术并由他指导，我做了离肢术、肠吻合等五六例手术，白求恩表示满意，我至今感到很荣幸。我们一起还给当地老百姓做了许多例大脖子病切除手术，出血很多，很危险，白求恩为了减轻他们的痛苦，克服困难主动给他们做，当地老百姓千恩万谢。做手术当第一助手，我手脚比较快，白求恩大夫很满意。但有一次，我把刀递反了，刃向了他，他瞪了我一眼，很不高兴。我慌乱中把手划破了，白求恩看到了，立刻夹了一个棉球给我消毒，又继续做手术。晚上，他又跑来说"对不起"，我感动得流下了眼泪。

白求恩还是位非常有思想境界的人，自己生活非常简朴，处处想的都是让伤员们吃好一点。八路军发津贴从战士到团级以上每月各为1、2、3、4、5元，毛主席也是 5 元，中央为了照顾白求恩特批给他 100 元，但他从来没领过这笔生活津贴费，坚持不要。考虑到他是半百已过的老人，给了他一匹马，他倒是要了，但从没见他骑过，而是用于驮医疗器械。炊事员看他那么累，身体越来越差，有时给他炒一盘鸡蛋补一补，他却大发雷霆，一口不吃，分给伤员，去和战士们一样吃小米饭喝白菜汤。平时有点好菜，他也不吃，分给伤员，自己却拿柿子充饥。军区常送给他一些战利品，如炼乳、白糖、毛毯、床单等东西，他自己不用，都让我们拿来分给伤员了。

在后方医院工作了一段时间后。白求恩又到前线去了。临走在花盆村分手时，白求恩送给我一个他用过的听诊器和一张穿高领毛衣的照片，还说了许多鼓励我的话。没想到此次分手，竟成了我们的永诀。几个月后的 11 月，传来噩耗：白求恩大夫在唐县黄土岭战役前线救护伤员中受丹毒感染，不治身亡于黄石口村。这事发生在他正准备回美国和加拿大去为中国抗日募款的前夕——11 月 12 日。一个伟大的灵魂去了，八路军全军为之悲恸。司令部卫生部让我派人接回了白求恩的遗体。我们于 17 日晚将他秘密暂葬到于家寨村狼山沟门，地面抹平，暗做了标记。12 月 1 日，中央在延安举行了隆重的追悼大会；12 月 25 日，毛主席专为白求恩发表了一篇文章——《纪念白求恩》。1940 年 1 月 5 日，晋察冀军区又将他的遗体从于家寨移至唐县军城南关村的一个高坡上正式厚葬，并进行隆重祭典吊唁，去的人很多，还有满山遍野的老百姓。万人恸哭，悲声震天。白求恩大夫的死，使我悲痛了很长时间。我和他共事了四段时间，有了很深的感情，我一直挥不去像失去自己亲人的那种感觉……

（本文选自《世纪行》2001 年第 10 期。内容有删节）

# 共产国际联络员弗拉基米洛夫在延安

师 哲

> 师哲，陕西韩城人。俄语翻译家，曾先后随毛泽东、周恩来、朱德等人访问苏联及东欧各国，曾参加过中苏两国领导人的对话。

苏军情报组的成员一般是2年轮换一次。但在延安待的时间最长的是孙平，前后将近4年。1942年5月他到延安之前，曾以塔斯社驻华记者的身份在西安、兰州做情报工作，那时他就认识了周恩来、朱德、叶剑英、任弼时等同志。

1940年离开莫斯科回国前，我到内务部向老同事、老朋友告别。内务部的人告诉我，他们在乌鲁木齐、兰州等地都派有情报人员，希望我能给予帮助。我们到兰州时，苏联领事馆宴请周恩来、任弼时等同志。孙平虽不是总领事，但却十分活跃。他用俄文和弼时交谈。弼时知道他的真实身份。当时我们党的方针是掩护、协助他们工作。

1942年5月孙平到延安，他的身份是塔斯社记者、共产国际联络员、苏军情报部情报员。他到延安的主要任务是收集情报，政治、经济、军事各方面的情报都收集，重点是针对日本的军事情报。这同大革命时期在中国工作的苏联同志的任务完全不同。

孙平的俄文名字是彼得·巴菲诺维奇·弗拉基米洛夫。"孙平"是中国同志给他取的中国名字。他是个军人。军人的天职是保卫祖国。一般来讲，军人的民族意识极强，孙平也不例外。因此，他在华期间对中国的许多问题都不能正确理解。仅举一例，我党的一些领导人出身于富有家庭，或本人是知识分子，对此他就很有看法。他认为只有王震这样铁路工人出身的人才是真正的共产党员。

经我介绍，孙平认识了王震。一次王震请我做客，我征得他的同意将孙平带去了。王震为人豪爽，直言快语，易于接近。只谈了两个小时，孙平回身对我说："这才是真正的无产阶级！"从此他们过往甚密。

苏军情报组在孙平负责时期，由于人手减少，他们的情报主要靠我们提供。经毛主席同意，孙平直接同社会部联系，由后者负责提供情报；同时他还同八路军总部、同副总参谋长叶剑英、作战部副部长李涛联系，同新华社社长博古，同高岗、林伯渠，以及各部委、西北局、边区政府等许多单位直接联系，从他们那里获得各种情报。孙平懂中文，大致能听懂中国话，毛主席让他多到各县、基层去看看，直接找当地干部谈话。所以他常到各处，如绥德专区、晋西北等地去活动，亲自找人谈话、了解情况、搜集情报。

据孙平自称，在那一时期，博古对他帮助最大，使他弄清了国际、中国国内和党内许多复杂问题的来龙去脉，帮他较好地掌握了动态。这些话孙平讲

1928年，师哲在莫斯科

过不止一次。但实际上，关于我们党内情况、党史上的问题、党内斗争，以及当时党内存在的种种问题、各项主要政策和策略、国内形势、抗日战争的战略、策略与政策、同国民党的斗争，等等，都是由毛主席亲自向他介绍和解释的，而且给他讲的也最多。

毛主席对他很关心，帮助很大，对他的任何要求都是有求必应。我们不仅在枣园为情报组盖了漂亮的小洋房，而且在城里、大砭沟都为他们准备了房子，供他们使用。

孙平到延安后，很快博得了毛主席的信任。毛主席有话愿意同他讲，有时简直是无话不谈，很少有戒备。孙平给人的印象是精明干练，机警灵活，总是笑嘻嘻的，一口一个"是的，您说得对"；他忍耐性强，不管是对他语言上的刺激，还是行动上的刺激，他都能忍耐；他善于察言观色，顺着别人的话头讲。毛主席发表意见后，他能做出恰好适合毛主席心情的评语和结论。他尽量施展本领，取得毛主席的信任，目的是从毛主席那里取得更多更重要的情报，获得更多经济生活方面的好处。

毛主席把孙平拉得紧紧地，目的是通过孙的嘴巴把我们的看法汇报给共产国际和斯大林。最后两年，双方越来越亲密，孙平的电台几乎成了毛主席的电台。孙平任何时候都可以到毛主席那里去，毛主席也随时可以叫他来。

此外，孙平还从任弼时、李富春那里得到了许多经济上的好处，如尽量保障他们的供应，用外币兑换边币时给予优惠。从彭德怀和叶剑英那里获得了各种各样的军事情报。毛主席允许他到王家坪我军总部去，他除同叶剑英、李涛谈话外，还可以直接找参谋人员、作战室工作人员交谈，而且可以看作战室地图，参加各种汇报会。他还从博古那里获得了大量的国际国内情报。他在中情部不仅能得到日常的情报，还可得到各种照顾。

1944年6月，中外记者西北参观团一行21人来到延安采访，其中有苏联的普罗岑柯。普在孙平的帮助下单独会见了毛主席。毛主席向普罗岑柯谈了党的组织情况、思想教育、党的发展与干部培养等方面的问题。普罗岑柯提出应当考虑抗战胜利后如何进一步发展和培养干部的问题。毛主席认为普有头脑，有见地，继续向他介绍了抗战形势，抗战胜利结束后我们的方针、政策和政治路线、战略意图，以及中国革命和党的发展与前途等问题，向他说明即使抗战胜利结束也并非是我国革命的终极目的。

后来，孙平向毛主席说，他很想学习中共党史和中国革命史以及了解我党各个时期的政策问题，并请主席指定一个人同他谈。毛主席表示同意。

过了一段时间，毛主席做了准备，对孙平说，咱们两人共同研究吧。毛主席正想进一步改造和培养他，把他变成我们的朋友，让他宣传我们的观点。于是，从1944年6、7月开始，到"七大"召开前，毛主席差不多每隔一周或两周就同孙平长谈一次，有时甚至一周内同他谈两次。每次要花三四个小时，几乎像上党课一样。

谈话内容包括建党以来中国革命发展的各个阶段的形势变化，及我党的政策、方针、路线，我党取得的成绩，遭受的挫折，各个时期党、政、军的发展变化，派别斗争，等等。对党内派别（即宗派主义倾向）问题，毛主席讲得比较多，总的意思是，在我们党的历史上，小派别活动曾发生过影响，但未起过决定的作用。孙平从这里学到了许多东西。说老实话，我对党的历史的了解，较全面、较系统的党的历史知识也是在这次获得的。通过这些谈话，我才知道主席在大革命时期曾在国民党中央宣传部工作过；在中央苏区，邓（小平）毛（泽覃）谢（唯俊）古（柏）等同志受到打击和迫害等重要情况。

"七大"前夕，毛主席把"七大"的准备工作，《关于若干历史问题的决议》草案的内容都给孙讲了，同时告诉孙，让他作为客人列席"七大"，并指定由我担任翻译。会后，毛主席还一再问我各次会议孙平是否都参加了。

"七大"结束后，毛主席不满足于孙平参加听会，还专门把孙找来，向他介绍了大会的情况。实际上等于给了他一个提纲，让他照提纲向莫斯科汇报。这个提纲的中心内容有三点：（1）大会是团结的，全党达到了空前的一致；（2）"七大"通过的路线、方针、政策是完全正确的，得到了

全党的拥护；（3）大会一致拥护毛泽东和刘少奇作为第一把手和第二把手。

每次从毛主席那里出来，孙平总要同我谈谈他的体会、感想。他同我谈得很好。他很尊敬毛主席。

我同孙平的往来不仅是在主席那里。1944年下半年，我被调到中央社会部一室任主任。一室专门负责情报工作，冯弦是我的助手。我党通过地下党收集到不少有价值的情报。在上海的潘汉年、刘晓、肖桂昌都曾回到延安参加会议，并到枣园汇报工作。向孙平提供的情报我都看过。孙平毕竟是外国人，对中国情况不甚了解。有的情报写得不错，但并不真实，价值不大。因而孙平常常同我一起讨论、研究这些情报的真伪和价值。我的住房和孙平的办公室——漂亮的小洋房，只隔一个小山沟，我们常常站在山坡上，隔沟相对，用俄文交谈、讨论。

1949年12月21日，在莫斯科庆祝斯大林七十周年诞辰大会上。左起：卡冈诺维奇、师哲、毛泽东、布尔加宁、斯大林、乌布利希、泽登巴尔、赫鲁晓夫新中国成立后，王震到苏联治病。正巧孙平也在皇宫医院住院。王震还去看望过他。

粉碎"四人帮"后，我从陕西省扶风县的农场回到了北京，才见到苏联1973年出版的《中国特区》一书。这本书以孙平延安日记的形式公布了大量"材料"，严重歪曲事实、造谣、任意中伤、诽谤我党和毛主席，令人气愤。孙平，一个老党员，怎么能写出这样的东西？！这样的东西只有伪君子、两面派、没有良心的人才写得出。这与他在延安同我讲的话是完全不一样的。

1990年，我的女儿黛霞来北京探亲，她带来孙平的儿子尤里·弗拉索夫发表的一篇讲话。尤里对记者说1968年他被叫到苏共中央整理他父亲的档案文件。为了适应当时苏联同中国论战的需要，苏共中央书记处准备以公开的情报资料和他父亲从中国发回的电报为基础出版一本书，建议由他来编撰。他的任务是说明苏中分歧产生的根源。

尤里是一位苏联人民代表、作家。

由此可见，这本书根本不是孙平在延安的日记，而是后来拼凑起来的。当时出版这本书不仅有损中苏两党的关系，而且也丑化、损害了孙平的形象。值得欣慰的是，事实终于得到了澄清。

1944年7月22日，美军观察组首批成员在包瑞德上校的率领下到达延安。美军之所以派观察组来，是由于我解放区日益扩大，八路军、新四军、南方游击队的力量日益发展，成为一支重要的不可忽视的抗日力量。而与此同时，国民党的正面战场在日本人进攻下一溃千里，龟缩在中国的大西南地区。美国人看到将来反攻时，要在中国沿海登陆，必须要有策应才能减少损失，较快取得胜利。这个策应的力量不是国民党的军队，他们离沿海地区太远了；只能是中共领导的军队和解放区的民众。

蒋介石一贯封锁解放区，更不允许我党和美国人建立直接的关系。1944年6月，罗斯福总统派副总统亨利·华莱士到中国来，华莱士亲自向蒋介石提出此事。在美国政府不断施加的压力之下，蒋介石才不得不同意美军在延安

1948年毛泽东与师哲（中）在西柏坡

设立观察组。

美军观察组到延安后几个月，即11月7日，罗斯福为协调国共两党关系，派特使赫尔利到延安来同毛主席、周恩来会谈。会谈是在延安南门外交际处举行的。10日，周恩来和赫尔利一起乘美机到重庆继续同蒋介石谈判。

苏联人对我们和美国人建立关系，频繁来往也是十分关心的，同时又感到不安，有所疑虑。因此，毛主席和赫尔利会谈后，从交际处回到家，还未进办公室就打电话要我立即请孙平到他的住处去。我和孙平几乎与毛主席同时到达枣园毛的住处。毛主席把他同赫尔利谈话的主要内容告诉了孙平。

据毛主席介绍，谈话的主要情节和经过是这样的：在交谈中，赫尔利非常粗鲁而蛮横地说，中共必须同蒋介石国民党合作，共同建国，绝不要再打内战。如果打起内战来，中共未必能打赢，对中共没有什么好处。如果中共答应不打内战，那么，美国的武器就可源源而来。中国既可恢复经济建设，人民也可安定生活，中美关系自然也会更加友善起来。如果你们打起内战来，那美国人就不能原谅你们。他们就会纷纷议论、批评、责难，甚至骂人，难道你们不害怕这种不利于你们的舆论压力？！

毛主席说，他听了以后，火冒三丈，严词回答赫尔利说：你们美国人吃饱了面包，喝足了牛奶，睡够了觉，无事可做，天天想骂人，那是你们自己的事，飞机、大炮、坦克、军舰也是你们自己的。我们有的是小米子加步枪、两条腿、两只手，我们自己会处理好我们的事情，我们中国共产党从来就不想打内战。

在同孙平谈话的过程中，毛主席显得很兴奋，有时手舞足蹈。我从未见到过他这样高兴。

众所周知，赫尔利在延安时，在我党起草的《五条协定草案》上签了字。草案内容是：改组国民政府，成立联合政府和联合军事委员会，承认所有抗日党派的合法性。这个草案由赫尔利带到重庆，但被蒋介石否定了。此后，赫尔利的态度也随之发生了180度的大转弯。

（本文选自《在历史巨人身边——师哲回忆录》（修订本），中央文献出版社1995年版。标题为编者所加）

# 接待中外记者西北观察团和美军驻延安观察组
杨尚昆

> 杨尚昆，1907年8月出生于四川潼南（今属重庆市）。1926年11月赴莫斯科中山大学学习，1931年初回国。1935年10月19日，协助政委毛泽东、司令员彭德怀率领陕甘支队到达陕甘革命根据地吴起镇。1941年2月，中央决定由他协助王稼祥管理中央华北委员会的工作。8月，中共中央北方局改组，任北方局书记兼党校校长。

1944年，第二次世界大战的局势发生了急转直下的变化，德、意、日法西斯集团走向土崩瓦解。但日军在远东仍进行垂死挣扎，以40万兵力发动豫湘桂战役，企图打通纵贯中国大陆的铁路交通线，进行顽抗。在日军的进攻面前，国民党军队一败如水，而八路军和新四军却在华北、华中和中原地区对日军发起局部反攻。中外有识人士对蒋介石政府深感失望，延安成了他们瞩目的焦点。美国政府也希望盟军在中国登陆作战时能得到八路军和新四军的配合。在这种情况下，中外记者西北参观团、美军观察组等接踵来到延安。中央决定让我协助军委总参谋长叶剑英接待来客，在接待美军观察组时用的对外身份是军委秘书长。抗战胜利后，叶剑英同志要到北平参加军事调处执行部的工作。他看我没有把家搬到王家坪军委的院里来，以为我有什么想法，事先没有和我商量，就到毛主席那里给我讨来一个第十八集团军总部秘书长的委任状，郑重其事地对我说：你看，毛主席都签字委任你了，你赶快搬过来吧！那时，我们调动工作通常都只是口头交代，这是我平生第一次得到委任状。可惜延安撤退时丢了，不然，倒是很珍贵的文物。

## 接待中外记者西北参观团

　　1943年初，美、英等盟国记者向重庆当局提出要到延安等抗日根据地进行采访的要求，各国驻华使节也积极支持。蒋介石当然不愿意他们到八路军和新四军的敌后抗日根据地及其总部延安来访问，但他不好断然拒绝，只能尽量拖延。到1944年夏天，实在拖不下去了，只好答应，改用派人参加进去严密控制的办法，并将采访的名称改为"中外记者西北参观团"。正副领队是国民党外事局副局长谢宝樵、新闻检查局副局长邓友德。邓是四川人，早年在成都时和我有过一点接触。他是中法学校的学生，1926年出川，考入上海的立达学院，后来毕业于燕京大学，是国民党宣传系统董显光的下属。国民党中央宣传部又派处长魏景蒙和一名助手，负责检查记者的稿件。还有一名是专搞党务工作的杨西昆。外国记者有6人，中国记者9人。《中央日报》的记者是CC分子张文伯。中央通讯社的两名记者中，有一名"临时记者"叫杨家勇，是个冒充的记者，真实身份是中统特务。经过西安时，他们又派进来一名冒充工作人员的特务科长。记者团内，还规定了统一的行动纪律。

　　我们看到这个阵势，明白重庆当局的用意，但泰然处之，小心应对。政治局决定，由周恩来同志主管这一工作，由我担任交际处处长，副处长是金城。恩来同志批示的交际处工作方针是8个大字：宣传出去，争取过来。

　　6月5日，记者团到达延安。我们将他们安排住在南门外新市场南边的30多孔新开的窑洞里。当天下午，我们向记者团全体人员提供了在延安参观的日程，时间约一个月，然后去晋绥等根据地，共参观三个月。

　　第二天，斗争果然就开始了。一清早，随记者团来的国民党电台人员要将电信器材搬入交际处，准备架设电台。这件事，头一天晚上我们已听到消息，金城曾来电话问我是否允许。明摆着，他们这样做是为了控制发报权。我说："边区政府保证记者团能迅速、准确地拍发新闻稿，不同意他们自己架设电台。"交际处的传达室就把电台人员挡住了。邓友德气势汹汹地责问金城：

"我是国民政府派来的领队,你凭什么干涉我们的工作?"金城不卑不亢地回答说:"我是交际处的干部,未经边区政府批准,交际处内不得架设电台。"把对方顶了回去。

1944年,杨尚昆(中)同美军观察组组长包瑞德(右)及马海德(左)在延安

几天后,美联社的记者斯坦因向我们提出,要求单独会见毛泽东主席。我们答应给予安排。有一天出发参观时,邓友德发现斯坦因没有参加集体活动,又来责问金城:"我们记者团有纪律,斯坦因为何单独活动?"金城说:"我们这里新闻采访自由,你们团内的纪律我不想干涉;请你自己去和斯坦因交涉。"邓友德讨了个没趣。后来,伦敦《泰晤士报》的福尔曼也提出要会见毛主席、朱总司令、恩来同志等,一些中国记者也有同样的要求。我们一视同仁,满足他们的要求。这一来,他们约束记者采访自由的"纪律"被冲破了。

记者团在延安参观一个多月,会见了毛主席、朱总司令。恩来同志经常到交际处来检查工作,看

059— 上编 与外国友人面对面

望中外记者。叶参谋长详细地向记者们介绍了八路军和新四军在敌后抗日的情况。参观的单位包括：从边区政府、新闻单位到中央医院，兵工厂、难民工厂到光华农场，自然科学院到日本工农学校等。还会见文艺界许多知名人士。一个长期被严密封锁以致被严重歪曲的新世界，终于展现在世人面前。国民党当局派来的记者团领队当然十分恼火。中外记者采访团原计划参观三个月，结果，在延安活动的日程刚刚结束、准备去晋绥根据地参观时，谢、邓这两个领队强令中国记者必须迅速返回重庆，不准到其他地区去。这使一部分原来想到其他地区看看的中国记者只得悻悻然离开延安。

7月初，连日大雨。12日，中国记者们准备起程离开延安乘车去西安。恩来同志和我都担心劳山公路可能被大雨冲坏，特别叮嘱金城，将交际处的两辆汽车提前检修好，同时准备好四辆胶轮大车，

1937年，美联社记者厄尔·利夫（左二）在延安访问毛泽东和朱德

以备万一的需要。留在延安的外国记者,不理那个领队的约束,在8月间动身去晋绥抗日根据地。毛主席亲自到交际处为他们饯行。

中外记者参观团对这次采访反映很好。后来,爱泼斯坦为《纽约时报》《时代》杂志写了不少文章;斯坦因出版了《红色中国的挑战》一书;路透社的武道出版了《我从陕北回来》;《新民报》的赵超构出版了《延安一月》。他们把延安和敌后根据地的新面貌如实地介绍给世界。这是继斯诺的《西行漫记》之后,对红色中国规模最大的一次报道。

## 延安外事工作的开端

外国记者还没有离开延安,美军驻延安观察组的第一批人员又在7月22日飞抵延安。

美军观察组的派出,是史迪威将军和蒋介石冲突的结果。史迪威是中缅印战区美军中将司令,兼中国战区最高司令蒋介石的参谋长。他对国民党的腐败无能,对蒋介石把美国援华的军火不用于抗日而留着准备打内战,非常不满。美军要对日本发动反攻,曾计划在中国的山东半岛、连云港和大亚湾等地登陆,但这些地方,大部分是在八路军和新四军开辟的敌后抗日根据地的范围内。为了作战的需要,美方要求派遣一个军事代表团,到延安直接同我们商谈合作事宜,并了解各解放区的军事实力。蒋介石却不愿意美方和中共直接建立任何合作关系。后来,在罗斯福总统的压力下,蒋无可奈何地同意了,但仍要降低规格,把"代表团"的名称改为"视察组"。我们说:"视察"的名义不妥,因为美国不是我们的上级。最后,经过三方协商,定名为"美军中缅印战区驻延安观察组",代号"迪克西使团"。

当时美国是我们在反法西斯战争中的盟国,中央欢迎同他们合作,由朱德、周恩来、彭真、林彪和叶剑英出面商谈。在这种情况下,决定在延安设立外事组。

外事组原来在重庆有一个,由周恩来兼任组长,叶剑英任副组长,成员有章汉夫、乔冠华、王炳南、龚普生等。延安的外事组成立时，毛泽东、周恩来在七中全会的主席团会议上提议由我兼组长，王世英和金城为副组长。成员有柯柏年、陈家康、黄华、凌青等。黄华是朱总司令的秘书，柯柏年是大革命时期很出名的老同志。还有一个马海德同志。我对外以军委秘书长的身份出面。这个外事组实际上就是做接待美军观察组的工作。

美军观察组由军官和陆军、航空、通讯、医疗等人员共18人组成，有几个人是"中国通"：领队包瑞德上校是中缅印战区美军参谋部的情报官员。谢伟思、戴维斯是史迪威将军的政治顾问。谢原是美驻华使馆二等秘书，父亲是传教士，他出生在成都，在上海的美童学校受教育，后来毕业于美国奥伯林学院，1933年来中国任外交官。德木克战前在山西太谷孔祥熙办的铭贤学校当教员，抗战初到过延安。他们都能讲汉语。还有十四航空队的斯特尔、二十航空队的多伦等。观察组的任务是了解我方政治、军事的实际情况，以便同我方商谈合作，并准备在有关的敌后根据地内建设飞机场。那时，美军已用B-29重型轰炸机对日本进行"穿梭轰炸"。这些轰炸机从冲绳岛的机场起飞，轰炸日军占领的太平洋诸岛，投弹后飞回成都，休息一天，又去轰炸日本本土，然后返回冲绳。如果在我沿海的敌后根据地建立机场，自然可以大大缩短飞行的航程。

观察组到来前，我向外事组全体人员传达了毛主席和周副主席的指示精神：第一，我们和美国是反法西斯的盟友关系，政治上是平等的，工作上既要积极帮助他们，又要坚持原则。他们提出的问题，凡属于我们职权范围内的事，要坦率地正面解答，不要回避，要开诚布公地交换意见，不亢不卑。第二，生活上要热情周到，给予优待和照顾，但也要量力而行，不铺张浪费。第三，要广交朋友，建立友谊。观察组不是短期的，必然要同我们的干部和群众交往，广泛接触。要掌握好分寸，教育干部和群众维护国家和民族的尊严，又应当提醒对方尊重我们民族的风俗习惯。

8月7日，观察组的第二批人员到达。15日，《解放日报》发表《欢迎美军观察组的战友们》的社论。这篇社论是经毛主席改定的，标题上"战友们"

几个字是他加上的。社论预祝观察组"工作成功",将"会使美军统帅部对于中国共产党始终坚持团结抗战、实行民主政策,和共产党领导下的敌后抗战力量,获得真实的了解,并据以决定正确的政策"。

1945年,杨尚昆(后排右二)同周恩来(前排右三)、叶剑英(前排右一)等和美军观察人员在一起

在这样的背景和气氛下,我们同观察组真诚合作,友好相处,协商共事。他们初到延安那天晚上,提出要架设电台,我和剑英同志商量后,同意他们的要求。第二天清早,金城就组织人帮他们树立了装天线的电杆。当天上午,观察组和重庆的中缅印战区美军总部建立了电信联络。包瑞德高兴地说:"你们的工作效率真高,这是重庆没有法子比的。"

观察组曾提出要在各根据地同样设立观察组。我们婉言相告："前方环境不安定，观察组的总部在延安，你们要去前方，我们可以随时给予安排。"他们接受了我们的意见。观察组初到时，住在交际处。考虑到他们工作的长期性，贺龙同志和联防司令部特地腾出一批石窑洞给他们，把自己的办事地点从新市场搬到了北门外。

美军观察组在延安住了两年多的时间，应当说，在罗斯福总统任期内，双方的合作是比较顺利的：

第一，我们可以通过观察组同美国政府沟通。7月26日，在欢迎观察组的宴会上，毛主席对坐在身边的谢伟思说："美国是否可以在延安建立领事馆，不然抗战一结束，观察组会立即撤出延安。"以后，毛主席和恩来同志经常同谢伟思谈话，阐明解决国共两党关系的症结和战后两党合作、和平建国的条件，使观察组成为同美国政府沟通信息的一个渠道。叶剑英参谋长常常向他们详细地介绍八路军、新四军的现状，友军和在华日军的状况，还请陈毅、贺龙、刘伯承、聂荣臻等将领先后向观察组做报告，并组织观察组部分人员到晋西北、晋察冀和冀中等根据地考察。在王家坪军委所在地，我们还布置了一个作战室，墙上挂着各种军事地图和图表，请他们参观。后来马歇尔来延安时，也参观了作战室。马歇尔看后，觉得不可思议，说："共产党领导100多万军队，延安山沟里的统帅部却只有这么点儿大！"毛主席说："我这个统帅部，只发布作战命令，其他什么也不发。要衣服没有，要粮食也没有，要钱也没有，要枪要炮也没有。"他们确实发现，我们这里没有苏联提供的武器弹药，部队使用的武器是作战中缴获的和自己兵工厂内土造的。

这年8月20日，美军二十航空队的一架B-29重型轰炸机，返航时在苏北盐城阜宁上空爆炸，坠落在新四军防区内苏北建阳的金家桥。当地军民营救出5名飞行员。把他们护送到延安时，一下飞机，他们就跪在跑道上，亲吻延安的大地，说感谢你们救了我们的命，还捧起一包黄土，带回国去做纪念品。这样被救的飞行员，先后有20多名，经过这一系列工作，观察组对我们的反映很好。第一条，他们佩服毛泽东和普通人一样，平易近人，而且很讲民主。第二条，边区虽然很穷，但是，自己开荒，自己打窑洞，丰衣足食，大家的精神面貌很好，总是乐呵呵的。史迪威将军的政治顾问戴维斯在报告中这样写道："中国的命运不决定于蒋介石，而决定于他们（指中共）。"

第二，观察组有定期的航班，我们可以搭乘他们的飞机来往于延安、重庆以及抗战胜利后的北平军事调处执行部、上海的中共办事处。当时，我和包瑞德等都很熟，只要我们带去的人，他都让搭乘飞机。特别是日本宣布无条件投降那一次，党的七大刚闭幕不久，我军许多重要将领包括刘伯承、邓小平、林彪、陈毅等还在延安参加七届一中全会，消息传来，他们急于返回前线指挥部队。如果从地面走，从延安到太行就得一个多月，更不用说到华东和华中前线了。我就和观察组商量，坐美军的飞

毛泽东与美军驻延安观察组在延安的合影

机走。他们同意了。但是，飞机比较旧，要搭机的人又多，他们要求每人背一顶降落伞登机，以防万一。临登机时，大家照相，陈毅同志诙谐地说："如果摔死了，就用这张照片开追悼会！"后来，张闻天、高岗、李富春去东北工作时，也是乘一架美军飞机离开延安的。

第三，扩大了延安对外部世界了解的信息量。十年内战时期，我们一直在山沟里转来转去，对外部世界的了解受到很大限制，所以，每攻下一个地方，毛主席就注意从邮政局收集国民党统治区和外国的报刊。长征快结束时，就是从国民党的报纸上看到陕北刘志丹有一块根据地，才很快找到落脚点。抗战后期，蒋介石对延安进行封锁，重庆寄来的邮件和书报，常常被国民党在邮检时扣住了。观察组建立后，消息相当灵通，不但可以从他们那里看到大后方出版的《中央日报》《扫荡报》《大公报》等，还可以看到外国的出版物。我们让柯柏年、陈家康等利用各种外国出版物提供的信息，编印了一种内部刊物，名叫《供你参考》，很受大家欢迎，相当于后来的《参考消息》，但发行范围很小。许多紧缺的物资如药品、电信器材等也可以托他们带到延安。他们经常放映带来的新影片，请我们去看。我们也招待他们欣赏民间音乐，听《黄河大合唱》，看话剧《日出》，等等。他们听了《黄河大合唱》后，惊讶地说："在偏僻的山沟里居然能听到如此激动人心的大合唱！"冬季，我还陪他们到延安附近的地方去打猎。

1945年7月中，日本投降前夕，国民党胡宗南部开始向陕甘宁边区的南线调集兵力，并进犯我爷台山一带。我方向他们交涉，他们矢口否认。为了揭露事实，中央决定组织国民党驻延安的联络参谋和美军观察人员共同前去耀县做现场调查。这件事由我和联防司令部参谋长张经武带队。但这时罗斯福总统已经逝世，杜鲁门上台，美国对华政策日趋反动，公然宣布只同蒋介石合作，不同中共合作。驻延安的观察组人员日渐减少，谢伟思、戴维斯等先后离开，留下的人对我方的态度也起了变化。到1947年胡宗南进攻延安前，观察组只留下3个联络员。4月11日，美军来了7架飞机，把观察组大部分东西撤走，

留下的几辆中小型吉普车和手摇马达的发电机，折价移交给我们，由军委三局验收。他们一走，当天下午蒋介石就派飞机来空袭延安。毛主席第一次和谢伟思见面时的预言，不幸而言中！

1945年，杨尚昆（左三）和彭德怀（左一）、叶剑英（左二）同美军观察组人员在延安座谈

延安外事组一直保持到我们进北平。在国共关系破裂以后，内战重开，重庆办事处的人撤回来了，北平军事调处执行部的人也撤回来了。我们把所有外事人员集中在一起，撤离延安时，成立一个小分队，随后方委员会到晋西北，由薛子正任队长，黄华任副队长。进北平后，我才把外事组的工作交出去。筹备成立中华人民共和国外交部时，重庆外事

1944年7月，杨尚昆和毛泽东在延安机场交谈

组、延安外事组、北平军事调处执行部的外事人员三部分人，加上李克农同志那里的一部分人，就成为外交部的基本队伍。

至于谢伟思和戴维斯，50年代杜鲁门搞"整肃"，说他们是共产党的间谍，被赶出了美国国务院。直到1959年，谢伟思才重返美国国务院，后来成为尼克松总统的座上客。1971年和1984年，他两次访华，先后受到周总理和胡耀邦总书记、李先念主席的接见。

（本文选自《杨尚昆回忆录》，中央文献出版社2007年版。标题为编者所加）

# 走上世界大舞台前的"窑洞外交"
## ——中国共产党早期外交机构及活动
凌 青

> 凌青,原名林墨卿。1923年4月生于福建福州。1944年赴延安,先后任中共中央军委外事组翻译、联络组组长,中共中央外事组研究处第一科科长。

## 中国共产党外交的"摇篮时期":半独立的外交

提起中国共产党早期的外交,人们可能会误以为我要讲外交部成立初期的情况,因为只有一个国家的中央政府才能有正式的外交。但中国共产党的境况很特殊,在取得中央政权以前,我们就已经有自己的根据地政权和军队,并且在国家政治生活中有很大影响力,因此在特定情况下,外国官方和我们有了来往。这种来往已不仅是一般地交交外国朋友,接触些作家、记者和进步人士,而是同对方的政府打交道,所以也可以说是带有官方性质的交往,或者说是"半独立"的外交。这样的外交应该是从延安时期接待美军观察组开始的。

1944年夏,当时的美国政府为了打败日本的需要,一度考虑美国军队有可能在中国沿海地区(例如山东)登陆。如果真是这样,美国就需要利用中国共产党军队的支援,以减少美军的伤亡和损失。这一打算,迫使美国政府急于了解中国共产党军队的情况,以做出最后决断。从1944年开始,美方便一再向国民党政府施加压力,提出派遣军事观察组去延安,实地了解情况。国民党政府几经阻挠没有成功,当年秋以美军驻华武官包瑞德上校为首的军事观察组一行18人,终于到达延安。观察组是由美国政府派遣的,观察组内也有美驻重庆大使馆的外交官,因此同观察组的交往虽然不构成官方外交,但带有官方

1946年，凌青（左一）与毛泽东主席在延安机场

性质，其业务已超过了过去民间外事交往的范畴。

为接待美军观察组来访，中共中央决定成立中央军委外事组，由当时的军委办公厅主任杨尚昆兼任外事组主任，对外则由第十八集团军参谋长叶剑英负责。外事组由马海德任顾问，下设翻译、联络、研究、行政四个科，黄华、陈家康、柯柏年、杨作材分任科长。编制虽称科，但实际上除行政科外，各业务科只有科员二三人，遇有哪个科事多，科员就去哪个科帮忙，是个"有官无兵""头重脚轻"的机构。1946年1月，北平军事调处执行部成立。4月，美方将观察组改名为美军驻延安联络组，我方机构虽然保留，但上述同志都相继调往北平或其他地方，人员发生了较大的变化。开始只留有我和曾远辉二人，以后又逐渐增加了马牧鸣、王朝成、郑萍、毛立青等。1946年秋，由杨尚昆主任召集我们开会，宣布在他领导下成立联络组，由我任组长。

在美军观察组到达前夕，周恩来副主席起草了我党第一个关于外交工作的指示发往各中央局，指出我们的外交叫作"半独立的外交"。所谓"半独立"就是指当时国民党政府还是中央政府，我们不能独立地同当时的同盟国正式交往，但我们又必须冲破国民党的种种禁令和束缚，直接和美国打交道，所以我们的外交又具有"独立性"。指示还称："要区别美国人民和美国统治集团的对华政策。共产党人办外交必须站稳民族立场，反对排外、媚外、惧外几种错误，要加强民族自尊心和自信心，也要学习人家的长处，善于与人合作。"当时军委外事组的工作就是根据上述指示精神进行的。它的活动由周恩来直接领导，但周恩来长期主持重庆办事处工作，周不在时就在叶、杨领导下进行。中国共产党"摇篮时期"的外交就这样在窑洞中诞生了。

## 友好热情而又严肃健康的接待工作

如何接待好"美国大兵"，对我们完全是一个新的课题。这些美国人对我们有很多成见，能够和我们相处吗？他们待遇优厚，和我们完全不同，能够适应延安的艰苦生活吗？他们有种种"花天酒地"的习惯，我们能够允许这种习惯在延安发生吗？这些问题都要事先有所准备。我们最后确定的接待方针是：既要热情友好，又要严肃健康。

我们首先在物质上做好了充分的准备。为了他们的到达，中央动员了延安的部队和机关群众，大修延安机场。我们怕他们住不惯窑洞，专门在十八集团军总部王家坪对面的一大片土地上修了排窑洞式的平房，又修了餐厅和电影厅，还留了露天广场，可以说是当时延安的"星级"饭店了。在伙食上，除了他们自己带的罐头食品外，肉、菜都是尽量供应的。周末晚上，我们常常为他们组织舞会，我们的领导同志也常陪他们共度周末。朱德总司令、叶剑英参谋长还不时同他们一起去延安附近山上打猎、消遣。有一次，毛主席和朱总司令为了接见一位美军联络组的组长——美籍华裔克利弗·杨少校，还专门安排了午宴。由我们最高领导人出面接见一位少校，应该是很优厚的"礼遇"了。

美军观察组成员在初来时很注意"入乡随俗"。他们听说共产党军队内部"官兵平等"，也特意在餐厅吃饭时，安排官兵共桌，不加区别，并且维持了很长一段时间。但美国大兵毕竟是"少爷兵"，在国民党统治区，"吉普女郎"是他们中很多人不可缺少的伴侣，延安可没有。在这方面，斗争是免不了的。这里引用一位美国军官出版的回忆录内的一段话，反映了当时的情形。他写道："中国十八集团军为这批美国人举行舞会，机组人员中一名技术上士试图调戏一位年轻女士，他以为他在重庆干过的事，在延安同样可以干。第二天，第十八集团军参谋长叶剑英探访包瑞德上校，气愤地抗议这位美国大兵的行为。叶说，主人只会给美国人提供健康的消遣娱乐，延安不是重庆，在延安不存在卖淫。随后，包瑞德上校召集观察组全体人员开会，批评说，这种事使美国人非常难堪，以后凡是违背延安风俗和价值观的人将被送回重庆，作为惩罚。上校还下令处理掉美国军官所携带的所有避孕套。"

在整个观察组停留延安期间，他们自己也承认，中共方面的人士是"和蔼可亲"的。他们初到时，我们的领导向他们做了长时间的情况介绍。我们第十八集团军总部定期、不定期地向他们提供有关气象和日军情况的情报。美国人是富有求实精神的，仅仅听报告，他们未必完全相信。有一些美国军官甚至跋山涉水，越过重重封锁线，前往敌后实地考察。有一次，一位军官和我们的翻译一起在前线牺牲了，我们想共同组织纪念活动，虽然美方不大愿意，我们还是为那位牺牲的军官——也是美军观察组成员中唯一在我方前线战死的军官——在延安竖立了由朱德总司令题写"惠特赛纪念堂"的横匾。这是延安为一位外国人竖立的唯一的匾额，体现了中国人民同美国人民曾经存在过的战斗友谊。

## 打破常规的高层访问　美国总统特使访问延安

延安时期，同美国最重大的外交往来就是美国总统特使赫尔利（后任美驻

中方和美军人员在惠特赛纪念堂的合影

华大使）和随后的马歇尔（后任国务卿）访问延安。按照外交惯例，一个国家的重要官方人员和驻外使节只能同驻在国政府发生正式联系，而不能同反对派有官方往来。但是，美国是唯一派遣政府高级官员访问延安的国家，它这样做真是非同寻常（马歇尔回国后被任命为国务卿，其位置仅次于总统和副总统）。马歇尔亲自访问延安，充分反映了美国政府卷入中国内战程度之深，也说明美国干预中国国内政局的走向，早已成为它全球战略中的重要环节了。

赫尔利访问延安有两次，但是来访背景有所不同。第一次是在抗日战争后期，1944年11月。当时，美国政府是想在国共之间发挥某种"调解"作用，使国共达成一定"和解"，并把国、共两党军队都置于美国指挥之下，最后打败日本。赫尔利当时是以美国总统特使的身份来访的，携来了所谓"五点方案",中心内容就是以整编共产党的军队、成立统一的中央政府,换取共产党的合法地位和共产党参加统一的军事委员会。这样的方案实际上是取消了解放区政府和共产党领导的军队,自然不能为我们接受。赫尔利来延安,是毛主席亲自同他谈判的。当时参加会谈的有毛主席、周副主席、朱总司令、陈家康和余光生(时任《解放日报》总编辑,留美回国学生)。经过斗争,赫尔利接受我党提出的五点对案,重点是成立联合政府、联合军事委员会,由所有抗日党派和无党派人士共同参加;所有抗日武装力量均听从和执行上述联合政府和军事委员会命令,并平等地接受一切外援;所有抗日党派合法化。两个方案的主要区别在于我案不是只讲改编共产党军队,而是强调首先改组国民政府和军事委员会。蒋介石自然也拒绝了赫尔利带回的我方对案。赫尔利的态度这时也由表面中立,转为完全支持蒋介石,公开宣称:"美国全力支持蒋介石政府,不支持任何武装的政党和军队。"1945年初,赫尔利接替高斯任美驻华大使。根据美国政府白皮书载述,赫尔利当时列举美国对华政策的五项原则是:1.阻止国民政府的崩溃;2.支持蒋介石作为国民政府首脑和武装部队总司令;3.协调蒋同美方指挥官的关系;4.促进中国战争物资的生产,防止经济崩溃;5.统一中国所有军事力量,打败日本。赫尔利这时已把中立的面纱抛得干干净净。赫尔利第二次访问延安,则是在抗战胜利以后,为了邀请毛主席去重庆,以中间人身份前来的,在延安只待了一天。毛主席随他乘机同往重庆,开始了著名的"重庆谈判"。

赫尔利的为人在美方人员中,也是不受欢迎的。根据美国出版的有关书籍记载,赫尔利的延安下属说他"脾气暴躁","装扮成伟人一样地自命不凡"。他们透露了一件小事,也反映出赫尔利的作风。有一次,赫尔利命令观察组报务员同重庆大使馆联络,说有重要电报要直接报告罗斯福总统。他催着报务员半小时联络一次,由于机器故障,一直没联络上,气得赫尔利把报务员痛骂了一顿。当机器最后接通时,他的电报却无重要内容,只是简单几个字:祝贺罗斯福再次当选美国总统。由于赫尔利的反共立场,美国驻重庆大使及延安美军观察组成员中好几位态度比较客观的人，都被调职或降职。

马歇尔访问延安是在1946年3月。他这次来访纯粹是礼节性的，没有谈多少实质问题，目的就在于显示美国立场的"中立性"，他不能只去南京，不去延安。在马歇尔到延安前，当时美军观察组代理组长克利弗·杨少校同杨尚昆主任就其访问期间的安全问题谈了多次，安排了他的住处（由杨把自己的窑洞腾出，作为客房），布置了临时警卫（其实是不需要的），检查了从机场到观察组路段的安全状况，架设了通往王家坪总部延河上的临时桥梁，以及到达后的车辆迎接、会谈、宴会和晚会等。1946年3月4日下午，马歇尔在周副主席陪同下，乘C-57飞机抵达延安。毛主席、朱总司令都到机场迎接，握手后，由周副主席陪同马检阅仪仗队。在去观察组住处的沿途，我们还组织了大约6000名群众的欢迎队伍。马歇尔在同我中央领导的会谈中，曾提到希望停战协议范围扩大到东北，对东北也要派遣停战调停小组。这一建议表现出美方对东北局势的担心，虽然表面上阻止国民党进攻，另一方面也对我方行动有所限制，并可以就地直接观察苏联动向。会谈后，毛主席设晚宴款待马歇尔，祝酒词中提到为"中美和国共的长期合作"干杯。饭后，双方观赏了《黄河大合唱》的演出。马歇尔这次不到一天的访问与其说是历史性的，倒不如说它的象征意义远远大于它的实际成果，真是"醉翁之意不在酒"了。

## 中国共产党第一次向美国官方递交"外交交涉"照会

在抗战胜利后初期，随着美国对华政策的改变，我们同美军观察组的关系不像刚开始时那样缓和。这时，美军正在把大量国民党部队从大后方运到前线，准备和我们作战。1945年9月，根据外电报道和山东前线报告，美国的一支舰队准备在我军解放的第一个较大城市——烟台登陆。这显然是对我们的严重挑衅，中共中央经研究决定必须对这一挑衅予以回击。我第十八集团军总部向延安美军观察组递交了一项正式照会，指出我军已从日军手中解放这座中国城市，如美军登陆，就是对我解放区的武装进犯，是帮助国民党打内战，美军必须承担由此产生的一切后果。这是历史上我党向美国官方递交的第一个带有外交交涉性质的照会。照会发出后，由于美军内部的分歧（据说海军反对登陆）和这一行动与美整个政策（仍需利用中立面目，进行调解，为国民党运兵争取时间）不合拍，登陆并未发生。当时美军观察组的气氛确实有些紧张，据事后透露出来的消息称，当时"美军组长已在内部召开会议，研究要不要采取预防措施来对付中国人的游行示威或可能袭击观察组，首要的事是要保护密码和文件的安全，并限制所有美方人员离开观察组大院"。抗战胜利了，美国已经没有必要再考虑要不要利用共产党军队的问题，这时日本投降虽只不过一个多月，但美国偏袒国民党的政策已经呼之欲出了。

## 深交朋友　争取同情

延安时期的对美外交，由于形势变化，虽未达到预期的目的，但我们却利用这一机会，扩大了我党国际活动的空间，积累了对外工作的经验，也在争取国际同情、扩大我党政治影响方面，取得了不少积极的成果。

美军观察组第一任组长包瑞德、军官戴维斯、美驻重庆大使馆外交官谢伟思、鲁登都因比较客观，并向其上司做了如实的汇报，而被及早调回，有的甚至遭到政治迫害。这在今天已不是鲜为人知的事情了。

在我同美国军官接触的过程中，有一件事情在我的记忆中留下很深的痕迹，那就是美籍日裔有吉辛治的故事。有吉曾是宋庆龄的朋友，出身贫苦家庭，从小做苦力，参加过美国历史上革命性较强的码头工人工会。太平洋战争后他被关入集中营，后因美军需要懂日语的人才，又被释放录用。我记得，当时领导曾嘱咐我要多和他交朋友。其后，我每天晚上都要给他口头翻译延安《解放日报》主要内容，我念，他记，翻不出来时做做手势，他也可以猜出意思，并用较好的英文重复一遍，纠正我的译法。我还陪他访问过我党各方面的领导人，如刘少奇向他介绍过我党的历史,林伯渠谈陕甘宁边区政府的情况(林老时任边区政府主席),蔡畅谈妇女运动,彭德怀介绍解放区战场,周扬介绍延安大学,等。经过大量工作,有吉辛治的政治态度转向同情我党。1946年下半年,有吉回美定居,在纽约参加"民主远东政策委员会"(美中人民友协前身),成为其积极分子。以后他又到夏威夷创办《火奴鲁鲁记事报》,宣传进步思想。50年代初,遭到麦卡锡主义迫害,有吉受到起诉,并度过一段很长时期的困难生活,找不到工作,走在街上以往的熟人也不敢打招呼。他不得不开一家花店维持生活,人们仍然常常称呼他为"红色花匠"。尼克松访华后,有吉发起组织夏威夷美中人民友好协会,为第一任会长,70年代末病逝。

## 毛主席同外国记者的几次重要谈话

由于美军观察组飞机来往方便,因此出入延安的除美国军官外,还有不少外国新闻记者和各方面人士,他们都是我们做工作的对象。进步记者如斯特朗、罗辛格,中间类如斯蒂尔(《纽约时报》专栏作家)、白修德,还有专门挑刺的反动记者,他们一来都要求会见我领导人。记得杨尚昆主任有一次讲起,毛主席为了扩大对外影响,凡是对方提出要求会晤的,他只要有时间,都尽量接见。当时,记者们关注的问题多是中国共产党对美国"调解"作用的看法、中国内战前景、战局以及政治解决的前途等,有的甚至威胁我们说,美国有原子弹,你们就不怕美国干涉,向你们扔原子弹?延安这块小地方,能顶得住吗?一位英国记者就曾经向彭德怀副总司令提出过后一个问题,被彭总严词驳回。

1946年,毛主席接见外国记者的重要谈话共有三次。第一次就是著名的会见斯特朗时关于原子弹是纸老虎的谈话。这一次谈话是由陆定一和马海德担任翻译的。因斯特朗是进步记者,毛主席有意通过这次谈话争取美国人民反对美国政府支持蒋介石打内战,所以一开始就表示:如果美国人民拖住美国反动派的手,中国国内和平就有希望。谈话的另外两点重要内容是指出美国反苏(联)目的包括争夺中间地带及原子弹是纸老虎。这两点看法在当时国际背景下,是很重要的,而且针对性很强。它揭露了美国政策的本质,并鼓舞了革命人民的斗志。

我有幸担任了毛主席另外两次重要谈话的翻译。一次是同美国记者斯蒂尔的谈话(全文后发表在《毛选》第四卷上)。毛主席这次谈话内容主要是关于美国"调解"问题,指出:"很怀疑美国政府的政策是所谓调解。美国政府是在借调解做掩护,以便加强蒋介石,压迫中国民主力量,使中国在实际上变为美国殖民地。"同时指出"任何外国压迫力量也阻止不了中国人民实现独立、自由、民主的任务"。这篇谈话是在国民党已开始大举进攻解放区的形势下进行的,争取美国转变援蒋政策已无望,所以毛主席谈话口气直截了当,斯蒂尔听了后对毛主席表态,连连说:"很清楚。"

另一次谈话则是同美英记者罗德里克、哈默和陈依范之间进行的,这次谈话内容迄今尚未公开。谈话是在1946年12月初举行的,当时已是全面内战的局面,而且国民党初战并不顺利。从记者提问中已可看出,他们并不再关注"美国调解"的作用,而是更加关心内战的前途,试探中国共产党是否有打下去的决心和信心,以及中国共产党对西方的政策与态度,等。毛主席的回答表现了革命党人的自信,也充满其固有的幽默与风趣。这里举几个例子:

哈默问:"国民党是否仍然企图进攻延安?"

答:"进攻延安的计划是早已定了,还要打,但我们有很大可能把进犯的军队打垮。"

罗德里克问:"中国的局势是否要打下去了?"

答:"是要打下去,因为人家要打。"

罗德里克问:"中国共产党现在是否不受停战协定的约束了,是否在有力量的地方就实行进攻?"

答:"停战协定早已被人家破坏了,我们当然不受它约束,将来的谈判就看战争结果而定。"

哈默问:"是否将来只有两种可能,或者共产党力量变得很大,或者变得很小？"

答："很有这样的可能。"

罗德里克说："美国人完全支持蒋介石是因为中国共产党排外的缘故。"

答："中国共产党并不排外。对罗德里克这样的人是很欢迎的，对赫尔利之流就要反对了，但也不是不给饭吃，小米饭还是要给吃的，就是不开欢迎会，他讲话时也不拍巴掌。"

哈默问："我准备在北平买所房子，将来是否会被没收？"

答："不会没收，像你们这样的人，我们可以送几所房子给你们住。"

在这一次谈话中，还有一个历史学家可能感兴趣的、值得一提的地方，就是哈默问及中国共产党对香港的态度，毛主席表示："我们现在不提出立即归还的要求，中国那么大，许多地方都没有管好，先急于要这块小地方干吗！将来可按协商办法解决。"这应该是中国共产党最早就香港问题对外做的一次表态，孕育了新中国成立后我们长期没有收回香港并最终通过谈判解决的思路。当然，毛主席那个时候这样表态也可能有分化英、美的策略考虑，新中国成立后由于面临西方封锁禁运的形势，更加促进中央定下暂不收回的决心。毛主席这几次谈话有很多前瞻性的论断，其中关于美国争夺中间地带的思想，在新中国成立后，对我国外交政策的制定有很大的影响。

## 中国共产党同美国最初的"技术合作"

美军观察组1944年秋到延安，直到1947年3月才撤退。初到延安时，美方以共同抗日为由，建议由美方建立覆盖整个解放区的无线电通信联络网，我方未予同意。后来，在他们停留延安期间，由于工作需要，美方曾经帮助训练过我方的一些无线电报务员和气象人员。撤退前，他们把某些过时和并不值钱的无线电联络设备和气象器材留给我们，算是一种"友好"表示。这些器材虽然并不可贵，但对困难的解放区也还有一定的用处。我们建立了最早的延安广播电台和第一个气象小组。后者就是在王铮（原四机部部长）领导下，张乃召

（原中央气象局第一任副局长）直接指挥下成立的。而邹竞蒙来到延安观察组大院时，才是 17 岁的小伙子，后来成为新中国的气象局局长，并当选为世界气象组织大会主席，是第一位在国际会议上经过选举而担任第一把手的中国人。那些美国军官大概不会想到，当初几个不起眼的小伙子后来竟然挑起了共和国气象事业的大梁，而且在国际舞台上也能纵横捭阖，叱咤风云。

## 中共中央外事组的成立

1947 年 3 月中旬，国民党军队终于对延安发动了进攻。这时，凡在国统区工作的中共驻南京、上海办事处和北平军事调处执行部的同志，也都被迫乘美军飞机在观察组撤退前返回延安，其中有些是直接从事外事工作的。从延安撤出后，几路人马汇合一起，渡过黄河。当队伍行军到山西省临县三交镇时，接到命令，停止前进。5 月初，所有延安、南京、上海、北平的原有外事工作人员，除其中一部分已去土改外，都集中到一起，由叶剑英主持，召开了一次会议，宣布成立中共中央外事组，为当时中共中央几大机关之一，归中共中央后方党委领导，由党委书记叶剑英兼任主任，王炳南为副主任。王炳南当场还宣布了组织机构和科长以上干部安排。组下设研究、翻译、新闻三个处，由柯柏年、徐永煐（1946 年留美回国，中共党员）、董越千分任处长。后又增加章文晋为翻译处副处长、张香山为研究处副处长。处下还设有科。研究处的任务是出版《美国手册》和《供你参考》（不定期研究美国的刊物）；翻译处的任务是翻译毛主席、刘少奇、朱总司令在中共"七大"上的政治报告；新闻处则是同新华社配合，摘译些外国通讯社消息，供领导参阅，并计划编辑介绍解放区的小册子。

解放战争期间，我们没有对外往来，为什么要成立中央外事组？原因就是周副主席认为，这批干部懂些外语，有过些外事经验，如果散了，再找就不容易，这是他高瞻远瞩，为迎接新中国成立而在外交干部上预作储备的一项战略部署。中央外事组成立两年间，周副主席虽戎马倥偬，指挥全国战场，但仍不

忘外事组工作，曾给王炳南亲笔写过两封信，让外事组干部努力完成既定任务，同时还要参加土改，注意知识分子改造工作。1949年11月外交部成立时，周总理曾提出，外交部初创时期干部由三部分人组成：军队中的将领和一些地方领导同志；外事组同志包括地下党中有外事工作经历的同志；新中国成立前后参加工作的青年知识分子。前者担任驻外大使等领导职务；中间一层则担任业务司、科级领导（新中国成立初期，司下直属科，60年代初，科改为处）；后者是基层的业务骨干。事实证明，这批人填补了外交部成立初期的"业务真空"，克服了初时不懂外交工作的种种困难，为日后的大发展奠定了基础。

陕甘宁边区政府交际处工作人员翻译柯柏年、唐亮等与福尔曼、武道、爱波斯坦等外国记者在机场（1944）

（本文选自《纵横》2000年第9期）

# 美军军事观察组在延安

口述：李耀宇　　整理：李东平

> 李耀宇，四川巴中人。1933年参加红军，曾担任川陕苏区政治保卫局检察员。1935年跟随红四方面军长征，1936年到达陕北。先后担任过黄祖炎、刘锡五、张苏、王德等人的勤务员。

## 大卫·包瑞德上校

在中央疗养院治愈了肺结核，我还想回到陈云身边工作。陈云对我说，原来打算送你去党校学习，现在来了美国人，你比较有经验，去美军观察组工作吧。

美国人来之前，延安的各个单位都打了招呼，是最早的"外事教育"吧。在中央疗养院时，有干部来讲话："美国人竖起大拇指，说OK，就是赞扬表扬；美国人说'哈罗'，就是问候，相当我们的'你好'；我们见了美国人，也要有礼貌，互相握握手，也可以说OK，说'哈罗'。"

1944年7月22日，首批美军观察组成员在组长大卫·包瑞德上校率领下，乘一架美国空军的运输机降落在延安机场。美军为观察组命名的军事代号是"迪克西使团"。

美军观察组组长大卫·包瑞德上校，1892年生于美国科罗拉多州中央市。1917年包瑞德加入美国陆军。1924年，包瑞德担任美国驻华公使馆助理武官，同时学习汉语，成为美国军队的"中国通"。

包瑞德秃头，圆脸，身高比一般中国人略高。他身体强壮，体态匀称，看上去根本不像五十多岁的人，他的风度很有些贺龙司令员的味道儿。每天早餐

晚餐前，上校都要"操练"。他敞开军外衣，微微凸起的肚子上斜插一只自动手枪，挺胸甩臂，目不斜视，一会儿健步急走，一会儿缓步慢跑。上校沿公路跑到北门，出南门，绕回东关，过延河，经清凉山、王家坪，再从王家坪过延河，从"韬奋书店"旁边走回观察组。上校的"怪异"行为使我们很好奇，天天挤在大门口，看包瑞德上校在延河滩上无事瞎忙活。

1944年8月，毛泽东、朱德与美军驻延安观察组组长包瑞德上校在延安机场

上校佩带一只崭新而精美的手枪，我问警卫战士，他们也不识那手枪的牌号，还是杨管理员问了包瑞德上校，我们才知道那是一支"加拿大撸子"。

在我的办公室，我们给包瑞德解释建筑设计图纸，准备给他盖办公室、卧室、会客室和厕所。上

校听了连忙摆手："毛主席没有建这么好的房子，我不能建！"

我们劝他："您是毛主席的客人，是我们的盟军，应该的。"

包瑞德说："你们中国的古话'耗子尾巴——长不了'，还是'兔子尾巴——长不了'啊？我们在延安待不长啊！日本的尾巴也长不了呀。"

最后依照他的意见，搭建一间二十多平方米的独立房屋。施工的时候，上校在一旁转来转去，看见我们要用砖砌墙，急忙摆手，说中国话："震了！地震了！不要砖墙！"原来他担心发生地震。我们按他的意愿，用运输机运来水泥筑地基，用厚木板做墙壁，建成里外两间的木结构平房。在延安十年，我只经历过一次地震。1940年入秋，刚刚掉树叶儿，还没有吃晚饭，胜利食堂门板上的铁吊子忽然咣当咣当地撞门。沙师傅见多识广，他说，这是地震，地下的鳌鱼翻身，是个好年成啊。附近的老百姓嚷嚷，太上老君赶山啦！山走地动啦！

周恩来很少来观察组，一次他来找黄华，让黄华把我们都召集在一起。周恩来讲到外国人在上海横行霸道，根本不用正眼看中国人；上海外滩公园门口挂一块牌子，上面写"华人与狗不得入内"。周恩来浓眉紧锁，一字一顿说出"华人与狗不得入内"，同时用手指在空中一指一点。停了一会儿，他的情绪稍稍平静，又说："美国人为什么这么尊重我们呢？一是我们与美国是盟友，帮助美国人做出许多工作；二是延安人团结抗日，不贪污腐化；三是延安官兵一致，有民主自由的空气。美国人佩服我们哪！"接着黄华站起来讲了一番话，周恩来很赞赏，带头鼓掌。

包瑞德上校在延安美军观察组的任职时间很短，日本投降后，他再次被任命为驻华助理武官。1949年，包瑞德目睹了解放军开进北平。1950年2月，他黯然离开北平。

1971年，周恩来与应邀来华访问的已退休的外交官谢伟思谈话，表示欢迎包瑞德来中国访问。事实是，包瑞德没有来中国与他的延安朋友们相见，他终老北京的愿望也没有实现。1976年周恩来逝世，包瑞德撰文悼念，中国的《参考消息》予以转载。1977年2月3日,包瑞德在美国旧金山病故,终年84岁。

如今,包瑞德上校已被中国历史学家称为"周恩来的美国老朋友"。

## 美军观察组的趣事

延安的美军观察组相当于今天北京的美国大使馆,但是无论从形式到内容两者都有很大差别。在延安的"大使馆"里,中美人员就是吃喝不分的"哥们儿"。

一道用黄土"干打垒"夯起的围墙将整个边区司令部和美军观察组围得严严实实。黄土围墙有两座大门,哨兵日夜警戒。围墙之内却是一个大院,边区司令部和美军观察组之间互可通行,就像一家人。

1945年8月日本投降后,陕甘宁边区司令部大院内拦腰筑起一道土墙,将"边司"与"DIXIE使团"隔离开,兄弟之间出现了芥蒂,喻示中共与美国隔阂的开始,渐渐演化成冷战的"铁幕"。

中共中央非常重视美军观察组,再三指示要让客人们吃好住好。我找到驻地的地方政府,请他们帮助雇佣民工,筑窑烧砖,大兴土木。我们陆续在"边区司令部"的操场和菜地上建筑了三层楼高的气象观测楼、包瑞德上校的独立木屋、仓库、餐厅和警卫室;大门旁搭起了汽车棚和发电机房。气象观测楼第一层用青砖垒砌,二层三层是木结构。民工把粗大的松树锯成厚木板。他们又依地形选择一面陡峭土坡,从坡顶挖一竖井;从土坡脚下挖一道拱门与竖井沟通,这样砖窑就挖成了。把干燥的砖坯与煤炭层层叠叠交替码垛,点燃柴薪烧到一定火候,民工们排成一队从延河传递水桶,把河水灌入砖窑,窑口升腾起团团雾气,直到砖窑的拱门淌出水,青砖才算烧好。

观察组的餐厅大约80平方米,美军的厨房设在餐厅的里角,堆放着橱架案板烤箱。

1944年冬，朱德和美军观察组人员合影。左一为有吉辛治，左二为伊顿上校

几片巨大的人字柁支撑起的仓库像一座小礼堂，吉普车可以轻松地在里面掉头转向。仓库的实际利用率很低，只堆放军衣、睡袋、罐头食品、气象器材、通信电台，还有满纸盒子的手表。这些军需品足够百八十人穿用。杨管理员讲："他们准备派150到200人来延安。"

观察组的庭院左侧有一片稀疏的柳林，树木粗若碗口，美军人员常常在林中打羽毛球，举办舞会。

在厨房后院的地下挖了一间地窖。夏天采购来的牛羊肉、鸡蛋放在地窖的木架子上，可保鲜一个月。地窖门外挂一条厚厚的棉门帘，门帘后面的门框上凝着白霜。进入地窖取肉、蛋，须穿上棉衣、棉裤，拎出来的鲜肉冒着一股股凉气，美国人看我们夏天穿个棉袄，很好奇，跟着进了"地窨子"，冻得他哇哇叫着跑回地面。

基建施工时，用木工锯下的松树板皮钉了一间棚屋当作发电机房。又请木匠打制一只巨大的木桶，当作蓄水池，安置在黄土高台上，接上铁管和莲蓬头，即为露天淋浴场。美国人穿件短裤，冲浴后，袒胸露背走回窑洞。中国人洗澡，热闹非常，几个人互相打抹肥皂，美国的香皂泡沫丰富，满身沾满了肥皂沫，像一个个雪人。

冬天无法露天洗澡。新市场杂品店出售烧煤的立式小锅炉，可以产生热水热气，正准备购买一台，在冬天之前给美国人建个澡堂。没想到日本很快投降了，美国人开始陆续回国，没有必要建澡堂了。

观察组的美国人一天到晚鼓动腮帮子嚼着口香糖。我开玩笑说，你们又"倒嚼"啦！他们听不懂"倒嚼"是什么意思，个个都像会笑的骆驼，蓝蓝的大眼睛里都是天真。他们见我不嚼口香糖反而觉得反常，都掏出口香糖请我吃，我一客气，他们就硬塞进我的衣兜。结果，我也和"骆驼"一起"倒嚼"起来。

美国的战时物资供应充足，显示出强大的经济实力和科技实力。美军官兵每人都配备几套卡其布军服和呢料军服；另外还有工作服、夹克、大衣、鸭绒睡袋、皮靴、雨衣，等等。在食品方面，最具特色的是花样翻新的各式罐头。夏季蚊虫肆虐，技工调配好一种药剂，用手推式喷雾器喷洒出无色无味的药水，整个夏天，房间内外不闹蚊虫。有时，观察组急需某种零件或药品，用电台通知盟军司令部。很快就从西安飞来一架飞机，在观察组的天上转圈儿，从空中扔下的小木箱，滚落在观察组院子的黄土坡上。

自行车在延安是宝贝儿，在观察组就不稀罕了。几辆大轮子的美国自行车就扔在发电机的棚子里。美国军人有时想起来，就弄出来在院子里转圈儿，当成了玩物儿。

只有瓶装咖啡可可十分短缺，每天值夜班的军人才能领一小玻璃瓶咖啡可可，可能就是现在的"可口可乐"。因为没有正式的翻译定名，我们根据玻璃瓶中的液体颜色，称之为咖啡可可。翻译说："包瑞德上校在这里管得很紧，

1944年10月，美军观察组成员合影。右一为有吉辛治，右二为马海德

不是节日不许喝白酒。平常只有他们值夜班的人才能领一小瓶的咖啡可可。"

有一次，包瑞德上校整顿军纪，他开着吉普车，从美军宿舍里"收缴"洋酒，收来半吉普车的洋酒都送给我们。我们挑选了一些比较完整的洋酒送给枣园、杨家岭和王家坪的中央首长。后来我到枣园，听周西林说，毛主席没有喝美国的洋酒，送给了警卫战士。战士把洋酒上交连队。寇子忠不知深浅，一口气喝了一瓶，昏睡了三天三夜。

美军观察组对我们的工作很满意和感谢，每月发给我们"劳保用品"，像军用毛巾、手套、肥皂、口香糖、骆驼牌香烟和红太阳图案的香烟，等等。技工送我的巧克力约巴掌长，二指宽，一指厚，咖啡色的巧克力上面模压了四道沟槽，可掰成五块。技工指一指巧克力，又张张嘴，示意一天只能吃一小块巧克力。

有一天，女气象员站在一旁观看我们摆弄吉普车，也得到一条巧克力。我告诉她不要一下子吃了巧克力，她不听话，吃下整块巧克力，兴奋得一夜睡不着觉。

中方翻译办公室的几个人，没有"口福"，但是他们每人获得一块美国手表，天天戴在手腕上显摆儿。

那时，观察组里面会讲中国话的几个美国人，好几次向我竖大拇指头，"你们共产党是这个"；然后又翘出小拇指朝向地面，"他们国民党是这个"。

50年以后，"美国洋烟"重返中国内地。我在天津街头的烟摊上发现了骆驼牌香烟。骆驼还是原来那匹骆驼，烟的味道也像我今天的生活一样平淡了。

## 八路军的首批"外交官"

住在窑洞中的美军官兵睡上下铺式的单人床。木床是请延安木匠制作的。到了1945年观察组鼎盛时期，一孔窑洞住八名或十名官兵。窑洞冬暖夏凉，还可防御空袭。中央领导考虑得十分周全。当时有一条内部纪律，中方人员一律不许进入美军宿舍和办公室。除非发生空袭，万不得已，方可进入美军宿舍（窑洞）躲避。

观察组中方人员有两名英语翻译，都是南方人，年近三十，姓名忘记了；四名后勤管理员，其中杨管理员是总负责，赵管理员负责食堂；另有八名厨师，一名女打字员，一个警卫班。从延安科学院调来两男两女年轻人，配合美军搞气象观测工作。

1944年8月18日，中共中央向各中央局和各区党委下发《中共中央关于外交工作的指示》。指出"这次外国记者美军人员来我边区及敌后根据地，便是对我新民主中国有初步认识后的实际接触的开始"。因此"把这看作是我们在国际间统一战线的开展，是我们外交工作的开始"。

中共中央还制定了接待美军人员的方针：第一，对观察组的接待工作，要根据毛主席、周副主席指示的方针，积极主动地帮助他们做好工作。他们向我们提出的问题，凡属在我们自己职责范围内的事，就不要回避，要坦率地、正面地解答，开诚布公地交换意见。我们同美国的关系是同盟国盟友的关系，在政治上是平等的。因此，我们要讲原则，坚持我们的立场，绝不无原则地让步。第二，在生活上，我们要热情周到，给予他们优待和照顾，使他们适应延安的环境。

朱德总司令前来观看美国人表演美式枪械，在院子里碰见我："哈，小伙子跑到这里来当外交家啦！"

中央办公厅从西北菜社、边区菜社调来最好的厨师，为观察组烹调一日三餐。一开始，美军官兵都吃西餐，早餐每人两只油煎鸡蛋和油炸土豆片。他们喜欢吃开水烫洋葱和白水煮红萝卜。运输机从重庆运来五花八门的罐头、面包、黄油、饼干和饮料洋酒。厨房只用美国的酸黄瓜罐头做些酸黄瓜汤。餐厅的长条桌子上摆满了面包片、午餐肉、黄油片、牛奶和果酱。1940年我在胜利食堂学厨，知道一些西餐菜肴的做法，通过翻译，让飞机运来沙拉油和洋调料，做了土豆沙拉和几种西餐小菜。

包瑞德非常喜欢烧饼，一连吃了三天九顿，吃得我们几个管理员犯嘀咕。我说，劝一劝他，过个三五天再吃，以后还有带馅的烧饼。我让大灶厨师炒熟了核桃芝麻，擀成盐馅，给包瑞德烤了几只烧饼。包瑞德吃得高兴，把烧饼掰开让身旁的军官品尝，结果"惹祸"了，美国人都闹着要吃烧饼。好家伙，一次要烤几百只烧饼呀！

翻译带我去见包瑞德，说带馅烧饼就是他的主意。他满脸笑容，挑起大拇指："OK，OK。"让我等一下，一起合个影。包瑞德转了一圈回来，用手比画："照相机坏了，以后找机会照相。"

美军每人一套餐具，就是延安烧制的灰白色大磁盘，放在双层木架上，有每个人的姓名牌牌。

过了一段时间，我们觉得美国人饭菜太单调了，决定给盟军朋友改善伙食。我们找美国人要了一只汽油桶。锯掉油桶的盖子，放火烧掉桶里的油泥，在油桶外圈用青砖垒砌了一道夹层，建了个大烤炉，烤起了羊肉和整鸡。我们宰杀活鸡，先用细盐腌透，再用香料汤浸泡，烘烤之前还要涂抹猪油，出炉的"延安鸡"皮脆肉嫩，香气儿冲鼻子。大厨把猪肉剁碎，加入调料，放入烤炉，烤成外脆里嫩、味道鲜美的碎肉饼。"延安鸡"和烤肉饼餐餐都被吃得一干二净，极受美军官兵的欢迎。延安厨师烤制的面包新鲜可口，从此，飞机再也不往延安运送面包了。后来，观察组的美国人也能用筷子吃饭，喜欢吃包子、饺子。那时，我们无偿供给美军观察组饮食。

观察组中方人员"近水楼台先得月"，时常吃些午餐肉罐头、黄油果酱，开了洋荤。杀猪宰牛剩下"下水"，厨师们大显身手，爆腰花、酱猪肝、脆皮大肠、水晶肚……伙食水平超过中共中央的小灶。我吃牛排猪排，觉得不如胜利食堂沙师傅烹饪的地道。

美军也有一个管理员，名字记不清了，大约叫什么"沃德"，他三十来岁，负责通知每天吃饭的美军人数。我忘不了"沃德"第一次送来午餐肉罐头。他左右胳膊各夹着十二磅重的罐头，走进我们吃饭的房间，然后用手比画着，让我们打开。他看没有人动手，就从口袋里掏出起子，当场撬开罐头，用餐刀划切，分给每一个中国人，说了声"OK"，满意地离去。"沃德"经常拎一只铁皮桶，里面装着各色罐头食品，送到中国人的大灶。

美国的番茄黄豆罐头酸甜可口，很多年以后，我还常常油煸番茄酱、加盐加糖加白醋，模仿美国番茄黄豆的口味，很受孩子们的欢迎。

"四八"空难后，我发现观察组里的中国人都有一只银白色金属茶缸，原来他们取了飞机残骸的铝皮，请新市场的白铁匠打制的。我对赵管理员说："你帮我做一个茶缸，需要多少手工钱，我给多少。"

赵管理员："要什么钱呀，多给白铁匠两块铝皮就行啦！"大约一月余，赵管理员送来一只大茶缸："这个盖子最费事了，光它就做了两天。"铝茶缸雪白锃亮，泛着蛋青色的光泽，跌落地面上，蹦蹦跳跳富有弹性。这只铝杯，在我南下武汉时，被"战友"掩藏，收走了。

1945年1月21日，观察组惠特赛上尉赴山西考察八路军，在太行山被日本鬼子杀死了。朱德总司令亲临观察组慰问，亲自题写了一块匾，将我们使用的餐厅命名为"惠特赛纪念堂"。此时，中国共产党与美国官方，以及八路军（共军）与美军的友谊达到了顶峰。

## 美军技工训练我驾驶吉普车

美国吉普车是二战中的宠物。1942年刚刚投入批量生产的吉普车，只两年多的时间，盟军部队普遍装备了吉普车。吉普车结构简单，坚固耐用，采用四轮驱动，马力比同样大小的汽车大了一倍，因此行驶速度高，牵引性能优良，爬坡能力强。美军吉普车在延安，同样发挥出神奇般的作用。美军观察组抵延安不久，运输机降落在延安机场，四辆崭新的草绿色的吉普车从飞机肚子里钻出来。观察组无专职司机，有时包瑞德上校也要驾驶吉普车去机场。

美军观察组的基建完工后，我基本上没有什么具体工作，就天天泡在发电机房，帮助美军技工擦机器，摇飞轮手柄，给吉普车加注黄油，很快与美军技工成了好朋友。技工能说半了咯叽的中国话，他指着柴油发电机向我介绍："狗头，发电机。"我一直不知道"狗头"是发电机的品牌，或是绰号。"狗头"启动困难，有时要请警卫班的战士来帮忙，大家轮番摇动飞轮手柄，个个气喘吁吁的，柴油机才不紧不慢地冒出黑烟，转动起来。

有一天，我和技工围着"狗头"发电机忙碌，包瑞德上校从外面走进来，拍拍技师的后背，说了句英语。技师站起身，平摊沾满油污的双手，意思是他太忙了，不能去开车。上校不时用手掌轻轻拍打自己的光亮的脑袋，低着头听技师讲话。技工指一指我，又说了一通英语。后来包瑞德抬起头望着我，嘴里不停地说"OK，OK！"

第二天，翻译把我和气象台的小徐还有警卫班的两名战士召集到一块。翻译说，现在美国人有四辆吉普车，没有专职司机，他们的那个技工要搞发电机，又要搞电灯线路，还要搞保养汽车，忙不过来。他们请求我们替他们开汽车。从此，我在美军技工的训练下，开始学习汽车驾驶技术。

在观察组的院子里，技工坐在吉普车上逐一讲解吉普车的操作机件和操作要领，翻译在一旁给我们翻译。经过几天的"理论学习"，我们去东关机场开始操练吉普车。为了安全，技工拆卸下汽车的挡风玻璃。我第一个坐上吉普车，拧开电门，左脚踩开离合器，右脚踩"油门"，缓松离合器，吉普车呜呜地叫唤，车身颤抖起来。技工在副驾驶的座位上大声喊着，翻译在身后提醒我操作要领，吉普车慢慢地动起来。技工高兴地竖起大拇指。我把变速杆挂到高速挡，同时狠狠踩住油门，吉普车飞速狂奔。只听耳边风声呼呼作响，转眼间，掠过桥儿沟，接近飞机场跑道的尽头。我想该转回去，松开油门，向左转动方向盘。没料到方向盘转动得太急了，车速又快，吉普车右侧两个轮子离开地面，忽地一下，来了个九十度的侧翻，横躺在飞机跑道上。我和技工，翻译被甩出车外，我们连滚带爬地站起身，互相望着满身满脸黄土的狼狈相，都哈哈大笑起来。

翻译和技工一问一答说了几句英语，然后对我说："他说不怪你，没跟你讲要慢慢地打方向盘。我问他，你坐在一边也不帮小李一下。他说，刚才那个场面他也懵了。"大家跑过来，七手八脚地把吉普车翻身摆正。技工又仔细讲了转动方向盘的要领，让每个人都上车练了几圈。我们天天驾车去飞机场，只几天的工夫，大家都能熟练地驾驭吉普车了。技工让我们从延河滩捡了许多石块，他用皮尺量了距离，摆好各种路障，让我们从石头阵中穿行。技师常常在前面开车兜圈子，"中国学生"追上"美国老师"很难，但是我们还是竭尽全力去追赶。

很快，我们四个人都可以单独驾车，代替美国人去机场接飞机。不久，运输机又运来两部中吉普。不出车的时候，我们几个人在技工的指导下，围着吉普车压黄油，换轮胎，给电瓶充电，用齿轮泵加注汽油。当整备好汽车后，技工常常拿出照相机给我们拍照。他送我的十几张照片，可惜在东北的围场县遭遇土匪，全部销毁了。我们四个人也有合影照片，也不知道另外三个伙计是否还活着，他们手中的照片还在不在。

1946年6月，内战全面爆发，美军观察组撤离延安，留下的吉普车，后来被毛主席、周恩来在转战陕北时用上了。

也不知道我的那位"美国教练"现在怎样了，要能够和他一起翻阅延安的旧照片，该多好呢！

## 新中国气象事业的摇篮

1944年夏末，美军的气象台开始工作，五六个美国人一天到晚忙来忙去，放探空气球，搞航站预报，为来往延安的飞机提供气象保证。

当时美军在成都、昆明和衡阳等地设有空军基地，美军的轰炸机从基地起飞，去轰炸日军控制的华东、华北和东北地区，所以需要华东、华北等地的气象情报。美军要求派人去各地的解放区设立气象观测站，经与中央军委谈判，就此事达成了协议。由中方举办气象测报人员训练班，美方派教员协助训练；由美方提供所需的气象观测仪器及无线电通信器材；各地的气象情报资料由中央军委统一收集后，再交给美军观察组。

经过培训的中方气象人员陆续来到美军观察组，基本接替了美国人的气象观测工作。他们是八路军的第一代气象兵，在以后接收国民党气象机构和组建新中国气象事业中成为骨干。

气象观测楼天天施放探空气球，充满氢气的橡胶皮囊膨胀成直径两米左右的大球，忽忽悠悠向天空飘浮的气球经常在空中爆裂，残破的气球胶皮落到观察组四周，被人拾走，缝成雨衣。气象员气恼地说："重庆造的球胆就像猪尿泡，升不到预定高度就破裂了。"后来，美国人运来一批美国制造的球胆，气球升空后，再不爆裂，气象员操纵一米多长的单筒望远镜观测气球飞行方向和高度。每天，他们把一罐银白色金属片和药水倾注进钢瓶，制备氢气。有一次，氢气发生器的安全阀突然爆开，阀嘴嘶嘶地尖啸，喷出白灰浆一样的浆水，整个美军观察组顿时白雾弥漫，山坡被喷刷成白色了。

气象组的同志也试着发布气象预报，他们的预报技术"二把刀"，常常闹出牛头不对马嘴的笑话。有一天，气象员跟我说今天不会下雨，结果来了一场暴风雨。暴雨停息后，我走出餐厅，听见墙角下的消防水缸里嘶嘶地发出声响，探头望去，一根胶皮线垂落在水面上，激出一团火花。我急忙将此事报告给杨管理员，唤来美军技工修理线路。窑洞里的电灯熄灭了，美国人也不闹，点上蜡烛凑合着。杨管理员说："喜得你发现漏电了，要不是你，可能出什么人命事故！"

抗战结束后，美军观察组陆续撤离延安，他们遗留在仓库里大量的便携式电台、手摇发电机和收发报机在解放战争中发挥了很大作用。

徐特立老人对气象组的邹竞蒙很关心，我多次碰见这一老一小在观察组的院子里谈话。邹竞蒙也学会了驾驶吉普车。

## 盘尼西林、好莱坞电影和赫尔利将军

盘尼西林、好莱坞电影和赫尔利将军分别代表着美国的科技、文化和政治，在六十年前，随着美军观察组的到来，美国的科技、文化和政治在延安有着巨大的影响力。

美军观察组的少校军医离开延安后，马海德医生负责美军观察组的医疗工作，他每周至少来一两次，给中美双方的人员看病。大餐厅就是马海德医生的临时诊室。一次，在我们管理员办公室，他小心翼翼地把手中五个小玻璃瓶放入医疗箱，兴奋地说，这回可解决大问题了。我问是什么宝贝，他说，是美军给的盘尼西林。

一个星期天，我闲逛到近邻的中组部，碰见王盛荣："正好，正好！小李，你在美军观察组工作啊！你找找他们美国人，给我要一种药，好不好？"

我说："那还不好办？"

王盛荣说："小李，你等一下，我找一个人，写个条子。"匆匆离去复匆匆归来。

美军技师看了我带去的英文字条，点点头，转身就走。片刻，拿回十片白色的药饼饼。他用中国话问我："少不？少不？"

"不少，不少，谢谢你了。"

美军技师拍一拍我的手，拍一拍我的肚子，又拍一拍自己的胸脯，表示再需要药片尽管找他。

王盛荣得了药片，高兴得手舞足蹈："小李，你可帮了大忙了！"延安时代，几乎人人营养不良，体质虚弱，普通的腹泻、痢疾就能要了人命。几粒消炎药可以挽救一条生命，十分珍贵。

美军观察组成为延安人了解世界的一个窗口。中宣部的董纯才、柯柏年隔三岔五来观察组搜集英文书报杂志。我见他们吃力地怀抱大叠的书报，要用吉普车送他们回家，只有董纯才让我送过一回。

观察组的餐厅亦兼电影放映厅。银幕上放映的好莱坞故事片，豪华的别墅、飞奔的汽车令人耳目一新；半裸的美女和男人女人的亲吻令人瞠目结舌……这些光怪陆离的画面和延安的艰苦环境有着天壤之别。我们低声嘟囔着，这都是些啥玩意儿！低级趣味！纷纷离开餐厅，丢下困惑的美国人自己看。后来，美国人似乎醒悟其中缘由，改为放映战争新闻纪录片，阿留申群岛之战、关岛登陆战、北非战场、诺曼底登陆战，等等。成群的飞机、军舰、坦克、大炮在银幕上打得天昏地暗。我们又有了看电影的兴趣。观看"珍珠港事件"纪录片的时候，美国人用中国话说："这就是日本人轰炸的后果！"

翻译叮嘱我们，看电影时，愿看就看，不愿看就走，但是观影时不要笑，不要哭，也不要鼓掌。可是，观察组附近几个学校的学员不知道这个规矩，他们看到银幕上一群群士兵，在猛烈的炮火下纷纷阵亡时，分不清敌友，只要看到死人就很高兴，兴奋地鼓掌欢笑。后来，有一位美军军官常常站在观察组的大门口，拦住外单位人问："你来干啥？"对方回答："看电影呗！"那位军

国际友人在延安

官摇头说，今天没有电影。这些影迷们只好走了。

美军翻译有时也给我们做电影同声翻译，这是什么地方，进行什么战役。我记得，有一个纪录影片连续演了三夜，美军太平洋部队进攻日军的一个总司令部，十几栋花岗岩堆垒的二层小楼异常坚固，日军拼命抵抗，美军伤亡惨重。

1944年10月的一天，很久没有来的鬼子轰炸机专门来轰炸美军观察组。清凉山上响起防空警报，大家都躲进窑洞。炸弹在观察组周围猛烈爆炸，声波和气浪震动窑洞的门窗。窑洞顶坡的黄土唰唰地流落下来。

日军轰炸机投弹的准确性比起1938年11月第一次空袭延安时差了许多。观察组院子里的气象观测楼，仓库，餐厅和吉普车都未中弹。只是这次投掷

1945年8月27日，张治中将军和美国驻华大使赫尔利专程到延安接毛泽东赴重庆谈判。图为毛主席乘车送客人到美军观察组驻地时的留影

的炸弹很特别，弹坑很浅，弹片扩散的范围却很广，延河滩上种植的高粱，那浓密的高粱叶被弹片削得干干净净，只剩下笔直的一根根光秆儿。落入延河的炸弹爆起的弹坑增加了吉普车涉渡延河的困难，我们只好派出一名警卫战士下河探路，在水中弹坑附近插上标杆，作为路标。

日军轰炸美军观察组不久，美国特使赫尔利来延安访问。

赫尔利乘坐的大型运输机在机场停稳，机翼上四台发动机还在旋转，刮起滚滚黄尘，待黄风停息，机场跑道已被吹出四道长长的半米深的凹坑。我坐在吉普车上，望着从天而降的钢铁巨鸟，心中惊叹不已。吉普车旁周恩来副主席和包瑞德上校亲切交谈，等候迎接飞机上的美国客人。历史的瞬间就这样在身边掠过，人们却那样地无动于衷。

1945年8月，赫尔利第二次飞抵延安，来迎接毛主席赴重庆与蒋介石谈判。毛主席登上飞机之际，赫尔利又一次莫名其妙地嗷嗷地嚎叫，搞得大家不知道怎么回事儿。使在场的人们感到他把毛主席弄上飞机，实现了什么阴谋似的。

毛主席去重庆四十多天，延安军民煎熬了四十多天。党政军各个单位天天组织讨论，议题就是："毛主席在重庆，如果被蒋介石扣押，被蒋介石暗杀了，我们怎么办？"

赫尔利亲手结束了中共与美国的"蜜月"关系，为中美两国二十多年的对抗埋下了种子，在这一点上赫尔利也是历史罪人。

## 圣诞节之前，获取卡宾枪情报

临近1944年圣诞节，观察组买来一头黄牛，准备屠宰了做圣诞节大餐。黄牛很聪明，知道末日临头了，不停地低声哀鸣，眼睛里流出大颗大颗的泪水，真让我伤心。

我和翻译开一辆吉普车，两位美军朋友开一辆吉普车带两只卡宾枪，去南四十里铺的山沟里砍圣诞树。这天大雪纷飞，我们四个人穿着美式军用皮靴，笨拙地在没膝深的雪地上跋涉。进了沟口，转过一道山梁，看见满沟的森林，美国人高兴地大声喊叫，向上奔去，脚下一滑，两人都摔了一个"前趴"。翻译顺手拿过卡宾枪，让我背上。在森林边缘，一群山鸡受到惊动，呼啦啦地想飞起来。另一名美军急忙举枪射击，一枪一枪打了十几发子弹，也没击中一只山鸡。我从背上取下卡宾枪，也不瞄准，向天空飞成一个疙瘩的山鸡放了一枪，只见五颜六色的羽毛伴随片片雪花飘舞。嘿！还真蒙上了！我们一声欢呼，连滚带爬地捕住在雪地上挣扎的山鸡。

砍圣诞树时，这两位"老外"格外挑剔，一个说，这棵树大了，另一个又嫌树型不好看。左挑右选，又爬了两个小山包，终于砍到一棵满意的圣诞树。下山时，翻译悄悄地对我说，小李，你快开车，争取提前半小时到家，我和他们在后面慢慢走，这是一个任务。

我把卡宾枪放在座椅旁，不顾雪深路滑，飞车疾驶。回到观察组，早有一人等候在门口，没等吉普车停稳，他就奔来，从车上取下卡宾枪，转身就走。我跟在他身后进了我和杨管理员住的那间宿舍。宿舍里还有三人在等候。他们二话不说，拆卸卡宾枪。一人拿出一架又小又薄的照相机，把卡宾枪的零件一一拍摄下来，一人用游标卡尺测量零件的尺寸，一人趴在桌子上画草图，记尺寸。测绘完卡宾枪，他们用白布单兜起全部零件，让我赶快送到警卫班，让战士们擦枪。随后，我走到大门口，远远看见雪地中开来一辆吉普车。翻译领着那两个美国人来到警卫班，对他俩说了一通英语。意思是，小李开车也太快了，枪从车子上掉下去了，差一点没压坏。你们看，他们还在擦枪呢。卡宾枪在当时是新式武器，自从美国人到延安，八路军总部才见识这种自动步枪。

测绘美军卡宾枪之事后，翻译再三叮嘱我："没有旁人知道，只有你知道这件事啊，在任何时候都不能讲出来呀！"美军观察组到延安的一个主要任务，就是搜集延安的情报。中方获取卡宾枪的情报，也是互有往来。

延安的圣诞是美军观察组全体人员的节日。山沟里砍来的小松树。插入一块半尺厚木板的深孔里，再用三根木条支撑固定，松枝上彩灯闪烁，挂满了各色锡箔的星星。女打字员用红纸扎了三朵大红花，也挂在圣诞树上。餐厅变成了舞厅，长长的餐桌上摆了蛋糕、烤鸡、烤牛肉、威士忌酒，舞会宴会持续到天亮。

## 乘美军飞机兜风

从 1944 年 11 月赫尔利访问延安开始，到 1945 年毛主席赴重庆谈判，美军运输机频繁往返重庆延安之间。每次运输机抵达和离开延安，我们这些"八路军司机"全都出动，接送客人和机组人员。

1945 年夏季，延河发洪水，河滩里的卵石乱了，开车过延河就困难了。这时候，飞机运来一台四轮发电机组，功率 1000 千瓦，美国人要给贺龙的边区司令部、近邻的中组部和杨家岭安装电灯。

我驾驶中吉普拖着四轮发电机，驶离延安机场。同车的美国人一看到了延河边儿，示意他要驾驶。中吉普车拉着发电机缓缓驶入延河，河水渐渐浸没大部分车轮。汽车行进至河心，忽然熄了火。同行的一辆中吉普车和两辆小吉普从一旁过了延河，卸下车上的货物，拴起三截钢丝绳，三辆吉普齐力拖拉陷在河中的汽车。延河里的汽车竟然纹丝不动。几个美国人傻了眼，平摊双手，一副无可奈何的模样！

毛主席的汽车司机周西林在枣园讲汽车经："汽车陷入泥里，你千万不要用二挡三挡，必须用一挡，一挡有劲儿。再一个看轮胎下面有没有东西挡住去路。"我脱下衣裤，俯身探摸河水中的汽车轱辘。果然中吉普的后轮被一块卵石卡住。我又依次察看三辆牵引吉普车的挡位，用手指示意，让美国人把变速杆挂在一挡的位置上，随后三辆吉普车又一次启动，陷在延河里的汽车，被轻轻地拽上河岸。几个美国人高兴地呼喊："OK！OK！"一齐向我竖起大拇指。

有一次，吉普车从观察组向飞机场运送货物，有几只钉得严严实实的大木箱，异常沉重，不知里面装的是什么宝贝儿。吉普车过延河时，因为负载太重陷在河中，发动机没有熄火，车轮呜呜地空转，卷起一串水花。驾驶吉普车的美国人招呼我来接替他，我记得周西林讲过："汽车陷到河里，千万不要拼命朝前开，你愈朝前开,陷得愈深,要向后退。"我坐上驾驶员座椅,挂上倒车挡,加大油门,吉普车向后退了一段,然后猛地向前行驶,爬上了延河对岸。那个美国人大叫着"OK!OK!"不顾河水浸湿鞋裤,踩水跑过延河与我紧紧拥抱。

美军飞机的机组人员为了感谢我们的服务,主动邀请观察组的中方人员乘飞机去兜风。

飞机像只绿色的大鸟,轻盈地向西方飞翔。我们坐在机舱里的铁椅子上,凑在窗口前向下张望,黄河就像闪光的丝带,沙漠好像一片片鱼鳞。飞机进入青海后开始返航。

延安机场遥遥在望,飞机驾驶员忽然搞了个恶作剧,猛然使飞机向下俯冲。我感到自己的舌头像条长虫拼命要钻出口腔。飞机上有人翻江倒海般地呕吐;有人尿了裤子。飞机在延安机场停稳,众人爬下飞机,个个脸色苍白,惊魂未定。"我的妈呀!以后再也不坐飞机了!"

1945年8月,日本天皇宣布投降。蒋介石借助美国的飞机和军舰运输军队,开始与八路军赛跑,抢先接管东北、华北和华东的城市。中国共产党只借用了一架美军飞机运送自己的将军,这也是无偿供给美国人吃喝的回报吧。

大约是毛主席去重庆谈判的前几天,那天早晨,我按惯例开吉普车送美军运输机的飞行员去东关机场。气氛与往常不一样,在延安东门就有部队警戒。飞机旁早有一群人等候,吉普车驶进人群,美军飞行员跳上飞机做飞行准备。我坐在吉普车上看见黄华招呼刘伯承、林彪、陈毅、邓小平、滕代远等十几位军事首长,他们神情严肃,依次登上飞机。美军飞机的螺旋桨飞速旋转,飞机掉转机身,机头朝向桥儿沟方向,向前飞上蓝天……

## 中美官兵欢庆抗日战争的胜利

1945年8月6日,美军在日本广岛投下了第一颗原子弹,炸死日本人20万;8月8日,苏联对日本宣战;8月9日,美国又在日本长崎投下了第二颗原子弹；8月14日，日本裕仁天皇发表《日本帝国停战诏书》；8月15日，裕仁在日本国内无线电广播中宣布无条件投降。

1945年8月日本战败，在近代历史上，中国第一次取得对外反侵略战争的胜利。日本投降的那天夜晚，我和观察组的警卫战士正在山上的窝棚里看守即将成熟的西瓜、土豆和山芋，防范野獾来糟蹋。忽然，延河两岸人声喧闹，鞭炮声阵阵，许多人举着火把跑来跑去。美军观察组的院子里灯火通明，卡宾枪的曳光弹一串串划破夜空。我俩莫名其妙，不知发生了什么事情。我让警卫战士下山去探个究竟，他跑回来告诉我，小日本投降了！我们胜利了！我俩兴奋极了，坐在窝棚里议论胜利后的日子。

"将来我们的部队要不了这么多人了，我们向何处去啊？"

警卫战士说："我要回山西岢岚的老家，向政府要几亩地，买头毛驴，娶个媳妇，美美地过日子。"1946年，我离开延安途经山西岢岚县，荒山秃岭，地里的麦苗稀稀拉拉，没有想到我那战友念念不忘的故乡竟然这么荒凉！

观察组中美双方人员共庆抗战胜利，举杯畅饮，彻夜狂欢。美国白酒的绿色酒瓶外形近乎中国古代兵器的战锤。我喝了小半瓶的洋白酒，醉睡了一天一夜。

日本宣布投降后，观察组内的美军朋友陆续离开延安。我也有了一项新任务，驾驶吉普车去新市场定做各种尺寸和图案的羊毛地毯，作为延安的纪念品赠送给美军官兵。美军人员依军衔的高低，得到大小不等的地毯，一般士兵获赠一对座椅垫。延安的地毯质地厚重，动物图案鲜艳生动。许多即将离开的美军官兵十分喜欢延安地毯，要求我代替他们去多多购买。以后，观察组的头头让翻译当面翻译他的话："美国士兵需要购买地毯，你领他们去，让他们自己去买。"离开延安的美国人携带很多行李，吉普车装得满满的。

1946年4月，邓洁派人送来通知，让我去杨家岭报到。我在翻译的陪同下，与美军技工告别。技工送我一把白铜剃须刀，留作纪念。剃须刀使用吉列单刀刀片，质量上乘，一直使用到新中国成立初期。在新中国无处购买"吉列刀片"，只作为纪念物品携带在身边,"文革"中为掩盖在延安与美国军人交往的经历,我悄悄把这柄刻有 U.S.A. 字迹的剃须刀扔掉了。

## 谢伟思二三事

谢伟思是美国人,担任美军观察组的政治顾问,还是一位"四川老乡"。我曾经几次开吉普车送他去枣园。

在延安美军观察组,谢伟思穿一身军便服,很风趣和气,不分农民和干部,不分长幼,见谁都打招呼。我第二次开吉普车送贺龙去枣园,同车的外国人就是谢伟思。贺龙称他谢先生,两人都客客气气。还有三四次单独送他去枣园见毛主席。他的中国话讲得很好。在吉普车上还问我:"你是哪里人啊?"

我说:"我是四川人。"

他用四川话说:"我也是四川人咧!"

我不相信他的话:"瞎说!"

他很认真:"你可以去问一问你们的陈毅将军,他可以证明呢!"

我问他:"你的中国话怎么说得这么好?"

他说:"好嘛,我从小就在中国长大,在中国念书……"

当时我心想,这个美国人还真有意思,还想跟我套老乡。

在枣园大门口,两个站岗的哨兵用大枪拦住吉普车。我跳下吉普车,哨兵还认识我:"哈!小伙子你还会开汽车呀!"

哨兵问了我的来意,就钻进岗亭,摇起手摇电话:"请接毛主席!"得到指示后,才放我们两人走进枣园。

我领着谢伟思走上小土坡,毛泽东已经在窑洞前等候。

谢伟思双手抱拳连连作揖,毛泽东拉住谢伟思的手一同走进窑洞。直到天黑了,他们两人的谈话还没有结束,警卫员们都吃完饭了。后来,毛泽东拉着谢伟思的手,一直送客送到枣园的大门。谢伟思双脚一并立正,向毛泽东抱拳三作揖。毛泽东拍着谢伟思的肩膀,说:你想几时来就几时来啊!又叮嘱我,小李，天黑了，开车注意点啊！

王盛荣的两个孩子闹肚子，吃什么就拉什么，怎么也治不好。王盛荣托人给我捎话，还想要美国人的西药。正巧这天，我又送谢伟思去枣园见毛主席，我跟谢伟思说，我的一个朋友的两个小孩病了，拉肚子治不好。我想要一些美国的西药给小孩子治病。

谢伟思拍拍我的肩膀，说："你注意了，开好汽车，等回去，我给你拿药。"

回到观察组，谢伟思拿来三个棕色的小玻璃瓶，还用中国字在一张纸上，写了每个药瓶的说明。

我给王盛荣送药，他双手抱拳连连作揖："谢谢啊！你可救了我们的孩子啦！"

随着中美外交资料的逐渐公开，我对谢伟思有了更加全面的了解。

1935年，26岁的谢伟思被美国国务院正式任命为外交官，被派往北平先进修中国语言文化。他不仅攻读了中国历史、法律和经济。在那动荡年代，他目击了"一二·九"运动和"卢沟桥事变"。他还结识了一批风云人物，如史迪威将军、斯诺、拉铁摩尔、范宣德等。

1944年7月，谢伟思跟随美军观察组到了延安，他一住就是三个月。在延安期间，他多次会见毛泽东、刘少奇、周恩来、朱德、彭德怀、任弼时、叶剑英等中共中央领导人。他还见到了从各抗日根据地到延安的中共将领如陈毅、林彪、聂荣臻等。毛泽东在和他的多次谈话中表达了中共对美国的善意和期望，并希望美国做出积极回应。

谢伟思感慨地说："我们全力支持的政权（国民党）的表现和我们发誓要消灭的敌人（纳粹德国）是如此相像，而我们从不给予支持的中共的作风却和我们美国人又是这般接近。真不可思议。"

谢伟思当然不是共产党人，甚至不是共产党的同路人。他是一名美国职业外交官。其所作所为均出于忠于职守、捍卫美国的国家利益。由于他出身于美国在华传教士家庭，对于中国和中国人民比一般美国人有更深的了解，对苦难中的中国人民有真挚的同情。他心中充满美国人民所具有的传统良知。这一切的结合促使他义无反顾地和大权在握的上司背道而驰。

在援助国民党政府抗战的同时，也给中共以支持。这样做不仅有利于尽快打败日本，也有利于和中共建立建设性的关系。谢伟思预言蒋介石必然会发动内战，而内战的结果一定是中共获胜；中共并非苏联的"附庸"和"代理人"，完全是中国现实所造就的一股土生土长的革命势力。如美国处置不当，中共完全有可能真的倒向苏联。显然，谢伟思的这份报告完全是基于美国的长远国家利益的。他的理想中国应该是一个统一、繁荣、民主和亲美的国家。

在延安，谢伟思又多次与毛泽东会谈。毛泽东再次明确地表示愿意和美国友好和合作。他将这情况及时地一一报回重庆和华盛顿。

谢伟思非同一般，很有政治远见，他在写给美国政府的报告中预言："共产党已经得到了广而深刻的群众支持，因此要消灭他们是不可能的。从这一基本事实中，我们应当得到这样的结论：除非国民党像共产党那样，进行深刻的政治和经济改革，要么他证明自己有能力夺过这种对人民的领导权，否则，共产党将在较短的几年内成为中国的统治力量。"可惜，美国决策人物没有正确对待他的报告。

天津的"周恩来邓颖超纪念馆"开馆的时候，请我免费参观。我看见谢伟思和周恩来在延安的合影照片挂在墙上。现在，来纪念馆参观的人们对谢伟思几乎是毫无了解的。

1999年，我从《参考消息》上读到美联社加利福尼亚奥克兰2月4日电讯："曾在麦卡锡时代被清洗出美国务院，后来又被恢复名誉的中国问题专家谢伟思，昨天在加利福尼亚州去世，享年89岁。"

（本文选自《一个中国革命亲历者的私人记录》，当代中国出版社2009年版。标题为编者所加，内容有删节）

## 下 编

### 追述外国友人的延安之旅

孙国林

孙国林，1932年8月出生，河北灵寿人。河北师范大学文学院教授，延安文艺研究专家。发表论文近百篇，出版有《毛泽东文艺思想指引下的延安文艺》（二人合作）；参编16卷大型《延安文艺丛书》之《文艺理论卷》《诗歌卷》（主要编辑）、《文艺史料卷》（副主编）；《延安文艺史》（副主编）。

# 斯诺：《西行漫记》之外的故事

1936年，长征到陕北的党中央，为了争取舆论的理解和支持，粉碎国民党的政治"抹黑"，让外界了解真实的红区情况，在党的历史上开创性地实行了对外开放的方针。党中央主动邀请或欢迎中外正直人士来访问，就是一个重要的举措。

斯诺是回应中共对外开放方针，应邀访问陕北红区的第一人。他的《西行漫记》等著作，向世人介绍了中国革命的真实情况和党的政策，起到了正视听、助革命的强大作用，一时名扬天下，这是党的对外开放方针的重大胜利。斯诺此访的意义在于，为外国人来访开了个好头，打破了敌人的封锁，改善了党的政治生态环境。但是，还有许多鲜为人知、饶有兴味的故事，他并未写入《西行漫记》中。本文择其要者，以飨读者。

## 踏上"伟大的探险"之路

斯诺1936年到陕北"探险"前，已在中国生活了7年。

斯诺的祖父塞缪尔·斯诺，担任过美国首任驻广州领事，他少年时就听到过关于中国的故事。1928年，不满23岁的斯诺经夏威夷、日本到了上海，身份是美资周刊《密勒氏评论报》的助理编辑，后来又兼任纽约《太阳报》和伦敦《每日先驱报》驻上海的特约通讯员。从1929年起，斯诺开始遍访中国内地的主要城市，以及东三省、内蒙古、两广、云南、台湾等地，对中国当时的社会情况有了一定了解。"九一八"事变发生后，斯诺曾以战地记者身份前往东北采访。返沪后，又经历了"一·二八"抗战。他根据见闻，在1932年年底完成了他的第一部著作《远东前线》，颂扬东北和上海军民的英勇抗战。

同时，在书中根据第二手材料，对江西苏区的情况做了报道。

斯诺是怎样产生访问陕北动机的呢？这事与宋庆龄有关。他为撰写宋庆龄传记，1931年9月在上海拜见宋庆龄，进行了多次长谈。他被宋的伟大人格深深感染，并同她建立了真挚的友谊。经宋庆龄的介绍，斯诺结识了鲁迅。在他们的影响下，斯诺"在对中国的现实认识上，来了一个飞跃"。后来，在鲁迅的具体指导下，斯诺编辑了英文的中国左翼作家短篇小说集《活的中国》。

1933年秋，斯诺离开上海到北平燕京大学新闻系执教，并在这里结婚安家。在此期间，他与学生中的中共地下党员和进步分子来往密切，并且和他的夫人海伦·福斯特·斯诺一起积极参加了著名的"一二·九"学生爱国运动。正是从这些学生那里，他得到了红军长征胜利到达陕北的消息。新闻记者的敏感，使他立刻萌生了要到陕北红区，亲眼"看一看蒋介石费了十年时间试图'清剿'的究竟是些什么人"的念头。但怎样去呢？一时无策。1936年春，斯诺又去拜访宋庆龄，表达了这一愿望，宋表示赞同并愿帮助。时隔不久，宋庆龄接到有关人士转来的中共中央的电报，内容是请宋帮助邀请一名诚挚的西方记者和医生，到陕北访问。

经宋庆龄介绍，斯诺与中共华北地下党取得了联系。1936年6月，他带着中共北方局负责人刘少奇委托柯庆施用隐性墨水写给毛泽东的介绍信，怀着既兴奋又忐忑的心情，带着两架照相机、24卷胶卷和许多笔记本，登上了从北平驶往西安的火车，开始了他的被后人称作"伟大的探险"的旅程。

## 受到苏区的热烈欢迎

当时，驻扎在西安的张学良的东北军，已经同陕北红军达成了停战协议。这为斯诺进入红区提供了方便。

7月初，斯诺乘东北军的卡车由西安到达肤施（延安古称，当时为东北军控制），然后步行，于7月9日到达红军前沿司令部所在地安塞。刚一到达，他就受到一个蓄着浓密黑胡子、双目炯炯有神、态度温和的青年"军官"的接待。这位"军官"用流利的英语同他交谈，斯诺大感意外。谈话中他才知道，接待他的是大名鼎鼎的周恩来。周恩来说："我们欢迎来苏区访问的任何一个记者。阻碍记者来访的不是我们，而是国民党。你可以把看到的一切都写出来，我们将从各方面帮助你了解苏区的情况。"斯诺没有想到，刚来到这个"神秘"之地，就受到热情接待，兴奋得彻夜未眠。

斯诺在安塞住了两天，同周恩来商定了一个92天的采访计划。第三天，周恩来派人骑马护送他前往当时中共中央所在地保安（今志丹县）。斯诺在这里受到更为隆重的接待，大半中共中央委员和在此的全部政治局委员同群众一起，热烈迎接第一位到访的外国人。群众打出的欢迎横幅上用中英文写着"欢迎美国记者来苏区调查"。在保安，斯诺开始了他对毛泽东及其他领导人的正式访问。

毛泽东正式接见斯诺前，7月13日晚有一个礼节性的看望。斯诺在窑洞里等待着，才吃完饭时毛泽东来了。毛泽东用力同斯诺握手，以平静的语调寒暄，要斯诺在同别的领导人谈过话后，熟悉一下周围的环境，认识方位，然后去见他。之后，他缓步走过挤满农民和士兵的街道，在暮霭中散步去了。7月14日，保安举行欢迎斯诺和马海德大会，毛泽东出席并即席讲话，对客人的到访表示热烈欢迎。

7月15日，毛泽东正式会见了斯诺，主要谈中国抗日的世界性问题。此后，毛泽东与斯诺又有过几次谈话：7月16日，谈中国抗日的形势问题；18日、19日，谈苏维埃政府的对内政策问题；7月19日，张闻天接见斯诺，回答他关于中国革命的性质、特点、阶段划分等问题；7月23日，毛泽东同斯诺谈中国共产党与共产国际、苏联的关系问题，第一次公开表述中共的独立自主立场。7月底至9月中旬，斯诺前往甘肃、宁夏，采访红军前线部队。返回保安后，9月24日，毛泽东同他谈联合战线问题；10月间，毛泽东应斯诺再三要求，连续几个晚上同他谈个人历史和红军长征的经过。对他人系统地谈个人经历，这在毛泽东一生中是仅有的一次。为慎重起见，毛泽东要求斯诺将这部分内容整理成文后，由黄华译成中文，交毛泽东仔细审阅修改。黄华照改英文稿后，再交给斯诺。谈话通常从晚上九点开始，持续到次日凌晨两点，吴亮平（时任中央宣传部长）做翻译。这些谈话，马海德通常在场，但他只听不发言。

## 辣椒趣话

毛泽东与斯诺的谈话内容很广泛，除政治外，也穿插一些趣闻轶事。

斯诺在保安的时候，几乎每天都去毛泽东的窑洞里坐坐。毛泽东也经常邀他来吃饭。毛泽东的饮食非常简单，经常是一盘辣椒，一盘青菜，偶尔有少许肉，主食是小米饭或馒头。即使是斯诺这样的国际友人光临，也只是加一份贺子珍用野果子自制的甜食。

斯诺来吃了几次饭，见都是几乎不变的饭菜，便对毛泽东说：这样的生活太清苦了。而且特别不理解，毛泽东为什么总吃那么多辣椒呢？但毛泽东却不以为然地说，只要有辣椒就满足了。他非常能吃辣椒，有时用馒头夹着辣椒吃，不咧嘴，不冒汗。据说，长征行至甘肃的时候，毛泽东吃西瓜还夹辣椒，吃得津津有味。

一次饭后，毛泽东对斯诺谈起辣椒问题。他说："吃辣椒多少能反映一个人的精神，革命者都爱吃辣椒。因为辣椒曾经领导过一次蔬菜造反。我的家乡湖南出辣椒，爱吃辣椒的人也多。所以，'出产'的革命者也不少，如黄兴、陈天华，以及红军中的彭德怀、罗荣桓、王震、贺龙等。而在世界上，爱吃辣椒食物的国家，往往'盛产'革命者，如法国、西班牙、墨西哥、俄国等等。"他边说边笑，最后竟哈哈大笑起来，显示了他那幽默随性的性格。

斯诺是记者，见多识广，但从未听过这样的"辣椒论"，颇感新鲜，但也觉得有点"玄妙"。他不理解：辣椒怎么与革命挂上钩了呢？他正在对毛泽东的这番"辣椒论"默默思考时，毛泽东兴致勃勃地说："有一支《辣椒歌》，我唱给你听好吗？"斯诺说："太好了！愿一饱耳福。"于是，毛泽东用他那不太悦耳，但却非常认真的湖南腔唱起来：

远方的客人你请坐，听我唱个辣椒歌。远方的客人，你莫见笑，湖南人待客爱用辣椒。虽说是乡里土产货，天天可不能少。要问辣椒有哪些好，随便都能说出几十条：去湿气，安心跳，健脾胃，醒头脑。油煎爆炒用火烧，样样味道好。没得辣子不算菜呀，一辣胜佳肴。

唱完后，毛泽东笑着问："怎么样？"斯诺说："很好，很有味道。"其实，斯诺是个能歌善舞的人，对唱歌很内行。他觉得，如果从声乐的角度评判，毛泽东唱得并不算好。但他那特殊的湖南腔和认真风趣的特色，使歌声很有味道，似乎也带点辣味。

但是，歌声归歌声，理论归理论。斯诺头脑中的辣椒与革命的关系问题，仍未解决。于是又问毛泽东："意大利人也以爱吃辣椒和大蒜出名，怎么现在不出革命家，反而出了墨索里尼？"

看到斯诺这般认真提问，毛泽东笑了。他用中国一句俗语回答："辣椒是穷人的大荤。"这个模糊性极大的回答，使这位同情中国革命的"洋人"，更加摸不着头脑了。

## 关于西红柿的传说

1936 年 7 月 16 日，毛泽东在保安招待斯诺吃晚饭，餐桌上有一盘红艳艳的"狼桃"（即西红柿）炒辣椒。斯诺好奇地问："啊！保安还有西红柿？"毛泽东用筷子夹起西红柿放到斯诺碗里，并即兴说起西红柿的来历："西红柿从欧洲传入我们中国，才有几十年，在民间还没有大量栽种。传入你们美国，可能比中国还要晚一些吧？"

斯诺笑着说："我想不会比中国晚多少，因为西红柿的老家在南美洲秘鲁的森林里。它是 16 世纪才被一个英国公爵带到欧洲的。"毛泽东边听边点头。

他接着说:"听说西红柿原来有一个很可怕的名字叫'狼桃',是吗?"

斯诺说:"对,西红柿还未被人们发现能食用之前,就是叫'狼桃'。"毛泽东接着说:"那是因为西红柿的枝叶分泌出来的汁,气味特别难闻,一直被人们视为有毒之果。直到18世纪末法国的一位画家在为西红柿写生时,决定品尝一下这个可爱又可怕的'狼桃'。他品尝之前,穿好了入殓的衣服,接着就吃了一个。他觉得甜滋滋、酸溜溜的,十分清爽可口,并无难受之感。西红柿的食用之谜揭开了,迅速风靡世界,成为人们竞相食用的最佳蔬菜。这个名气不大的法国画家也因此成为传奇式的人物。"

毛泽东娓娓的叙述,引起斯诺很大的兴趣。他从此知道了"西红柿"有一个美妙的传说,深情地说:"主席,我准备到红区来的时候,也下了和那个品尝西红柿的法国画家一样的决心!"

毛泽东笑着对斯诺说:"你这个'险'冒得好!你将会和那个法国画家一样,成为世界上的传奇人物。"毛泽东的预言应验了,斯诺冒险访问陕北红区并出版《红星照耀中国》后,的确成了名扬天下的传奇人物。人们不禁惊赞他的胆识,而且竞相跟进,形成一股国内外各界名人访问延安的潮流。

## 《七律·长征》的传播

经过一段时间的交往,毛泽东觉得斯诺是一个真诚、可交、可信的人。于是,他平生第一次敞开心扉,对一个外国人谈了连贺子珍都未听说过的"个人历史"。

在谈完长征的经历之后,他乘兴将所作《七律·长征》抄赠给斯诺,斯诺大喜过望。这首诗是毛泽东1935年9月下旬长征抵达哈达铺时写成的。当时他确定了"陕北"这个长征的落脚点,"心情豁然开朗",写下这首诗。9月29日晚,在通渭县文庙召开的部队干部大会上,毛泽东主动朗诵了它,此后便秘不示人。这时主动抄赠斯诺,可见两人友谊之深。

在吴亮平的帮助下,斯诺用英文意译了这首诗,写进他的采访日记中。

1937年4月间，北平东方快报印刷厂秘密出版了一本《外国记者西北印象记》，印了五千册，主要内容是斯诺上一年在陕北采访毛泽东的谈话。该书出版得到斯诺的大力帮助，书的首页刊有斯诺提供的《七律·长征》。后来，该书主编王福时陪同美国记者尼姆·韦尔斯（海伦·斯诺的笔名，斯诺的第一位夫人）访问延安时，当面赠送给毛泽东一本。毛泽东平生第一次看到用铅字印成的自己的诗，笑着拿在手里把玩良久，表示感谢。

后来，斯诺把这本书寄往英国。1937年10月，英国伦敦戈兰茨公司出版了斯诺的《红星照耀中国》，一个月里印行了5版；1938年1月，又在美国纽约出版，立即轰动世界，被称为"现代新闻的杰作之一"。该书第五编《长征》，就是以毛泽东的《七律·长征》作为结束语的。斯诺写道："在此，我谨以毛泽东主席——这位既能领导征战，又能写诗的造反者所写的，关于这次六千英里长征的一首古体诗作为尾声。"（原诗略）这是毛泽东的《七律·长征》最早在国外的传播。

1938年2月，由胡愈之主持的上海复社，翻译出版了《红星照耀中国》的中译本。为了掩护和便于在国统区发行，该书更名为《西行漫记》。这本书初版印了一千册，当年11月就印到第4版，其中也载有毛泽东的《七律·长征》，使这首诗在国内得到比较广泛的传播。

从现有史料看，斯诺是第一个看到毛泽东这首诗文本的人。他的《西行漫记》创下了同毛泽东诗词有关的三个"第一"：该书是第一个披露毛泽东《七律·长征》的公开出版物；该书所引录的《长征》诗，是毛诗中第一首被公开的诗作；该书第一次向国内外传播了毛泽东的诗，使人们知道毛泽东还是一位诗人。

## 一张珍贵照片的拍摄

人们打开《西行漫记》，都会看到毛泽东那张戴红军八角帽的照片，它是1936年斯诺访问保安时拍下的杰作。

当年，由于斯诺与毛泽东交往中形成的友谊，他成为唯一能使年轻（43岁）的毛泽东戴帽子的人。平时，毛泽东总是光着头，蓄着长发。在交往中，斯诺用文字记录下了毛泽东的许多谈话，也拍过一些毛泽东和其他红军领导人的照片，但他觉得都不理想。他要拍摄一张很帅气的、足以体现毛泽东风采的"官方的"相片。

斯诺觉得，毛泽东穿着随便，又光着头，看起来不够"正式"。可是毛泽东最不喜欢受拘束，也不愿意受人摆弄。随心所欲，自然无华是他的性格。这些，斯诺通过多次的交往是清楚的。但他还是想为毛泽东拍一张"正式"的照片。这个想法，他对同伴——美国著名医生马海德谈了，马表示赞同。

机会终于到来。一天，毛泽东来斯诺的窑洞看望。斯诺乘机要求为毛泽东拍照，毛泽东同意了。可是他依然光着头，斯诺又犹豫起来。此时，站在一旁的马海德，机灵地摘下斯诺头上的红军八角帽，戴在毛泽东头上。未及毛泽东反对，只听"注意……"，咔嚓一声，这张历史性的著名照片便诞生了。

现在我们从照片上还能够明显地看出，毛泽东戴的帽子有点小，头发也没有完全套进去。他本来有一顶量身定做的帽子，但平时不戴。当时警卫员说要回去为他取帽子，他阻止了，说那样太麻烦。斯诺说，窑洞光线太暗，要移到外面拍照，毛泽东服从了，并按照斯诺的"指挥"，站到指定位置。斯诺取景时，觉得站位距背景的窑洞太近，要求他向前移动几步，毛泽东也服从了。这一天他空前地配合。

毛泽东这张侧面戴八角帽的相片，是当时拍下的最好的照片之一，这是斯诺事先未曾想到的，因为他并不认为自己是最好的摄影师。这张肖像摄影艺术杰作，1936年11月14日首次刊登在上海的英文报纸《密勒氏评论报》上，很快流传于海内外。

1937年5月，海伦·斯诺访问延安时，把这张照片拿给毛泽东看。他端详着照片，面带笑容地说："没想到，我看起来还挺精神咧！"海伦说："你的这张照片拍得真好！我丈夫说，这是他的得意之作。它在报刊上一发表，就吓坏了蒋介石，轰动了全世界。"毛泽东接着说："哦，没想到我的照片

斯诺为毛主席拍摄的照片

会有这么大的威力。斯诺先生让世人看到我们共产党人和红军并不是红毛绿眼睛,杀人放火的'土匪',我们非常感谢他!"

1965年,斯诺访问完后由北京回到美国,对夫人洛伊斯·惠勒·斯诺(斯诺的第二位夫人)和孩子们说:"我在北京人民大会堂看了音乐舞蹈史诗《东方红》的演出,十分壮观。后台天幕上出现了放得极大的毛泽东戴八角帽的像,我出神地看了很久,啊,那不是我1936年为主席拍的照片吗!我兴奋极了,没想到这张照片在那么大的空间,派上那么大的用场。"

斯诺十分珍惜那顶帽子。虽然它在毛泽东头上只戴过几分钟,但又是他自己与红军在一起时戴了几个月的,所以他一直把它珍藏着。他的两个孩子逐渐长大后,他时常取出这顶帽子,向子女们讲述当年在保安会见毛泽东和为毛泽东拍照的动人故事。全家人很高兴,都愿意在头上戴一会儿。他的两个孩子还戴着这顶帽子照过相。

1972年斯诺逝世后,他的夫人和孩子们商量这顶帽子应该怎样处置。尽管他们心里难以割舍,最后还是认为它属于中国人民,应该把它送还中国。因为,那是当年红军送给斯诺戴的,是中国一段历史的见证,上面有中国革命的影子。所以,洛伊斯·惠勒·斯诺在访问中国时，亲手把这顶帽子交给了邓颖超。后来，转到中国革命历史博物馆永久珍藏。

## 意外发现的一封书信

斯诺离开陕北后，1937年初，美国女记者艾格尼丝·史沫特莱（1894—1950）访问延安。3月1日，毛泽东与她谈了当时的国内形势与中日关系问题。这个谈话，表露了当时中共的一些新政策。后来经过整理，3月29日至4月3日刊登在延安的《新中华报》上，题目是《中日问题与西安事变》。

毛泽东为了让好友斯诺及时了解党的新方针，于1937年3月10日给他写了一封热情的信，并附上这份谈话稿。信是这样的：

斯洛（诺）先生：

自你别去后，时时念到你的，你现在谅好？

我同史沫得列（即史沫特莱）谈话，表示了我们政策的若干新的步骤，今托便人带上一份，请收阅，并为宣播。我们都感谢你的。

此问

健康！

毛泽东

三月十日于延安

斯诺收到这封信后，十分高兴。他通过文章，在中国和外国广泛传播中共的统一战线、联合抗日的新政策。从1937年起，在35年的辗转奔波和动荡生活中，他一直珍藏着这封信。

1972年，斯诺在日内瓦逝世。当时我国驻瑞士大使陈志方和夫人王静，应邀协助斯诺夫人整理斯诺遗物时，意外地发现了这封信。请示国内后，定为珍贵革命文物，要求立即将它影印下来。1982年，在斯诺逝世十周年纪念日前夕，陈志方将它交给了中国革命博物馆永久保存。这是迄今为止发现的唯一一封毛泽东写给斯诺的书信，弥足珍贵。

在这封信中，毛泽东对斯诺说："我们都感谢你的。"其实，毛泽东对斯诺表示感谢不止这一次。1938年春,毛泽东对一位德国记者说:"当其他人谁也不来(陕北红区)的时候,斯诺来这里调查我们的情况,并帮助我们把事实公诸于世……我们将永远记住他曾为中国做过一件巨大的工作。他是为建立友好关系铺平道路的第一人。"

1939年9月,斯诺第二次访问延安和陕北根据地时,毛泽东在一次干部大会上,把斯诺郑重介绍给大家。并指出:《西行漫记》是一本真实报道了我们情况,介绍了我党政策的书,是外国人报道中国最成功的两部著作之一。

但是,当时延安也有一些人对斯诺心存误解和偏见,觉得他是美国人,不赞成在党报上发表他的文章。为此,1943年4月9日,《解放日报》以"编者"的名义发文力挺斯诺,引导人们正确认识和评价斯诺:"虽然他是资产阶级记者,说话是站在美国立场上,但在现在国际反侵略反法西斯战争中,美国是反法西斯阵营中的一员,斯诺也为反法西斯战争服务。他写的文章只要有利于抗战,在我们党报上发表也是可以的","我们觉得没有什么不妥"。

## 对《黄河大合唱》的评价

毛泽东1939年在延安陪同斯诺听了《黄河大合唱》的演奏,这给斯诺留下了深刻的印象。斯诺后来说:我在这里第一次听到冼星海的作品,这位年轻作曲家的乐曲和合唱曲,现在从黄河到黄海,到处都在演奏。他指挥着他的中西乐器混合的奇怪乐队,有鼓、扬琴、笛子、提琴以及他自己发明的用剖开的美孚油箱绑上羊肠做成的异样的乐器。领队的就是冼本人,是狂人还是天才,我也不知道。

他还说:我听到演出的音乐很好。它是活的,有内容的,能抓住听众。他是剽窃者吗?他的乐曲里有一些像贝多芬和巴哈的乐句,一些从《红楼梦》里来的吟哦,但有时则是山歌、船夫的号子、河流的咆哮和霹雳的枪声。他把这个作品叫作《黄河大合唱》,形式像史诗一般,声乐部分由60人组成的混声合唱队唱出,描述了民族的失败和胜利、人民的死亡和重生。歌唱得很好,不带任何歌剧里那种可怕的假嗓音。这里是用悦耳的汉语唱出丰满、自然、强有

力的嗓音。虽然它有许多从外国借来的东西，它仍然是中国的（不过是明天的中国），它的门向西方半开着。

在《黄河大合唱》演出散场时，斯诺和毛泽东一起走了出来。毛问他："你觉得怎么样？""好极了，在南京大学听唱《弥赛亚》以后，这是我在中国听到最好的大合唱了。"

"是的，这跟我们在保安的演出大不相同了"，毛泽东说。我们不能不承认，斯诺对《黄河大合唱》的评述，是很到位、很专业的。

的确，党中央在保安时，苏区的文艺团体很少，只有工农剧社、锄头剧社、战号剧社等小型文艺组织，主要演出自编的、反映现实的小节目，如活报剧及鼓动性歌舞节目。其成员多为业余文艺爱好者，

1960年10月22日，毛泽东会见斯诺，马海德参加了会见

土打土闹。此时则不同了，"天下人心归延安"的潮流已经形成，许多颇有造诣的著名艺术家相继奔向延安，并带来一些洋乐器，演出水平大为提高。所以，毛泽东和斯诺听了此次演出，都获得了极大的艺术享受。

## 陕北归来著述多

1936年10月底，斯诺秘密返回北平。他先在美国使馆举行了记者招待会，发布他苏区之行的重要消息，继而在其夫人的协助下，整理他在苏区的采访笔记。

11月12日，距斯诺返回北京不到两周，他的《毛泽东访问记》开始在《密勒氏评论报》陆续刊出。随后《大美晚报》《亚洲》《美亚》《新共和》《星期六晚邮报》《生活》《每日先驱报》等英、美报刊接连发表了斯诺所写关于苏区的报道，以及斯诺在苏区拍摄的大量珍贵照片。斯诺自己回忆说，仅为《纽约太阳报》他就写了30篇报道。在撰写文章的同时，斯诺还参加和召集了各种形式的报告会，介绍他的苏区之行。斯诺的报道文章和报告，在国内外部分知识分子中产生了极大的反响。为了让中外更多的人了解苏区的真相，斯诺继续紧张地工作着。

1937年初，斯诺在北平寓所将刚完成的《红星照耀中国》（初稿）英文打字稿交给王福时（清华大学学生、斯诺的朋友）。王福时看了非常感动，立即约斯诺的秘书郭达和燕京大学学生李放合作，迅速编译成中文的《外国记者西北印象记》一书。在《东方快报》主编王卓然（王福时之父）的帮助下，该书在北平秘密印刷出版，用上海丁丑编译社的名义发行。该书收有斯诺与毛泽东多次谈话的记录，在英文报刊上发表的关于苏区情况的13篇文章，在北平作的《红军与西北》的讲演稿，以及32张照片和10首红军歌曲等。《外国记者西北印象记》是斯诺关于苏区介绍文章的第一次结集出版，也是斯诺关于红区报道的第一个中文本。斯诺认为，此书"向无数中国人第一次提供了有关中国共产党的真实情况"。他的妻子海伦则说，此书"对中国像一道闪电，它唤醒了人民",它的出版"是一宗真正的中美合作"。

1937年7月,斯诺在"卢沟桥事变"的炮声中,修订了《红星照耀中国》。10月,它的英文本由英国维克多·戈兰茨公司出版,立刻引起轰动。几星期就销售10万余册,10月底三次印刷,仍供不应求。至12月,连续出了5版。1938年1月,美国兰登书屋发行出版《红星照耀中国》的美国版,三星期内销售一万两千本,成为美国有关远东时局的最畅销书籍。此后,《红星照耀中国》在国外一版再版,先后被译成法、俄、德、意、西、葡、日、荷、蒙古、瑞典、印地、哈萨克、希伯来、塞尔维亚等多种语言文字,在世界广泛流传。1938年2月,胡愈之等人在中共地下党组织支持下,在上海以"复社"名义翻译出版了第一个较全的中文本《西行漫记》(即《红星照耀中国》)。《西行漫记》第一版发行后,顿时销售一空。以后接连数版,仅上海一地就印了5万册。各地又陆续出版了多种简译本、片段或译文小册子,尤以《毛泽东传》为多。据统计,斯诺有关其苏区之行报道的各种中译本多达五六十种。

《红星照耀中国》在世界各国赢得了不同阶层的众多读者。正如美国著名作家巴巴拉·拉奇曼所说:"斯诺的《红星照耀中国》首次向世界报告了中国红军英勇的长征,首次刻画了共产党的著名人物,首次描述了他们的生活方式、信念和目的。斯诺对中国共产党倡导的事业给予了充分的报道。这一事业对于20世纪30年代那些惧怕抗击法西斯的人们,是一个强有力的鼓舞。"1943年春,斯诺在苏联采访三名女游击队员。当问到"是谁教会你们打仗"时,她们答道:"只有几个老同志能教我们一些。我们从一本叫《红星照耀中国》的书中学到许多知识。那是我们从斯摩棱斯克城里买来的,我们游击队里差不多每个共青团员都读过它。"当时她们并不知道,站在她们面前的就是这本书的作者。1944年,斯诺还从一位缅甸青年那里得知,在缅甸的德钦族抗日游击队里,《红星照耀中国》中关于红军活动的事迹,曾被作为组织开展游击战的指导。

《红星照耀中国》更大的影响当然还是在中国。成千上万的热血青年，通过《西行漫记》看到了中国的希望所在，他们从各地奔赴红星的所在地延安，不断补充和壮大了中国共产党领导的抗日民主力量。毛泽东说："《西行漫记》是一本忠实地报道了我们的情况，介绍我们党的政策的书。"斯诺自己也认为，他的书记录了许多永恒的历史事实，赢得人们的关注是时代潮流决定的。斯诺的红区之行和他的《红星照耀中国》，在中美交往及他与毛泽东的个人交往中树起了一块丰碑，为中国人民的革命事业做出了重要贡献，立了大功。中共对外开放方针初战告捷，大受鼓舞，更加坚定了实行这一方针的信心。

　　1971年，斯诺患癌症，根据毛泽东的指示，我国政府派出医疗小组帮助治疗。1972年2月15日，斯诺病逝于日内瓦。毛泽东给斯诺夫人的唁电中说："斯诺先生是中国人民的老朋友。他一生为增进中美两国人民之间的相互了解和友谊进行了不懈的努力，做出了重要的贡献。他将永远活在中国人民心中。"斯诺弥留之际的最后一句话是："我热爱中国！"根据斯诺的遗愿，他的一部分骨灰要安葬在中国的土地上。1973年10月19日，在北京大学未名湖畔，举行了有周恩来总理亲自参加的斯诺骨灰安放仪式。北京大学（当时名"燕京大学"）是他1936年西北红区探险的出发点，也是他1937年整理写作《西行漫记》的地方。而且他在去陕北访问之前，曾在这所学校任教。斯诺长眠于此，是符合他的意愿的！

北京大学的斯诺墓，墓碑上对他的定义是"中国人民的美国朋友"

# 访问延安的美国医学博士——马海德

美国医学博士马海德,是访问陕北和延安的第一位高端人才。一切为人民的中国共产党和充满希望的边区,强烈地吸引他留了下来并全身心地投入到中华民族的解放事业中。在延安,他很快"革命化""中国化",加入了中国共产党,为边区的医疗卫生建设做出了重要贡献。新中国成立后,他加入中国国籍,担任中央卫生部门要职,为中国人民的健康事业忘我地工作,直至生命的终结。马海德在中国的成长和贡献,是延安时期党的对外开放、引进人才方针的成功范例。

## 怀抱理想来中国

1910年9月26日,美国纽约州布法罗市一个普通工人家庭里,诞生了一个新生命。他的祖籍是黎巴嫩,父亲原在巴黎一家炼钢厂做工,因不堪忍受老板的残酷压榨和工头肆意虐待,漂洋过海移民到美国,在一家炼钢厂工作。父亲给这个小生命取名为乔治·海德姆,他就是后来在中国鼎鼎大名的马海德。

乔治的童年是在贫穷、瘟疫中度过的。他永远不会忘记,有一次,他因为闹着要吃鱼而遭到父亲的一顿痛打。父亲流着眼泪对他说:"你还小,长大了你就会明白我们家为什么吃不上鱼。"父亲的一席话,深深地烙在他幼小的心灵上。从此,乔治再也不提吃鱼的事了,他好像一下子长大了。不久,可怕的瘟疫又向乔治一家袭来。和一批批倒下的贫困的工人一样,爸爸、妈妈和弟弟也都染上了严重的疫病。这时,一位传奇式的老医生来到这里,奔走于疫区,为工人们治病救命,也来到乔治家里。这位医生不仅带来了药品,还留下了一

马海德1917年在美国布法罗小学一年级期终考试名列第一并获得奖学金,这是获奖后留影

袋沉甸甸的食品。这种情景使乔治感动得泪水滚滚而落。他对妈妈说:"我要做一个像那位老医生一样的人,去给穷人治病,也要让全世界的穷人家家都能吃上鱼!"

贫穷的家境,铸就了乔治倔强的性格,他奋发努力地向着自己理想的人生道路前进。1927年从当地中学毕业后,乔治考入北卡罗来纳大学读医学预科。1929年他考入黎巴嫩贝鲁特美国大学医科。1931年进入瑞士日内瓦医科大学攻读临床诊断,靠着勤工俭学和奖学金读完了全部课程。1933年他毕业时获得医学博士学位。

在求学期间,乔治结识了一位中国留学生,从他那里了解到古老的东方悠久灿烂的文化,同时也了解到中国是一个贫穷落后、任由西方宰割的国度。在那里悠久的文明与落后并存,中国人被称为"东亚病夫"。乔治没有忘记自己心底的誓言。此时他正在研究东方热带病,中国恰恰是他心目中最理想的目的地。后来他看到一篇报道《中国上海是冒险家的乐园》,心里很激动。1933年11月,他毅然漂洋过海,孑然一身,来到中国这块陌生的土地上。

乔治先后在上海广慈医院和雷士德医院工作,后来和两位同学合开了一家诊所。尽管收入十分微薄,但他仍不分昼夜地救死扶伤,为解救人们的病痛努力地工作着。

乔治原计划在中国只停留一年,然后回美国。但当他看到帝国主义对中国的侵略和中华民国政府的腐败给中国人民带来的深重灾难后,认识到中国人民需要的不仅是药物,更需要吃的、穿的,这是他作为一个医生无法解决的。乔治意识到,只有从根本上改造中国的社会结构,才能彻底改变中国劳动人民的悲惨命运。

在上海,乔治结识了一批国际友人,如美国的史沫特莱、新西兰的路易·艾黎、德国的希伯等。1934年,乔治结识了宋庆龄。从她那里,他知道了中国还有另一个世界,那就是中国共产党领导的革命根据地。他参加了由侨居上海的外国进步人士组织的马克思主义读书会,开始阅读马克思主义著作和研究中国革命问题。他走出诊所,到几十家工厂调查职业病和营养不良的状况。马克思主义和中国社会的实际使乔治认识到:一个医生一天只能救活十个、百个患者,而不良的社会制度却产生着成千上万的病人、乞丐……要拯救整个工人阶级和贫病交加的人们,必须另找出路。

一天,友人史沫特莱给乔治带来了江西苏区新鲜、动人的消息。苏区人民当家做主、没有剥削压迫的崭新生活,强烈地吸引着乔治。他找到宋庆龄,提出要到江西苏区队伍中去,为那些献身于中国人民解放事业的伤病员服务。而且,他还说,必要时他也可以拿起枪来加入红军队伍,一起打击敌人。

乔治这一愿望未能实现。因为此时工农红军已经开始了战略大转移,踏上漫漫长征路。在这期间,乔治一面继续行医,一面在宋庆龄的嘱托下完成了许多掩护地下革命工作者的任务。他开的诊所常常成为中国共产党地下工作人员联络、开会的地方。与此同时,乔治还为美国的《工人日报》撰写介绍中国红军长征情况和揭露中国社会黑暗及国民党腐败的文章。

1936年春,中共中央从陕北辗转给上海的地下党发来信函,指示邀请一

位"诚挚的西方新闻工作者"访问陕北苏区，并把他的见闻告诉全世界；还要邀请一位"训练有素的西医"，来帮助陕北苏区创建医疗事业。一天晚上，宋庆龄将乔治请到家中，转告了这一邀请，并为其安全进入陕北苏区做了精心周到的安排。乔治喜出望外，立即做好准备，等待上路。当时计划访问完即返回上海。

## 冒险访问到陕北

1936年6月，乔治避开上海国民党特务机关的视线，在西安与来自北平的埃德加·斯诺秘密会合。7月初，他们乘坐东北军的卡车，由西安到达肤施，然后步行，于7月9日到达红军前沿司令部所在地安塞。刚一到达，他们就受到一个蓄着浓密黑胡子、双目炯炯有神、态度温和的青年"军官"的接待。这位"军官"用流利的英语同他们交谈，乔治大感意外。谈话中他们才知道，接待他们的是大名鼎鼎的周恩来。周恩来说："我们欢迎来苏区访问的任何一个记者和医生。阻碍你们来访的不是我们，而是国民党。你们可以把看到的一切都写出来，我们将从各方面帮助你们了解苏区的情况。"乔治没想到，刚来到这个"神秘"之地，就受到如此热情的接待，兴奋得彻夜未眠。

乔治在安塞住了两天，同周恩来谈了他来访的计划和要求，受到周的高度赞赏。第三天，周恩来派红军战士护送他们，爬山越沟，闯过重重封锁线，到达陕北苏区中共中央所在地保安，受到更为隆重的接待。1936年7月14日，保安隆重举行欢迎斯诺、乔治大会，毛泽东出席并讲话。大多数中共中央委员和在此的全部政治局委员同群众一起，热烈欢迎第一批到访的外国人。群众打出的欢迎横幅上用中英文写着："欢迎美国记者来苏区调查！""欢迎乔治大夫来苏区工作！"

7月16日，他们受到毛泽东主席和周恩来副主席的亲切接见。经过一段时间访问后，党中央派伍修权担任翻译，陪同斯诺和乔治到宁夏豫旺堡考察访问。

8月16日，乔治和斯诺穿着红军的服装，来到红军驻地豫旺堡，受到中国人民抗日红军西方野战军司令员兼政委彭德怀的热烈欢迎。在豫旺堡南垣隆重召开的军民联欢大会上，斯诺和乔治做了热情洋溢的演讲，观看了红军的演习，并高兴地跨上红一军团赠送给他们的战马，高兴地绕场跑了好几圈。让很少见过"大鼻子"的红军战士一睹这奇异的风采，领略了西方人的友谊之情。

由于乔治懂得阿拉伯语和阿拉伯文字，当地回族群众对他尤为信任和尊重，把他当作来自麦加的"哈吉"，经常请他到家里吃饭，与他亲切交谈。乔治给当地回族群众看病，传授卫生知识，很快与群众打成一片。红一军团和红十五军团遂

1.1936年6月，马海德和埃德加·斯诺一起历尽艰辛来到陕北苏区。他们在苏区的前线和后方进行参观、采访，这是当时的马海德

2.1939年马海德在延安与老友路易·艾黎久别重逢，这是他们在延安杜甫川打猎

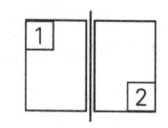

| 1 | |
|---|---|
| | 2 |

请他帮助做回族群众的工作，于是他把有关我党的民族宗教政策摘译成阿拉伯文字，让红军战士"照猫画虎"地刷在墙上做宣传，这对于号召回族人民支援红军起到了很好的作用。他高超的医术和对群众的热情态度，得到回族人民的爱戴。

在豫旺堡期间，乔治了解到回族群众中姓马的人很多，宁夏还有一句俗语："十个回回九个马，一个不姓马就姓哈。"乔治为了表达永远同回族兄弟、同中国人民友好的心愿，决定也姓马，将自己的原名乔治·海德姆改为马海德。

4个月后，当斯诺完成采访任务离开边区时，马海德却改变了原来"访问后返回上海"的计划。他对斯诺说："这里的医院和群众、病人都需要我。我决定留在陕北工作，要为中国革命事业做一些贡献。"这一决定，使马海德的人生转轨步入一条崭新的革命大道。

## 勤奋工作在延安

1937年1月，马海德背着宋庆龄送给他的医药箱，随部队进入陕北延安。他以满腔热情一边紧张地投入诊疗工作，一边进行调查研究。1937年2月，马海德因为工作成绩突出，被光荣地吸收为中国共产党党员。他说："从此，我能够以主人翁的身份,而不是作为一个客人置身于这场伟大的解放事业之中,我感到极大的愉快。"

到延安后的一个多月中，他巡视了陕北各地的医疗单位，掌握了大量真实材料，给中央写了一份详细的调查报告，提出了改进苏区医疗事业的建议。毛泽东很欣赏他的这份专业报告，遂接受了马海德参加红军的请求，并任命他为中央革命军事委员会的卫生顾问。全面抗战爆发后，马海德又担任八路军卫生部顾问，并随部队到山西五台山八路军总部工作。这时他年仅26岁。

1937年底，马海德奉命回延安筹建陕甘宁边区医院。1938年，宋庆龄在香港成立了保卫中国大同盟，马海德受宋庆龄委托，经常向该同盟报告陕甘宁边区的医疗卫生情况，通过同盟向海外呼吁，争取国际援助，边区因而获得了许多急需的医疗器材和药品。1942年，马海德调到延安和平医院工作。在他和卫生部同志们的共同努力下，陕甘宁边区形成了以白求恩国际医院为总医院，下设8所中心医院、24所分院，总计约11800张病床的边区医疗网。这些医院为边区军民提供了有力的医疗保障。在延安，马海德很快学会了当地语言，无论是八路军战士还是当地老百姓，都愿意找这位大鼻子的"马大夫"看病。因为医生少，他几乎成了全科大夫。此外，还经常有人找马海德修理手表、眼镜、钢笔、打火机等，他一律热情帮助，简直成了宝塔山下的"万能博士"。

在延安，马海德除了担任卫生部顾问这一重要职务外，还有一项重要的任务，就是保证中共中央领导人的健康。马海德尽心尽力地完成这一任务，也由此与许多中共高级领导人结下了深厚的友谊。

邓颖超是马海德在延安的第一个病人。她在长征中得了肺结核，无药治疗。马海德告诉她一个"土方"，把自己窑洞的门板卸下来，躺在上面晒太阳。果然，邓颖超的肺病被马海德"治"好了。

毛泽东主席在长期的革命斗争环境中，养成了夜里办公、白天休息的习惯。马海德从医学角度，帮助毛泽东调好生物钟，以保证他完成对全国抗战的指导工作。他经常邀毛主席进行各种体育活动，当他发现主席有轻微风湿性关节炎后，就开始陪他散步。

马海德当时还有一位重点医疗保护对象，就是当时任中共中央军委副主席兼政治部主任的王稼祥。王稼祥在长期艰苦的革命环境中，积劳成疾，患有多种疾病，而且身上还留着几块弹片。马海德对症下药，体贴入微地照顾他的健康。每当王稼祥有不舒服的感觉，马海德就日夜守候在他身边，直到病情好转后才离开。

在延安，周恩来有一次骑马时不慎跌落马下，摔断了右臂。马海德立即组织当时在延安的印度医疗队的巴苏华、柯棣华等著名医生进行会诊。尽管当时边区的医疗条件较差，但马海德仍然抱着极负责任的态度，想尽一切办法帮助周恩来疗伤,直到中共中央决定送周总理去苏联治疗时为止。

其他如董必武、吴玉章、林伯渠、徐特立、谢觉哉等,以及大部分从前线到延安汇报工作或开会的领导同志,都曾接受过马海德的体检或治疗。马海德认为"这些同志都是用自己的生命为中国人民争取未来的幸福生活,我们必须保证他们的健康"。

但是,马海德也遇到过不愉快的事。1939年王明回到延安后,心脏有点肥大,有杂音,扁桃体肥大,常发炎感冒。中央很关心,组成了有马海德参加的医疗小组,反复研究制订出方案为其精心治疗,病情逐渐好转。但后来病情一度出现反复。王明的妻子孟庆树便说医生们陷害王明,要求查处医生。这件事使马海德很不愉快,他觉得王明不如其他领导人好。

马海德对中共高级领导人的关切、爱护,甚至从健康领域发展到安全领域。1937年11月,八路军后方政治部宣传科摄影干事徐肖冰,接受了到飞机场为毛泽东等中央领导人拍照的任务。这是他参加革命后第一次给毛主席拍照。当他刚拍了一张时,突然有个外国人把他拉到旁边,盘问道:"你是哪里来的?"徐肖冰说:"我是宣传干事,是组织上通知我来拍照片的。"但这个洋人仍然半信半疑,纠缠住他,直到有人向他证明了徐肖冰的身份后才罢

休。后来，徐肖冰才知道这个洋人是个大夫，叫马海德。但当时被他这么一搅，拍照的机会错过了。后来徐肖冰与马海德熟悉之后，总跟他开玩笑："马大夫，那次我在飞机场拍照片，你为领导人的安全怀疑我，这事是你该管的吗？"马海德不好意思地笑起来，之后又理直气壮地说："我为什么不能管？"

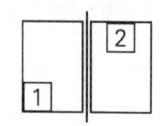

1.1980年春节，马海德与邓颖超在一起。邓颖超在照片背面题写"1936—1980年春节，保安—北京，44年的友谊纪念"

2.1944年马海德与毛泽东在延安机场

## 身兼数职忙不停

马海德全身心地投入中国革命，做了许多超出医学范围的工作。马海德在延安期间，曾担任中共中央外事组和新华通讯社的顾问，经常接待访问延安的国际友人，积极参加外事活动和对外宣传工作。1937年11月，他帮助新华社创立了英文部，开始向国外播发英文消息。他还经常为当时中央出版的对外宣传刊物《中国通讯》撰写稿件。

1944年初冬的一个深夜，美军观察组在延安驻地的大门被敲开了，来人正是早已定居延安的马海德。美军观察组的军官们进驻延安后，很快就和马海德熟悉起来。这次马海德深夜到访，是来找他的北卡罗来纳州老乡西蒙·希契。走出观察组的院门，马海德神秘地告诉希契："一位老朋友现在要见你，只管随我走，等一会儿你就明白了。"

令希契惊讶的是，马海德一直把他领到了毛泽东的窑洞，而中共中央的几位主要领导人已经在那里等他了。毛泽东开门见山地告诉希契，希望他回一趟美国，把朱德总司令的一封信递交给美国海军上将欧内斯特·金。

原来，当时中共领导人已经察觉到美国特使赫尔利是站在蒋介石一边的，因此决定绕开赫尔利与华盛顿直接接触。西蒙·希契上尉是美军观察组中唯一的一位海军军官，到延安后，他的热情和正直给中共领导人留下了良好的印象。于是大家认为，希契是承担这一秘密使命最合适的人选。许多年后，希契父子从美国国家档案馆找到了这封朱德写给金上将的信。中美之间的这段秘史虽然早已成为过去，但也记录了马海德参与中国革命和外事活动的一段历史。

1945年8月，日本宣布投降的那一天晚上，延安沸腾了，人们聚集在一起敲锣打鼓，举着自制的火把游行，欢呼八年抗战的胜利。马海德和美军观察组在一起狂欢，他们都喝醉了。

1946年，马海德还参加了在北平成立的由共产党、国民党、美国三方代表团组成的军事调处执行部工作。在这里，他名义上是中共代表团的医疗顾问，实际上是为英语翻译的备忘录在文字上把关。不久，他又作为中国解放区救济总会医疗顾问，与联合国善后救济总署和美国红十字会的人员进行接触，积极争取他们对解放区的援助。

## 热心文化事业

马海德是个精力充沛、热情洋溢的人。工作之外,他还乐意参加一些文艺活动,唱歌、演戏、跳舞是他的最爱。

1940年春节,毛泽东穿了一件棉大衣坐在长凳上,与大家一起参加春节晚会,节目是阿甲、方华等演出的《打渔杀家》。当时习惯在正式演出前,一个演员身披大龙袍,手举"天官赐福"的牌幅出场,舞动一番,这叫"跳加官",有静场的意思。谁知,当晚的"跳加官"不仅没有静场,反而引起哄堂大笑,

1947年初马海德陪同斯特朗采访毛泽东后,送她离开延安

掌声雷动。毛泽东也开怀大笑，前仰后合，嘴里还叨叨着："这个马海德……"原来，台上"跳加官"的是美国医生马海德。只见他身穿大龙袍，头戴乌纱帽，脚蹬高底云靴，虽然画了个大花脸，但高鼻子、大眼睛却暴露出是个洋"加官"。他口中念念有词，向观众拜年，引得毛泽东和观众哈哈大笑。1941年1月6日，抗日军政大学文工团演出话剧《延安三部曲》，马海德与陈波儿、郑律成等同台演出，博得观众的热烈掌声。卸妆后，他对导演袁牧之深深鞠躬，笑着说："谢谢导演发现我这个人才，多多栽培，多多指导！"显得很得意。

由于马海德积极参加文化活动，1940年1月，他被选为陕甘宁边区文化协会第一届代表大会代表，出席大会。他不仅聆听了毛泽东所做的《新民主主义论》（原名《新民主主义的政治与新民主主义的文化》）报告，还被选为边区文协执委会的执委。

史沫特莱把西方文化交谊舞带到延安并加以推广时，遇到以老一辈革命家妻子们为主的妇女们的强烈抵制。马海德挺身而出，劝说她们改变观念，和丈夫们一起参加跳舞，并主动担任起舞蹈教练。局面逐渐打开，毛泽东、朱德、洛甫、彭德怀等，以及邓颖超、康克清、蔡畅、刘英等都来参加周末舞会。此时，当作家罗烽以跳舞太多为由反对跳舞时，毛泽东微笑着对他说："舞会不可太多，也不可太少。边区生活气氛过分单一化，每天只是工作、学习、生产。延安的草鞋舞，有别于大后方的灯红酒绿、纸醉金迷。但也不能说这里没有国民党老爷的坏作风。即使有，也是少数，不是主导。不小心加以对比，要跌跤子。"罗烽他听了毛泽东的话，改变了对交际舞的偏激看法，但他从来不跳舞。

有了领袖的表态，周末舞会推广开来。1941年6月2日，延安文化俱乐部在《解放日报》刊登出一个招生广告："为活跃文化生活，研究跳舞技术，特设立跳舞班，聘请马海德等同志指导。学习时间暂定每星期六晚饭后，名额暂定六十名。欲参加者，请持单位介绍信，到文化俱乐部报名。"

令马海德高兴的是，他在跳舞中收获了甜蜜的爱情，与鲁迅艺术文学院戏剧系学生周苏菲结为终身伴侣。说来这段姻缘也是缘分。1939年冬，周苏菲

1940年3月3日马海德和苏菲在延安结婚，有了幸福的小家庭

1944年马海德和夫人苏菲在延安枣园

伤风鼻塞，长时不愈，便到延安城内的医院治疗。那天，接诊的是个洋医生，态度非常认真、热情。周苏菲看完病，心怀美好的印象离去，马海德也被这位病人的东方女性美深深打动。第二天，他主动写了一张便信，托人带给周苏菲，希望她按时吃药，早日康复。周苏菲心里热乎乎的。

当时延安每逢周末，许多单位都举行舞会，各方人士可以自由参加。坐落在延安城东10里处桥儿沟的鲁艺，利用一座旧天主教堂做舞厅，地面平滑，且有像样的乐队伴奏，是延安最好的跳舞场所之一。自从给周苏菲看病后，马海德经常骑马去那里参加周末舞会，并主动邀请周苏菲跳舞。当周苏菲说不会跳时，马海德自愿当起了教练。一来二往，两人的感情逐渐加深。终于，两个月后的 1940 年 3 月 3 日，30 岁的马海德与 21 岁的周苏菲，牵手来到中央组织部申请结婚。得到批准后，他们又到边区政府正式登记，领到结婚证书。马海德高兴地说："这是中美合作的早期成果。"结婚证是在一张纸上分左右两联，本应裁开，男女双方各执一联。但马海德坚决不让撕开，说："我们一辈子也不分开。"

领到结婚证后，马海德当即给好友路易·艾黎打电话，说："好朋友，我结婚了，请寄 200 美元。"收到钱后，马海德在城内的饭馆摆了 10 桌宴请宾客，每桌 10 人，毛泽东、周恩来等应邀出席祝贺。1943 年，他们的儿子降生，取名幼马，随母姓周。这桩跨国婚姻，幸福美满，令人艳羡。

## 尾 声

新中国成立后，马海德又一次申请加入中国国籍。早在 1937 年在延安时，他就曾向周恩来提出要加入中国国籍。周恩来无奈地对他说：老马啊，我们哪有国籍呀？我们只有个党。等将来新中国成立后，我就第一个批准你加入中国国籍。此时建国，周恩来兑现承诺，高兴地批准马海德的中国国籍。他成为第一个加入中国国籍的外国人。不久，毛泽东在香山邀请马海德一家做客，对这个洋女婿变成中国女婿表示祝贺。1950 年，马海德被任命为中央人民政府卫生部顾问。1953 年，在他的提议下，中国皮肤性病研究所成立，他受命担任中国麻风病防治中心主任，主要从事性病和麻风病的防治和研究工作。卫生部专家局成立后，要给外国专家包括马海德涨工资。马海德却说，我是中国人，不是外国专家，断然拒绝涨工资。

他是全国政协第五届委员，政协第六、第七届常委。1988 年 9 月，国家卫生部授予马海德"新中国卫生事业的先驱"的光荣称号。

新中国成立后，周苏菲在北京电影制片厂当演员，参演过电影《中华儿女》。后来在北影当导演，拍摄了传记片《无冕女王》。其子幼马，毕业于北京电影学院摄影系，成了很有成就的摄影家。他们的家庭非常美满。

1978年，马海德在阔别故乡45年后，回到美国与家人相见。也是这一年，马海德身患癌症，先后做过8次手术。但他并没有停下在中国治疗麻风病的计划，毅然到病区看望麻风病人，与他们握手劝治。1988年5月，马海德出院刚3天，就飞往加拿大落实麻风病防治基金。他自己为基金会捐资10万美金。同年10月13日，伟大的国际共产主义战士、著名的医学家、社会活动家、人民外交家、人道主义战士马海德逝世。夫人周苏菲把丈夫留给她养老的4万美元捐出来，成立马海德基金会，继承丈夫的未竟之业，推动麻风病防治工作。遵照马海德的遗嘱，将他的骨灰分成三份：一份留在北京八宝山革命公墓；一份由周苏菲送回美国，葬入家族墓地；最后一份，撒入他在中国辉煌人生起步的地方——延安延河。

# 乐于挑战的美国女记者——史沫特莱

党实行对外开放方针后，先后来延安访问的美国人中，有三位引人注目的女性。她们是艾格尼丝·史沫特莱、海伦·斯诺和安娜·路易斯·斯特朗。艾格尼丝·史沫特莱是继斯诺之后第二个进入苏区的美国记者。她是一位富有挑战性、传奇色彩和个性鲜明的女性。在延安她"不把自己当外人"，做了许多有益的工作。

## 具有反抗精神的女性

史沫特莱，1892年出生于美国密苏里州一个贫穷的工人家庭。幼年时家中生活极其贫困，经常需要他人资助。在16岁那年，史沫特莱离开家，开始了长期的半流浪式的生活。她当过报童、侍女、烟厂工人和书刊推销员等。依靠顽强的意志和刻苦的自学，她考入了一所师范学院。1916年，史沫特莱来到纽约，开始投身于激荡的政治活动。她一方面为宣传社会主义思想的《号角》周刊和女权运动的刊物《节育评论》撰稿，一方面参加支持印度流亡者争取民族独立的活动。1919年赴欧洲，侨居柏林8年后回国。1928年3月，史沫特莱因被指控煽动反对英国统治的叛乱而被捕。出狱后，由于接连受到当局的迫害，她被迫离开美国，前往柏林。在德国期间，史沫特莱继续参加支持印度独立和争取男女平等权利的活动，成为20世纪20年代德国知识分子中十分活跃的人物。1928年至1929年，德国的《法兰克福日报》在头版连载了她的著名的自传体小说《大地的女儿》。

1929年初，史沫特莱作为《法兰克福日报》的记者来到中国。很快，她就把自己和中国革命事业紧紧地联结在一起。用她自己的话说："我一直忘掉了我并不是一个中国人。"曾经和中国共产党人有密切交往的德国友好人士安娜利泽（王安娜），对史沫特莱有过这样的评论："幼年时代的冷酷生活，形成了她对外界的一种固有的反抗精神。最初，她反抗资产阶级制度，反对妨碍她自由发展的一切，甚至反对结婚，反对家庭，反对对妇女的剥削。后来，她要用自己的笔写出她目睹的中国革命的真实情况，并以此作为毕生的使命。艾格尼丝关于中国的著作，和她本人一样热情、诚实、专一。她的爱憎非常分明，她对被压迫者的同情，犹如她对压迫者的憎恨一样强烈。尽管她对事物的看法有过激的倾向，但她毕竟是一个非常诚实的人。"

史沫特莱1914年在圣迭戈

1933年，史沫特莱第一部反映中国人民生活和革命斗争的著作《中国人的命运——今日中国速写》，由美国先锋出版社出版。1934年，她的又一部著名报告文学集《中国红军在前进》，在苏联和美国同时出版。这部书是史沫特莱在上海期间，根据来自江西苏区的讯息和在她家养病的红军军长周建屏提供的资料写成的，也是第一部正面报道中国工农红军和中华苏维埃的著作。这两部著作，使史沫特莱在中国获得了很高的声誉。英国记者贝特兰曾这样写道："这一姓名（指史沫特莱），对于我所知道的北平学生，简直成了传奇。《中国人的命运》和《中国红军在前进》的作者，也许可以说是外国作家在中国青年中拥有读者人数之多仅次于高尔基的一位。"后来曾担任红军军事顾问的奥托·布劳恩（李德）也曾透露，他对中国红军与红色政权的最初了解，就是从《中国红军在前进》这本书中得到的。

史沫特莱在上海期间，除了大量撰写介绍中国革命斗争的各类文章之外，还积极参加各种进步社会活动。她协助宋庆龄成立了"保卫人权同盟"，利用她的交际才能和记者身份，团结了许多进步的中外朋友。她和鲁迅等左翼作家建立了深厚的友谊，曾暗中保护过许多革命者，并把自己的家作为他们通信联络和聚会的场所。1931年2月，柔石、殷夫、李伟森、胡也频、冯铿五作家被国民党杀害后，史沫特莱应鲁迅的要求，将他写的《黑暗中国的文艺界的现状》译成英文，并使这篇战斗的檄文在美国《新群众》杂志上发表。

由于国民党实行新闻封锁，许多人不知道红军长征胜利的消息。1936年2月，史沫特莱将红军长征胜利到达陕北的消息，悄悄告知鲁迅和茅盾。他们两人非常高兴，决定发一个祝贺电报。电文称："在你们身上，寄托着人类和中国的希望！"鲁迅将电报交给了史沫特莱，由她设法发了出去。不久，史沫特莱在鲁迅家中会见中共中央从瓦窑堡派来的冯雪峰，听他结合亲身经历介绍红军长征的情况。随后，史沫特莱参加了为红军募集药品的工作。西安事变前，她前往西北采访，红军驻西安办事处的代表热情接待了她，并为她安排了住处。西安事变发生后，她第一时间在电台用英语把事变的真实情况向全世界做了广播，并会见了中共代表团的成员。1937年1月，史沫特莱机智地离开西安，进入陕北苏区访问。

史沫特莱首先来到红一军团司令部所在地保安，受到了左权和陆定一的热情接待，并见到了她曾在上海结识的朋友丁玲。随后，在丁玲的陪同下，史沫特莱又先后会见了贺龙、萧克、彭德怀、任弼时等红军将领。1937年1月下旬，史沫特莱到达中共中央所在地——延安。

## 毛泽东的接见和谈话

到达延安的当天，史沫特莱会见了朱德和毛泽东。据史沫特莱后来所写的《中国的战歌》中说，她起初对毛泽东的印象并不好，觉得他身上有一种阴森的气质。但后来证明，这是一种精神上的卓尔不群，并同毛泽东建立了珍贵的友谊。史沫特莱在延安的7个多月里，毛泽东同她的交往是十分频繁的。

1937年，艾格尼斯·史沫特莱（右一）与毛泽东（右三）、朱德（右二）在延安游击队员基地

1937年3月1日，毛泽东在凤凰山麓的窑洞里，同史沫特莱进行了一次正式谈话，回答了她提出的关于中日战争和西安事变的一些问题。毛泽东指出，中共的民族统一战线是抗日的，不是反对一切帝国主义，而是反对日本帝国主义。我们要求英、美、法等同情中国的抗日运动，至少保持善意的中立。有人说共产党倡导人民阵线，这是不对的。因为，中国共产党倡导的民族统一战线，包括全民族一切党派及一切阶级，只除开汉奸在外，这比起法国、西班牙的人民阵线来广泛得多。中日战争最后胜利的将是中国。国共两党合作，不是共产党屈服、投降，而是双方让步，互相团结，一致抗日。毛泽东还对1937年2月召开的国民党五届三中全会和2月份发生的"二·二"事件（枪杀王以哲）做了评述。

毛泽东对这次谈话非常重视，在3月10日写给斯诺的一封信中，附上了这次谈话的记录稿。信中写道："自你别去后，时时念到你的，你现在谅好？我同史沫得列（即史沫特莱）谈话，表示了我们政策的若干新的步骤，今托便人带上一份，请收阅，并为宣播。我们都感谢你的。"另外，还把这个记录稿寄给上海《大公报》记者范长江一份，请他在可能时发表。3月16日，延安《红色中华》报上刊发了这次谈话的要点。寄给斯诺的谈话记录，后由斯诺提供给北京的王福时，编入《外国记者西北印象记》（1937年3月出版）一书，列为第6篇，题目是《中日问题与西安事变》。

与斯诺的交往比较，毛泽东同史沫特莱的交往，更富于私人朋友交往的性质和轻松活跃的气氛。史沫特莱回忆她同毛泽东的交往说：

"我写条子邀请毛泽东来聊天，他很快就会过来，还会带来一袋花生。然后是中国人要求我唱歌，在他们尽力而为之后，中国人或是唱，或是讲故事，或是全体参加一次讨论。"

"毛泽东常到我和我的女秘书（吴莉莉）所住的窑洞来，我们三人就会在一起吃一顿简单的饭，谈上几个小时的话。因为他从未迈出中国国境，他提出了上千个问题。我们谈印度，谈文学。有一次他问我是否爱过什么男人，为什么爱，以及我对爱做何理解。有时他引述中国古代诗人的诗句，或是背诵他自己的诗词。有一首是怀念他第一个妻子的——她已经被国民党杀害。"

毛泽东还向史沫特莱和她的秘书学习英语和普通话。对此，乔伊斯·米尔顿在她写的史沫特莱的传记《中国人民之友——著名女记者史沫特莱》中作过这样的叙述：史沫特莱"认为，把《红河谷》之类的民歌记住，是毛泽东学习英语的好方法。后来她在报道中写道，毛泽东很努力地想要掌握这些不熟悉的调子和歌词。人们说你将从这个河谷离去……他用低沉的声音哼着，'我们将怀念你那明亮的眼睛和甜蜜的微笑……'后来，这位将要担当毛泽东英语老师的妇女（指史沫特莱），以不悦之色请求毛泽东不要再唱下去。她失望地写道，毛泽东缺乏歌咏的天赋"。

## 她工作起来像一团火

除了采访中央领导人外，史沫特莱以主人翁的姿态，在延安做了大量工作。对此，毛泽东给予支持和鼓励，也受到人们的一致赞誉。

毛泽东支持史沫特莱为改善延安卫生条件所做的种种努力。他与史沫特莱联名给美国总统罗斯福致函呼吁，希望派医疗技术人员到中国，结果促成了诺尔曼·白求恩的中国之行。他还对史沫特莱消灭老鼠的热情表示赞赏。王安娜回忆说："艾格尼丝一到延安就发挥出她一如既往的干劲，开始对各种各样的祸害挑战。物品清单要的第一样东西是捕鼠器。……在陕北及其相邻的内蒙古，老鼠不仅是一种祸害，而且是一种危险，因为它还传播鼠疫，致使鼠疫成为那里的一种地方病。因此，艾格尼丝作为一个倡导者在延安发动了一场灭鼠战斗。借用她的一位美国朋友的话来说，这不是蒋介石式的 Anti‐Red Campaign（反赤化运动），而是 Anti‐Rad Campaign（灭鼠运动）。于是，我便在西安到处找捕鼠器。在北京的埃德加·斯诺也和我一样。可以肯定，艾格尼丝还在上海动员了什么人。起初，延安的人们对她这种像传教士一样的热心并不理解，

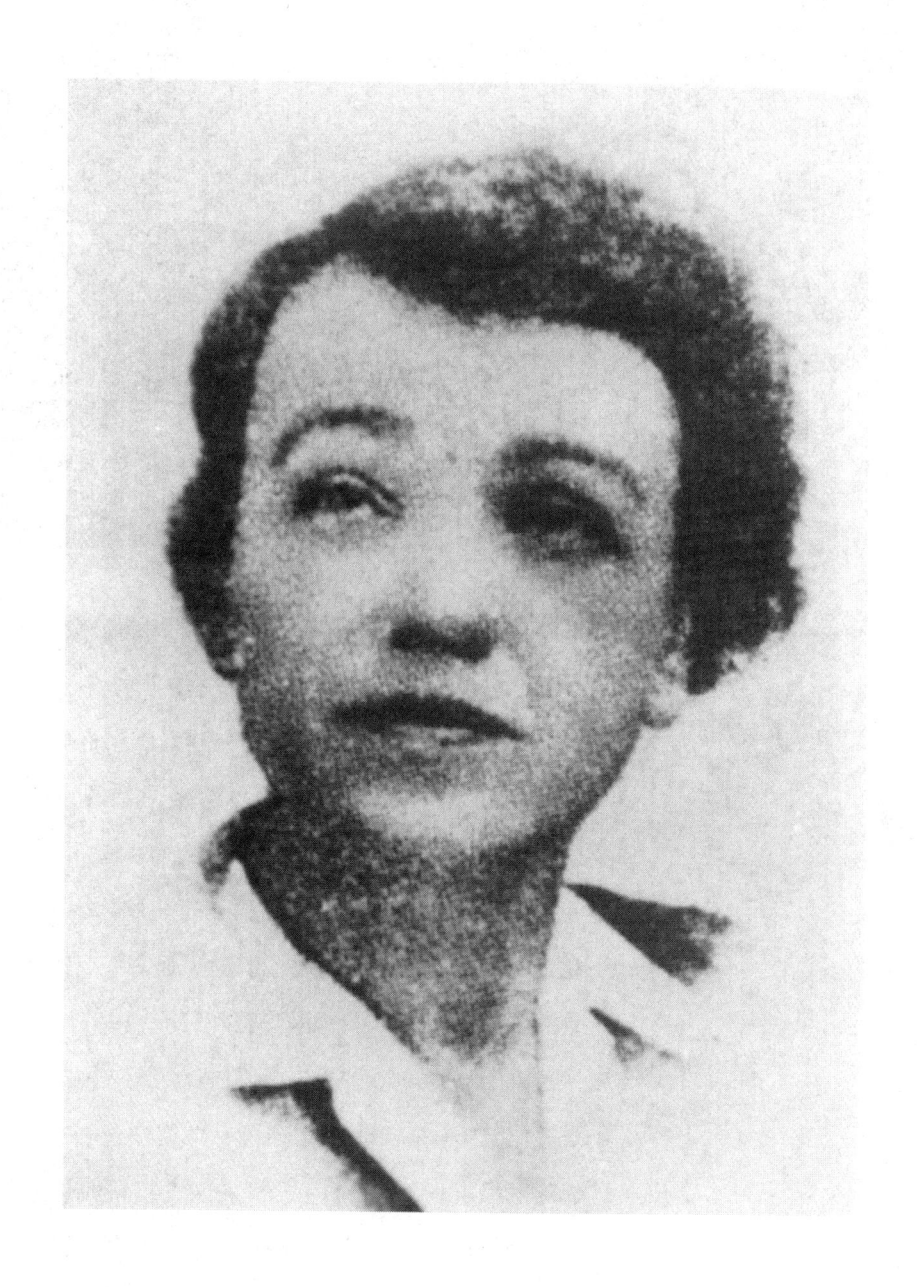

史沫特莱

海伦·斯诺（右一）与史沫特莱（右二）

只觉得好笑。后来，连毛泽东也要了一只捕鼠器，共产党的其他有名望的党员都学毛泽东的样子。"

在延安期间，史沫特莱精力充沛地做了许多工作：她继续写文章；为延安的鲁迅图书馆筹建外文部；她还说服人们种花种菜，改善生活和环境；她征得毛泽东同意后，秘密向上海的外国编辑和记者发出邀请函，力劝他们访问延安。在史沫特莱的鼓励下，很快就有两名美国记者于1937年仲夏穿过国民党的封锁线来访，他们是《纽约先驱报》的记者维克多·基恩和合众国际社的厄尔·利夫。他们对毛泽东的"献身精神""令人愉快的不拘礼节"和苏区良好的社会风尚印象深刻。同年6月，又有美国《亚洲》杂志的4位记者克服种种困难来延安访问，同样受到热情的接待。事后，史沫特莱说，这些"访问红军归来的新闻工作者，没有一个不认为他们所接触的是现代人，是和他们非常相似的人。他们非常喜欢毛泽东"。史沫特莱勤奋地工作，受到共产党人的好评，都说她工作起来像一团火。毛泽东一次与丁玲谈到史沫特莱，要丁玲学习她那种执着、突进的精神。

1937年8月，在党中央的支持下，丁玲联合抗大四大队30多位学员，组建十八集团军"西北战地服务团"，开赴西北前线做战地服务工作。史沫特莱闻讯后，直接找到丁玲，坚决要求加入服务团，和中国同志一起上前线。中央看她态度坚定，只好同意了她的请求。对此，《新中华报》1937年8月19日做了报道，标题是《作家丁玲、史沫特莱等组织西北战地服务团出发前线》，内称：他们联合男女青年30余人，组成西北战地服务团，日内出发前线。团内分通讯股、宣传股，向民众宣传救亡抗日，对军队鼓舞士气。8月15日晚，在边区政府礼堂举行欢送服务团出发晚会，毛泽东等中央领导人出席晚会。毛泽东首先致欢送词，他说，西北战地服务团成立是一件大事。你们随军出发前方，用笔和口打日本，军队是用枪打日本。这样，文武两方面夹攻日本帝国主义，就一定能够打败日寇。丁玲致答谢词，表达抗战到底的决心。晚会11时许闭幕。会后，西北战地服务团并未立即出发，而是留在延安做紧张的人员集中、组织建设、理论培训和节目准备工作，待机出发。

但是，9月22日西北战地服务团正式出发时，史沫特莱却因坠马受伤未能随队出征。在毛泽东的关怀下，于9月间转西安治疗。在西安八路军办事处，她参加了服务团的节目排练。后来在山西前线，史沫特莱不仅紧张地写战地消息，而且亲自参加救护伤员工作，抬伤员，做安抚，忙个不停。八路军战士都夸她是"好样的"，向她敬礼表示感谢。

## 推广交谊舞的"胜利"

史沫特莱怀着友好感情到延安后，不把自己当"外人"，言谈行动都很率真。特别是把西方文化交际舞引进延安，表现了她那棱角鲜明的、执着的个性。经历了一场艰苦的"斗争"，最终取得了"胜利"。

初春，她和翻译吴莉莉（吴光伟）就脱去棉衣，穿上鲜艳的羊毛衫和裙子。在"满眼都是灰衣服"的延安，人们对她们的穿着议论纷纷，认为是奇装异服的"另类"，是资产阶级作风。对此，史沫特莱不为所动，她对吴莉莉说："我们向共产党人的清教徒思想进攻，让他们打破这种严峻、枯燥、死板的生活，唤起更大的热情，进行更大的斗争！"此后，她们不仅不收敛，反而穿得更鲜艳，到处走动，颇具"挑战性"。吴莉莉依然是烫着发，涂口红。慢慢地人们就见怪不怪了，史沫特莱取得第一个"胜利"。

此后，毛泽东与史沫特莱互有走访。一天，史沫特莱请毛泽东去闲谈。毛对吴莉莉说："吴小姐穿上这身衣服，显得更加潇洒漂亮了！"吴说："这身衣服可招来许多人的指责和议论，说我是资产阶级小姐作风。"毛笑着说："这身衣服还引起这么大的议论，不简单啊！"史沫特莱接上去说："你还笑啊？我看你领导的那些机关干部，都是些清教徒；红军是些斯巴达克（古罗马领导奴隶起义的英雄，英勇战死）式的军队，应该好好改造。"稍停，她又说："我教你们一些新的生活方式，改变现在清教徒式的生活。特别是你，应该学外语，了解外国生活，还应该学会跳舞。"

毛泽东听了这一通"教训"，不慌不忙地说："学外语我愿意，但学跳交际舞，我不喜欢。"史沫特莱摇头笑道："主席你可真是一个清教徒主义者，交谊舞都不喜欢，那你将来取得全国政权后，出国访问怎么办？"毛泽东不以为然地说："到那时，我也不出国访问，我这个人一生都不准备出国去。而且，鄙人也不同意你刚才所说我们是清教徒主义、红军是斯巴达克式军队……"接着，毛泽东就中国共产党和红军的性质、任务向她做了一番说明。

为缓解气氛，毛泽东又把话题转到吴莉莉的衣着上，说："吴小姐穿这身服装，对延安也是个改造。你们要大胆地进行改造，把外面来的'洋包子'和延安的'土包子'结合起来，我们的队伍就会更有生气，革命就会早日取得胜利。"史沫特莱合掌赞道："说得正是！"毛泽东被这个"老外"的中国式礼节逗笑了。史沫特莱和吴莉莉，招待毛泽东在她们住的窑洞吃了晚饭。

饭后，史沫特莱抓住有利时机，打开收音机，放上一张《西波涅》舞曲，窑洞中立刻响起悦耳的音乐声，她说："主席，跳舞吧，放松放松，这是最好的休息。"毛泽东仍然摆手说："我不会，也不喜欢跳舞。"史、吴二人就示范性地跳起来。两圈后，史沫特莱走到毛泽东面前，毕恭毕敬地深鞠一躬，说："主席，我教你跳舞！"盛情难却，毛泽东只好站起来，平生第一次学跳西洋交际舞。从握手搭肩，到出脚收脚，两女士教得一丝不苟，可着实把毛泽东累得够呛，出了一身汗。休息片刻再跳，时间不长，毛泽东找到了感觉，身体有了律动，觉得这种活动方式挺有趣，的确是一种放松精神、换脑子的运动休息好方式。毛泽东学跳舞了，两位舞师极尽赞美之词，三人都很愉快。史沫特莱成为第一个教共产党人跳交际舞、并把这种西方舞蹈文化播种在延安的人。

之后，史沫特莱又去教朱德等领导人跳舞，连连告捷。她开心地说："我也许会得一个'败坏军风'的恶名，但交际舞在延安兴起来了，这是我的一个胜利！"

毛泽东对交际舞的接纳和实践，透示出一种思想观念上的开放性，对于交际舞在延安的生根拓展具有决定性意义。此前，延安每逢周末、节日或庆典举办的晚会，都是唱歌、演戏，后来增加了跳舞这种形式，业余活动内容的确丰富了。

史沫特莱是一个聪明而执着的人。她为巩固和扩大已取得的"战果"，精心策划了延安史上第一场舞会。那晚，两盏高悬的汽灯"呼呼"作响，把舞场照得雪亮。一个由来延安不久的30来个知识青年临时组成的乐队，在舞台上摆开大阵势。来人很多，有跳舞的，也有看新鲜的，盛况空前。

不一会，贺龙、徐海东、左权高兴地来了，萧克、罗炳辉、林彪笑着来了。彭德怀也满面春风走进来。当毛泽东、周恩来、朱德出现在剧场门口时，乐队奏起《义勇军进行曲》，同来的还有张闻天、博古、凯丰等领导人。接着，海伦(斯诺夫人)和几个在延安访问的外国客人也到场。最后来的是邓颖超、康克清、蔡畅等。大家说着笑着。毛泽东高兴地对史沫特莱说:"史沫特莱小姐,你真不简单,把咱们的彭大将军也请来跳交际舞了!"彭德怀连忙摆手说:"主席,我不是来跳舞的,是来看热闹的。"

乐队奏起轻快的舞曲。史沫特莱和朱德跳,吴莉莉和毛泽东跳,海伦和周恩来跳,贺龙等人也都有舞伴。只有彭德怀不肯跳。在毛泽东和朱德号召下,跳舞的人越来越多。毛泽东和大家跳了一场又一场,一直跳了3个小时,十分开心。这次舞会在延安产生了轰动效应。

史沫特莱主动担任红军将领们的舞蹈教师,教他们接受交际舞这一西方文化,活跃和丰富业余文化生活。对此,史沫特莱在《中国的战歌》一书中有一段十分有趣的记述:

"在延安一次高级军事将领会议期间,我曾试图教他们中间一些人跳舞。他们的反应富有启示意味。朱德是个希望能学会世界上一切事情的人,从不让自尊心妨碍他做这种努力,他配合我做出了最初的示范。跟上来的是周恩来,但是他像是个研究数学问题的学者。彭德怀宁愿作壁上观,不愿挪动一下腿,他是和革命结了婚的。贺龙简直是节奏的化身,好像不在那活动的砖块铺砌的场地上从这一头跳到另一头,就无法控制住他自己。我在延安妇女界博得了一种很坏的名声,她们认为我在败坏红军的风气。这种名声变得坏到使我有一次拒绝再给朱德上舞蹈课。他却反驳我道:'我反封建反了整整一生,现在也不打算罢休!'于是我站起来,以民主的名义又教了他一次舞蹈课。"

## 绵绵中国情

史沫特莱在延安的另一项主要活动是采访朱德,准备为朱德写一部传记。她认为,中国人十个中有八个是农民,而朱德是农民的代表,写出了朱德,也就是写出了中国的农民。

"七七事变"爆发后，史沫特莱征求毛泽东的意见：留在延安继续写朱德的传记与上前线去写战争，哪一件事更重要？毛泽东告诉她："这次战争比过去的历史更为重要。"史沫特莱接受了毛泽东的意见，1937年9月初，她带着伤病离开延安，随西北战地服务团前往抗日前线采访去了。

此后，史沫特莱不顾个人安危，跟随八路军、新四军转战华北、华中和华东，写了许多著名的战地通讯和报告文学，比较真实地介绍了中国的抗战情况。其中，1943年出版的《中国在反击》一书，被誉为第二次世界大战中优秀的报告文学著作。

1941年9月，史沫特莱因病回美国治疗，受到美国政府的迫害。在处境异常困难的情况下，她仍致力于介绍中国革命，从事关于朱德一生的《伟大的道路——朱德的生涯和时代》一书的写作。1944年8月14日，朱德给史沫特莱写信说："在敌后，在美国人中间，我们常常谈起你。现在有个机会，我写信向你问好，并且告诉你，如有可能我们希望你能到中国来，同我们多住一些时候。"表达了深切的关怀之意。但考虑到史沫特莱在美国的处境，语言是极为委婉、含蓄的。1948年，在纽约举办了一场"中国如何统一"的自由辩论会，有1500人参加。收听现场直播的听众大约有500万到1000万人。对垒的甲方是支持国民党的中国作家林语堂等，乙方是支持中共的美国记者史沫特莱等，双方唇枪舌剑地辩论了3个小时。结果，史沫特莱以无可辩驳的见闻和事实，论证了只有按照中共的方针去做，中国才能实现真正的统一和独立。绵绵中国情，永远系心中。1949年，史沫特莱被迫流亡英国。

新中国成立的消息传遍世界，史沫特莱极为高兴，她决定取道欧洲来新中国访问。她从1929年起，曾在中国生活了12年，有着深厚的感情。但当她在伦敦逗留期间，不幸因病于1950年5月6日去世。她在遗嘱中说，将遗物全部赠送给她无限崇敬的朱德，并将骨灰运往中国安葬。5月12日，中国文联发出唁电，茅盾、丁玲、萧三等著名作家发表纪念史沫特莱的文章。

1951年2月12日，史沫特莱的骨灰运抵北京。5月6日，史沫特莱逝世一周年的时候，北京举行了隆重的追悼大会。会后举行骨灰安葬仪式，遵照她生前的遗嘱，把她的骨灰安葬在北京八宝山革命烈士公墓。竖立在墓前的一块大理石墓碑上，镌刻着朱德书写的题词"中国人民之友美国革命作家史沫特莱女士之墓"。她的遗著、遗稿、遗物在北京公开展出，以纪念这位在中国人民的斗争处于最艰苦阶段时，与中国人民并肩战斗的伟大朋友——史沫特莱！

## 海伦·斯诺：踏着丈夫的足迹前行

在斯诺离开陕北和史沫特莱进入苏区不久，1937年5月，又一位美国记者来到延安采访，她就是埃德加·斯诺的夫人海伦·福斯特·斯诺。她比斯诺更幸运，在延安4个月的采访中，访问了许多斯诺未曾访问过的军政要人，获得大量"独家新闻"，写出名扬天下的新闻报道，不仅表达了她对中国革命的强烈同情和支持，同时也使世界人民正确了解了根据地，进而改善了党的生存发展的政治环境。这是党的对外开放方针的又一重大胜利。

### 被感动，决心访延安

美国著名女记者、作家海伦·福斯特·斯诺，笔名尼姆·韦尔斯。这个笔名是丈夫斯诺为她起的，她很喜欢，使用终生。1907年9月，海伦出生于美国犹他州一个律师家庭。她从记事的时候起，就一直渴望成为一名"大作家"。1931年8月，她从犹他州大学毕业并通过文职人员考试。当月她就来到中国，担任美国驻上海总领事馆的书记员和总领事的私人秘书，同时兼任斯克里普斯－菲尔德报业联合会的通讯员。海伦在上海认识了斯诺，他们1932年年底结婚后定居北平。在北平期间，海伦是《密勒氏评论报》驻北平的记者。1934年至1935年，海伦在燕京大学学习哲学。此间，她同斯诺一起编译过当代中国文学作品，参加并报道了"一二·九"运动。1937年，英文月刊《民主》在北平创刊，海伦任主编。该月刊大声疾呼：停止内战，团结起来，抵抗日本帝国主义的入侵。5月，她继丈夫斯诺之后冒险去延安访问。1937年年底，海伦夫妇到上海，联合新西兰友人路易·艾黎等，发起并开展"工合运动"（即"中

海伦·福斯特·斯诺(1907—1997)

国工业合作社运动"），所生产的工业品有一部分运到解放区。1938年年底，因日寇侵占中国，他们转移到菲律宾。1939年回到美国，在康涅狄格州的麦迪逊小镇，用斯诺《西行漫记》的稿费买了一处农舍木屋，定居下来。1949年海伦与斯诺离婚后，仍独居小屋著书，介绍中国革命的真实情况。1950年后，海伦失去出国访问的自由。

海伦是个很有头脑和远见的女性。她同情中国革命，是斯诺西北之行的最积极的支持者。当斯诺有些犹豫的时候，她对丈夫说："这样做是非常正确的，无论付出什么代价，你必须去（陕北）"，"如果我能去，我会同你一起去的"。

斯诺从西北返回北平后，海伦全力以赴投入斯诺采访资料的整理工作。她回忆说："在编写埃德（埃德加·斯诺）的材料的那些日子里，我们是多么忙碌，又是多么幸福啊！当我从埃德那里把他拍的照片取回来时我们又是多么激动啊！不到半小时，我就认识了相片中的每一张脸，并能叫出他们的名字。我坐下来，依据埃德七零八碎的笔记，给每张照片都写下了颇长的传记式的说明。我把埃德带回来的绝大多数材料整理成文，埃德把《毛泽东自传》的手稿作为礼物送给我。"

海伦在整理这些材料时，就材料的取舍问题时常与斯诺发生一些争论。她写道："埃德叫我删节毛的生平事迹，然后把摘要糅合到他的书中去。他说他反正打算要把这个生平的一些部分用他自己的语言改写。我吓坏了。这是经典，是无价之宝啊！我抗议道。这个生平将成为埃德要写的那本书的核心和精髓。它叙述毛的全部经历，形式完美。我主张埃德不应该动它，而应一字不漏地引用毛讲的话。噢，这就如乔治·华盛顿在福奇谷讲述革命经历一样……不管怎样，我还是坐下来一字不差地把别人讲给埃德听而由他记下的笔记，包括名单和其他一切全部撰写一遍。虽然这也许会使读者感到枯燥，但这却是一部共产主义运动的内部历史。"

海伦与斯诺就是否要把毛泽东的整个生平事迹都包括到书里的问题，有许多争论。她强烈地坚持应保持生平故事的完整性。第二年4月海伦独自去延安访问时，仍心怀不安，唯恐在她离去后斯诺会把它的大部分删掉。海伦认为，这样删减压缩的结果，会使这本书失去宽广的销路；另一方面，也会使这本书在以后失去其永恒的价值。这是多么富有远见啊！后来当她从延安返回北平后，关心的第一个问题就是关于毛泽东生平材料的处理问题。还好，斯诺发表的几乎是毛泽东生平的全部，只是删掉了一些人名。

斯诺的名著《红星照耀中国》一书，浸透着海伦的心血。海伦不仅为该书提供了许多原始材料和10多幅照片，并且在资料的整理、打印，以及全书情节的安排、材料的取舍等方面做了大量工作，提出了不少有价值的建议。因此，斯诺曾这样对海伦说，"我要把咱们两个人的名字都放进所有我写的书上"，"我是作者，而你贡献了内容，你历来是这样的"。

正是在对斯诺采访材料整理的过程中，海伦萌生了去陕北访问的念头。因为斯诺访问陕北时，朱德、刘伯承和红二方面军、红四方面军尚在长征途中，未能采访到他们的事迹。斯诺和海伦都认为，这是一个很大的缺陷，应该由海伦亲赴延安，继《西行漫记》之后再写些红军和根据地的报道，进一步理清共产党的政策，取得更多的独家新闻。正如海伦所说："当我读着这些事迹时，我意识到我必须不惜一切代价去做一次和埃德一样的旅行，把其他一些传记材料收集来。"

## 心激动，踏上访问路

海伦受斯诺采访材料的鼓舞，心中燃烧着一团火，决定马上启程访问陕北。于是，有了第一次出访陕北的行动，但未达目的。这件事许多读者可能不知道。

那是1936年夏天，正在延安访问的斯诺给妻子写了一封信，通过地下党的信使王林送到北平海伦的寓所，亲手交给她。此信为她描述了另一个光明、诱人的世界，海伦看后很激动，当即决定随王林去西北，和丈夫一起采访。但好事多磨，安全、接头问题一直未能接洽好。拖到下半年，海伦才跟随王林到达西安。在那里等了半个月,张学良处的中共联络员刘鼎一直找不到帮助海伦安全赴延安的合适机会,交通工具和安全都是问题。同时,延安方面和刘鼎都担心,海伦去延安可能会影响斯诺平安返回。另外,担心与国民党联系此事会影响协商中的国共两党合作关系的大局,所以就劝海伦返回北平。此次延安之行的目的虽然未能实现,但海伦利用在西安待机的时间,采访了张学良。张说:停止内战,与红军合作抗日,的确为当务之急。海伦凭她记者的敏感,立即对外报道了这一重要消息。这使得海伦成为第一个把国共即将实行第二次合作的消息传播于世界的人。

初访苏区未果,海伦不甘心。1937年初,海伦从北平俞启威(即黄敬,时任中共北平市委宣传部部长)处得知,5月初,将在延安召开一次有各地共产党代表参加的重要会议。她喜出望外,认为这是一个难得的采访良机,必须抓住!4月2日,海伦决定第二次出访延安。她怀着无比激动的心情,紧张地做着出访的准备,邀请好友清华大学学生王福时做翻译,并以记者身份陪同自己前往。4月21日,他们乘坐的火车从北平徐徐开出,同行的还有俞启威等人。经郑州到达西安时,接头人陈翰伯已经在那里等候了。

当时,西安已处于胡宗南控制之下,外国记者由西安进入苏区受到严格的禁止。海伦一到西安,就受到了西安警察局派出的4位密探的"保护",并命令她返回北平。她设法与驻西安的红军办事处取得了联系。由于当时中共正与国民党就合作问题进行谈判,不愿在一些小事上同国民党当局发生争执,所以对海伦请求赴苏区之事,办事处不敢贸然答应。他们向延安发电,请示如何处置此事。当毛泽东得知这位要求赴延安采访的美国记者就是斯诺的夫人时,立即复电表示欢迎海伦来访。红军驻西安办事处将接头人的姓名和地址告知她,要她设法前往三原。

海伦离开西安并非易事。她机智地摆脱了监视密探,并在一个叫肯普顿·菲奇的美国青年的帮助下逃出城,于4月30日到达三原。红军送她到云阳彭德怀总部,与王福时、陈翰伯会合,并受到热情接待。在这里,海伦邂逅了丁玲、李伯钊等文艺界人士,于5月5日下午到达延安。她刚一下车,就见到来自北平的好朋友黄华。此时她29岁。

## 怀敬仰,采访毛泽东

海伦到达延安时,适值1937年5月2日至14日的苏区党代表会议召开,毛泽东、周恩来、朱德、张闻天等领导人先后会见了她。利用这个难得的机会,她采访了65位军政高级干部,询问了上千个问题,收集了34个人简短的自传和大量的资料。在此期间,毛泽东和她有过多次会见、交谈。

5月6日,即海伦到达延安的第二天早上,毛泽东和朱德对她进行了礼节性拜访。毛泽东与她握手时说:"我是毛泽东,欢迎你到延安来!"海伦说:"我早就从照片上认识你了。我从西安逃出来时,就带了你的照片和口红这两样东西。"她随手从手袋里取出笔记本里夹着的毛泽东戴八角帽的照片,递给毛泽东。毛泽东接过照片端详着,自言自语地说:"没有想到,我看起来还挺精神咧!"海伦又说:"这是我丈夫在保安为你照的,它是我见你的最好的介绍信。你这张照片拍得真好,我丈夫说,这是他的得意之作。它在报刊上一发表,就吓坏了蒋介石,轰动全世界。"毛泽东见她是一个热情而爽快的人,高兴地说:"哦,没想到我的照片会有这么大的威力。斯诺先生让世人看到我们共产党人和红军并不是红毛绿眼睛、杀人放火的'土匪',我们感谢他!"接着,毛泽东又问:"斯诺先生近来好吗?"又引出海伦一大段话。她说:"我丈夫一回到北京,我就立即把你的自传打印出来。这是一个巨大的经典著作,它将影响每一个阅读的人。于是,我不惜一切代价来访问你的地区,我丈夫让我在你这里获得最后一章。"说完,王福时趁机呈上一本他参与编辑的、斯诺同意的《外国记者西北印象记》。毛泽东接过来,翻了几页,以他习惯的方式微笑着。他的眼睛停留在书中收录的《七律·长征》这首诗的页面,看了一会儿。

这是毛泽东诗词中第一首变成铅字的诗，他心里自然高兴。之后，海伦又对朱德说："去年我丈夫在保安时，你还在长征途中，他未见到你，甚为遗憾，我要采访你的传奇故事。"几天后，朱德领着几位指挥员，看望海伦。她感到很温暖。

5月15日，毛泽东在凤凰山麓的住处，第一次正式接见海伦。陪同接见的有黄华、俞启威、陈翰伯、王福时等。毛泽东同海伦等进行了亲切交谈，回答了她提出的关于国共合作、阶级斗争、争取民主、准备抗战等问题。毛泽东说，国共谈判仍在进行，最主要的是两党的政治纲领，这是两党合作的基础。纲领的原则在于实现民族、民主及民生的任务。在抗日战争中阶级斗争问题应有适当的解决。我们在谈判中的共同纲领里提出，给工农以集会、结社、言论的自由，给他们普遍的选举权；对工人必须改良待遇、改善劳动条件；对农民应减租减税，关于土地问题应以立法及其他适当手段解决。民主制度是对日抗战胜利的必要条件，非它不可。民主政治的实现，依靠民主运动，没有广大人民的要求与推动民主运动，则民主政治运动不会实现。全国各界各党各派，应该团结起来，为争取民主权利而斗争。这次谈话的记录，后来经王福时整理，以《抗日民主与北方青年》为题，发表在巴黎的《救国时报》上。

关于这次访问，海伦回忆说，1937年"夏天，我和毛建立了一种极特殊的关系，虽然还不像一年前埃德所建立的那样亲近。我给他送了一个提问的长单子，做了几次访问。他对我提的问题有很大的兴趣，许多是请求解释看起来互相矛盾的问题。他带着听得见的微笑说：'你看，在中国有些事是很奇怪的。'""他有时在椅子上转动着询问我：'你的意见是什么？'这使我不安。后来我懂得他真的是要知道像我这样的外国人是怎样想的。"7月4日，是美国国庆日，毛泽东利用这一天第二次会见海伦，接受她关于"中国革命性质"的采访，以表示友好。海伦明白毛泽东的善意，很感激。

8月13日，毛泽东第三次会见海伦，给了她一份中共中央提出的《抗日救国十大纲领》草案。这个"草案"，是为即将召开的洛川会议准备的文件。毛泽东对它逐条做了说明后说：如果有国民党政府合作，这个十大纲领就能实现，我们就能打倒日本帝国主义。他希望海伦把这个纲领介绍给全国人民和世界各国。海伦认真听着，快速地做着笔记，插话和提问不多。在访问结束时，毛泽东站起来，握拳重重地敲击着桌子，脸色因激动变得红了起来，眼里闪烁着光亮，说："如果我们的十点主张能得到南京政府的合作，承认这十点，我们就可以打倒日本帝国主义；否则，中国就要灭亡！"他愤怒地重复了最后一句话。

8月，毛泽东在抗大第一次公开讲"矛盾论"，并同意非马克思主义者的海伦去听听。后来毛泽东告诉她：通过形式逻辑你不能懂得中国的革命，只能用"矛盾论"。海伦说："虽然我不喜欢这个术语，但我准备接受这个观点。他要把古老的西方马克思主义者的标签，贴在完全不同的中国内容上。""他知道我曾经学过黑格尔，但没有真正的解释，我是不能接受马克思主义的简单化的。他是愿意为我澄清事情的。他欣赏智力的挑战，并且同意和我一起写一本关于中国革命的小册子。这将是怎样的独家新闻啊！"

8月19日，海伦第四次会见毛泽东。她曾提出要去山西前线随军采访，以便报道战地军民的抗战消息，毛泽东同意了她的要求。这次会见，主要是来取到前方的介绍信。接近黄昏时，海伦来到凤凰山下，毛泽东正在吃饭。他一见到海伦就直截了当地说："我给你写一封证明信，给前方的邓小平。"他放下碗筷走到桌前，用毛笔在一张毛边纸上给八路军总政治部主任任弼时和副主任邓小平写信。海伦高兴地将信收起来，放入手包内。信的内容当时人们并不知道。20世纪80年代，海伦在她出版的《一个女记者的传奇》中公布了这封信的全文：

弼时、小平同志：

斯诺夫人随部队一起赴前方，作为战地记者，向外写报道。请在工作、生活诸方面予以协助和关照。

致礼!

毛泽东

1937年8月19日

毛泽东对海伦说:你到前方去的其他具体问题,找肖劲光解决。毛泽东送她到院门口。

第二天,海伦持信去找八路军后方留守处主任肖劲光,解决到前方的具体问题,谈得很顺利。肖劲光派最好的警卫员随同照顾她,还调了一匹温顺矮个的马让她骑,两头骡子用来驮行李。一切准备就绪,只等出发。

7月29日,日军攻占北平。海伦对丈夫及那么多珍贵的书稿的安全十分担心,托可靠人提前将她在延安采访的14本笔记和20多卷胶卷带回北平。之后她又采访记录了13本。

正当海伦准备启程赴山西前线时,9月6日晨,海伦收到斯诺的电报,催促她立即返回,并说否则就难以返回了。9月7日,延安有一批干部去西安,海伦随队离开延安,同行的有董必武、萧克和坠马受伤到西安治疗的史沫特莱等。行前,海伦向毛泽东辞别。毛泽东对她说:"欢迎你和斯诺先生任何时间再次来延安访问。"但是,海伦赶到云阳八路军总部时,邓小平和刘伯承的部队天亮前已经开往前线,她的访问计划搁浅。

在毛泽东同海伦交往中,也许她的"斯诺夫人"身份起了一定作用,但绝不能低估这位意志坚强的美国女性。其实,在向世界介绍、宣传毛泽东和中国革命方面,海伦的贡献是可以同斯诺媲美的。她对毛泽东的认知和判断,显示出超人的智慧和思想家的远见。她说:"毛泽东从来不是教条主义者……他顺应历史,又走在历史的前头。毛泽东从当时中国的实际情况出发,制定国共合作抗日的政策和策略,不计前嫌,做出妥协让步,是为挽救国家民族危亡的真心诚意之举。显而易见,毛泽东是一位民族英雄。"

1937年5月，海伦·福斯特·斯诺在延安采访红十五军团军团长徐海东

## 广采访，接触众英雄

在延安，海伦还访问了其他军政领导人，并在她后来的著作中做了生动的描写。

6月下旬，海伦访问了刚从庐山与蒋介石谈判返回延安的周恩来，两人进行过多次交谈。她认为周恩来是天生的外交家，修养过人，更加老练。他实际上是"军师"，宽宏、慷慨、文明、坦率，令人着迷。

关于朱德，海伦的印象是他很慈祥和善，说话安静，尤其是他为人谦虚，无疑是个感情丰富、宽宏大量的人，是一个真正的人道主义者。他的嘴巴老是带着忧伤、严肃的表情，可是一笑起来，满脸笑容，令人陶醉。他的动作并不粗鲁，而是温文尔雅，缓慢从容。他喜欢运动，尤其是打篮球、看田径赛，同时也很好学。打仗时，他总是在前线指挥，但没有受过伤。他的绰号叫"伙夫头"，因为他像个普通战士。他讲话朴实无华，战士们都能听得懂。他对进入延安的外国人都很友善，我们都喜欢和敬重他。与其说他是有权威的指挥官，不如说他是一个受群众爱戴的领袖。海伦认为毛、朱、周三人是一个整体，不可分割，又各有特点，相辅相成。她形象地比喻三个人：毛泽东是头脑、理论家，朱德是心脏和军队，而周恩来则是执行的左右手。他们成为中国人民的革命领袖，都是用优质材料制成的。

关于张闻天，海伦说，张对中国革命的历史很有研究，还写过一本这方面的书，所以专门与海伦谈了革命的历史阶段问题。他的分析极有价值，阐述了中共在长期斗争中遵循的指导方针。他早年留学美国，能用英语交谈，胸怀坦白，为人正直，看问题客观而开明。她还说，张闻天作风民主，会上允许不同意见的争论，保护少数，尊重不同意见，最后总是按民主集中制原则决策。

海伦访问了边区政府临时主席董必武，请他谈谈边区的民主选举是怎样运作的。董说，在边区，人人都有选举权。程序是自下而上，选民直接选出村代表。村代表选出区代表，区代表选出县代表，最后选出边区领导人。

海伦对于廖承志的印象是，他思维敏捷，讲话风趣幽默，妙语连珠。他多才多艺，能说一口漂亮的英语，还会讲德、法、俄等语言。他能演戏，会导演，能写能画，跳舞唱歌，打球演说，样样精通。他很谦逊，对人友好。这一切，给海伦留下极其美好的印象。

在海伦采访的军事指挥员中，她最赞赏的是23岁的将军萧克，说他毫不拘谨，畅所欲言。他指挥的红六军团是一支快速机动的部队。她说，徐向前是一个知识分子型的将军，懂英语，负过3次伤。他只谈红军，不愿意讲个人经历。关于贺龙，海伦说他是红军中最有魅力、最难以捉摸的一个。他率领的部队，常常是神出鬼没，像一阵风刮过。关于他的传奇故事很多。

海伦从延安到达西安八路军办事处时，巧遇邓颖超。晚上，她们同室而居，彻夜愉快长谈。邓颖超觉得这是与朋友谈心，海伦认为这是难得的采访机遇。邓颖超对她谈了自己的革命经历，使她获得巨大收获。海伦在文章中写道：邓颖超待人接物很有大姐风度。她有敏锐的政治头脑，能够客观地表达自己的想法，举止文雅，很机智，平易近人。她外貌朴实，不摆架子，是中国典型的有教养的中产阶级妇女。

另外，海伦还对中共中央宣传部副部长吴江平以及关向应等进行了采访，并有精彩的描述。她在4个月的采访中，还拍摄了300多张珍贵照片，获得大丰收。

## 永怀念，悠悠中国情

海伦离开延安后，写了许多新闻报道和著作，热情介绍中国红军和革命根据地的情况。她的《红色中国内幕》（1938年9月在美国出版），被称为是《西行漫记》的姐妹篇，所以，中译本名为《续西行漫记》。她在该书序言中写道：

"中国的劳动阶级是没有匹敌的。他们比任何种族的人们,在生活上所求取的少,而所贡献的多。他们的手和脑是多么灵敏,他们耐苦和不断斗争的能力是多么强!"此外,海伦还写了《中国共产党人》《中国工运》等。特别难能可贵的是,她在《续西行漫记》中,以"中国革命的半边天"来称颂参加长征的30位女红军。

1945年海伦与斯诺开始分居。1949年5月17日,由于他们分多聚少和各自独立又互不相让的性格,导致离婚。9天后,斯诺与他早就认识的纽约百老汇年轻美貌的演员洛伊斯·惠勒结婚。洛伊斯曾读过斯诺的《西行漫记》,对他崇拜有加,在一次聚会上对他一见钟情。

海伦同斯诺离婚后,一直居住在美国。麦卡锡主义时期,海伦的书在美国难以出版,但她仍然在生活极其贫困的条件下,写出了17部书稿,其中多数是与中国有关的。当她的一位中国朋友问她:你的这些书稿都不能出版,你还要写下去吗?海伦坚定地回答:"当然写下去,一直写到最后一息!我不是为出版商写的,而是为后世写的。"

1971年,联合国恢复了中华人民共和国的合法席位,中美关系渐趋缓和。1972年11月至1973年1月,海伦应邀访问中国,回到她阔别32年的"第二故乡",她说:"我是北京人,海淀区的!"12月9日,海伦专程到她的母校燕京大学旧址参观访问。12月14日上午,朱德委员长在人民大会堂接见海伦。她去毛泽东的故乡韶山访问后,写成《重返中国》《毛泽东的故乡》。海伦特别想见毛泽东,但未找到合适时间。她离京南下前给毛泽东写了一封致敬信,并赠送一本《续西行漫记》。毛泽东见信后,给海伦写了一封感谢信,派人急送长沙给她:

尼姆·韦尔斯女士:

你的信及《续西行漫记》都收到,信写得很好,书也早看。很感谢你。祝你归途中一路顺风。如果你愿意的话,欢迎你以后再来中国访问。

祝你新年快乐！

毛泽东

一九七三年一月三日

1974年秋，海伦率领电视摄影小组再次访华，历经40多天的时间，重访了北京、西安、志丹（即保安）和其他几个城市，拍摄了她和斯诺30年代生活和工作过的地方的场景。朱德、邓颖超、康克清等会见了她，重叙友谊，感谢她对中国人民革命事业的支持。邓颖超对她说："你想去什么地方访问就去什么地方，想待多久就待多久。我们对老朋友是有求必应。"

10月3日，她拜访了宋庆龄，感谢这位1932年在上海关照她与斯诺，并协助斯诺到陕北访问的伟大老人。拜访中海伦提及，当年她与斯诺结婚时，宋庆龄送给他们一把美国制造的咖啡壶作为结婚礼物。由于这种深厚友谊，1981年宋庆龄逝世后的治丧委员会名单上，列有海伦的名字。

上世纪80年代初，海伦两次被提名为诺贝尔和平奖候选人。1991年9月20日中华基金会授予她第一个"理解与友谊国际文学奖"。晚年，85岁的海伦一直生活在她的丛林小木屋里，过着孤独、清苦的生活。老人没有子女，每周护士来一次。她患有严重的心脏病，床头放着氧气瓶。平时无人照顾，仅靠每月300多美元的社会救济金度日，但仍写作不辍。她唯一的希望是她千辛万苦采访、满怀激情写成的50多部书稿能够出版，但只有10部书面世。她说："我的书稿都是珍贵的、有益的，但又是无利可图的。"这些书包括《现代中国妇女》《一个美国人在中国的经历》《太阳的东部与月亮的西部》《在中国屏幕上》《在毛泽东的故乡——我的湖南之旅》《延安采访录》《中美特别关系》等。1997年1月11日，海伦在丛林小木屋睡梦中平静去世，享年90岁。她当晚说的最后一句话是："我已经一天不如一天了，可我的心回到了中国！"

海伦是一位伟大的作家，正直而坚强的女性，对中国人民的革命事业怀有极大的同情和支持。她撰写的关于中国革命的著作，将永垂青史。中国人民永远怀念她！

# 白求恩：不远万里来中国

延安时期党实行对外开放方针后，根据地军民英勇抗日的真实情况逐渐被外界所了解，并获得道义上的同情和物质上的援助。1937年6月24日，毛泽东致信美国共产党总书记白劳德说："从一些美国朋友和其他方面，我们听说美国共产党和美国人民大众是深切关心着中国的反日斗争而曾多方援助我们。这使我们感觉到，我们的斗争绝不是孤立的，我们从国外得到英勇的援助。"我党实行开放方针，不断加强与西方各国共产党的联系，最终促成了加拿大共产党员白求恩率医疗队援华。经过我党的精心安排，他辗转到延安访问，后来到晋察冀根据地工作两年。白求恩在中国忘我的工作精神、精湛的医术、精益求精的工作态度和牺牲精神，永远是中共党员和全国人民学习的楷模。

## 接受邀请来中国

1890年3月3日，亨利·诺尔曼·白求恩出生在加拿大安大略省格雷文赫斯特镇的一个牧师家庭。其祖父是多伦多大学三一学院医学系著名的医生，这对白求恩后来从医有很大的影响。本来，父亲想把他培养成一个牧师，继承教业。但白求恩却坚持说："我要做爷爷那样的医生！"

白求恩性格倔强，富有主见。他1906年考入多伦多大学，学习生物物理学和生物化学，为他以后学医做准备。同时，他开始了新的追求和人生磨炼，在大学食堂当过招待员，做过轮船烧火工、伐木工、小学教员，还当过记者。1912年，他收心再入多伦多大学医学院学习。1914年，第一次世界大战爆发，再有一年即获得医学博士的白求恩毅然放弃学业，报名参加远征军，做担架员，

白求恩大夫

出生入死地工作在欧洲战场。左腿被炸伤后，不得不住院治疗半年。伤愈回国继续学业，1916年获得医学博士学位。之后，他又回到部队，在英国海军军舰上当上尉军医，后调到驻法国的加拿大空军任医疗队队长。第一次世界大战结束，白求恩回国。1928年后，任蒙特利尔皇家维多利亚医院胸外科医师、圣心医院胸外科主任、加拿大联邦和地方政府卫生部顾问。1935年11月，白求恩加入加拿大共产党。1936年，德、意法西斯武装干涉西班牙内战，他随同加拿大志愿军奔赴西班牙前线，进行救治伤员工作，为反法西斯的西班牙人民服务，被任命为中校军医。他是一位出色的胸外科专家，当年的医学梦想变成现实。

1937年，中国的抗日战争爆发。白求恩已读过斯诺的《西行漫记》、史沫特莱的《中国红军在前进》和贝特兰的《中国的第一步行动》，对中国人民的抗日斗争产生同情并向往之。7月下旬，白求恩到美国洛杉矶参加当地医疗局举行的欢迎"西班牙人民之友"的庆祝活动。在这里他与来参加大会的中国教育家陶行知相遇。当白求恩来到陶行知面前时，主人热情地为他俩做了介绍。陶行知向白求恩介绍了卢沟桥事变后中国的形势，表示热切希望得到国际援助。白求恩被陶行知慷慨激昂的话语感动，毫不犹豫的表示："西班牙和中国都是同一个战场的一部分，我愿意到中国去，那里是我更有用的地方。"

1937年10月，以纽约为基地的"中国援助基金会"和宋庆龄筹办的"保卫中国同盟"正在世界各地招募志愿医务人员，帮助中国的抗日战争。白求恩得知后，当即将自己愿意去中国的想法告知了加拿大和美国共产党负责人。不久，国际援华委员会在纽约成立，配合宋庆龄领导的"保卫中国同盟"进行工作。白求恩与委员会取得联系后，于12月前往纽约报名，并主动请求组建一个医疗队，到中国北部同游击队一起工作。

白求恩从未到过中国，不会中文，迫切需要一名助手和翻译。当时，到过中国并能说一口流利汉语的加拿大女护士琼·尤恩，也来报名援助中国。她在圣约瑟夫医院外科手术部工作，薪酬丰厚。但援助中国人民抗日的强烈愿望促使她放弃一切，同美国外科医生帕尔森斯一起，加入了白求恩组织的三人援华医疗队。

1938年1月8日，加美援华医疗队购买了充足的药品和器材，乘"亚洲皇后号"海轮从温哥华港启程来中国。白求恩在一封给他前妻法兰西丝的告别信中写道："西班牙是我心头的一块伤疤。……西班牙和中国为同一目的而战斗。我去中国，因为那儿最需要我，在那儿我可以发挥更大的作用。"

## 历经艰险到延安

从1938年1月8日开始，白求恩一行在轮船上度过了13个昼夜后，终于到达香港。他们先到九龙一位爱国同胞开的小旅店下榻。随后，在地下党和十八集团军驻香港办事处的安排下，他们收拾好行李和医疗物资，转乘飞机到武汉。周恩来在武汉会见了白求恩一行，向他们介绍了抗日战争的形势、根据地的困难局面，以及党的主张，并感谢他们援助中国革命。当白求恩提出马上到前线时，周恩来说前线很艰苦，要他们先在武汉参观后方医院，适应一下再说。白求恩着急地说："我是来抗日的，武汉不是我的目的地，我要到延安去，到中国共产党领导的根据地去！我要上前线！"

白求恩有极高的工作热情，一刻都闲不住。在汉口等待北上延安期间，他们到汉阳一所严重缺少人手的基督教长老会医院工作。2月22日，在八路军办事处的安排下，医疗队离开汉口前往西安。一路上，他们为躲避敌机的轰炸和炮火，从临汾、潼关等地绕道而行，穿越国民党统治下的中国广大农村地区行进。白求恩后来回忆说："荒芜的土地、被烧焦的村庄及颠沛流离、饥寒交迫的难民，给我留下了深刻的印象。我诅咒这场战争。"

由于行程紧张而危险，医疗队一度与延安、纽约、汉口都失去了联系。一些西方新闻记者纷纷无端报道白求恩已在中国内地被日军俘获并杀害，引起舆论界一片混乱。实际上，此时医疗队正横穿豫晋陕三省，在日机的狂轰滥炸下艰难跋涉。

白求恩一行来到西安。在八路军办事处，他们见到了中共领导成员林伯渠和朱德，并进行了亲切的交谈。朱德向他们介绍了前线的抗日形势，热情地说："中国人民欢迎你，八路军欢迎你，延安等待着你，前线等待着你！"并与白求恩一起筹划在五台山开办战地医院事宜。略作休整后，医疗队启程北上。经过数千里的跋涉，1938年3月31日，白求恩带领医疗队终于到达革命圣地延安，受到八路军卫生部部长姜齐贤和顾问马海德的欢迎。他成为我党邀请来延安的继马海德之后的第二位医学专家。

## 会见毛泽东

白求恩到达延安后的第二天晚上，毛泽东就在凤凰山下的窑洞里会见了他，进行了长时间的亲切谈话。会见是从晚上11时开始的，直至次日凌晨2时结束。那晚，毛泽东事先等候在小院门口，见白求恩走来，急忙走上前去，紧紧地握着他的手，对他和他率领的医疗队来到中国援助抗日表示热烈欢迎。白求恩拿出加拿大共产党党证，双手递给毛泽东。毛泽东认真翻看了一下，亲切地说："我们志同道合，

白求恩在延安窑洞前用餐

你现在不是外人，不要见外啰！"

毛泽东说，你们来到解放区，说明了加拿大人民、美国人民和中国人民的团结与战斗友谊，说明了资本主义国家的无产阶级和殖民地半殖民地人民的深厚感情。白求恩怀着激动的心情，向毛泽东转达了加拿大和美国人民的真挚问候，详细介绍了两国人民的革命斗争情况，介绍了西班牙人民反抗德意法西斯的英勇斗争事迹。他的话语里洋溢着对无产阶级和被压迫人民的无限同情。

毛泽东频频点头，表示钦佩和赞赏。之后，毛泽东亲切地向他介绍了中国抗日根据地蓬勃发展的情况，回答了他关心的问题，精辟地分析了中国抗战和国际反法西斯斗争的形势，阐述了中国抗日游击战争的意义，我军必胜、日寇必败的道理，中国革命发展的前途，以及建设新中国的远景，等。之后，毛泽东问白求恩：你认为用什么样的方式，才能有效地救治伤员呢？白求恩说：组织医疗队，到前线去抢救伤员！他解释说：如果有战地医院，前线的重伤员75%可以得到及时、有效的救治。"我希望组织一个战地医疗队，很快到敌人后方去。"毛泽东听后高兴地说："那就请白求恩大夫立即帮助组织医疗队吧！"

毛泽东和白求恩促膝畅谈了3个多小时。分别时，毛泽东一直把白求恩送到门口，握着他的手说：请白求恩大夫向加拿大和美国朋友转致谢意！并再三嘱咐他：到前线后，有什么问题和困难，一定要写信来。

毛泽东热忱、谦逊的态度，深邃的思想，必胜的信心以及敏锐的洞察力，使白求恩深受感动，给他留下了难以忘怀的印象。当晚，他充满激情地在日记中写道："我在那间没有陈设的窑洞里和毛泽东同志面对面地坐着，倾听着他那从容不迫的谈话的时候，我的心想到长征，想到了毛泽东同志和朱德同志……怎样领导着红军经过两万五千里的长途跋涉，从南方到了西北山区的黄土地带。由于他们当年的战略经验，使得他们今天能够以游击战术困扰日军，使侵略者的优越武器失去效力，从而挽救了中国。我现在明白了，为什么毛泽东同志那样感动每一个和他见面的人。这是一个巨人！他是世界上最伟大的人物之一。"

白求恩在延安短暂的停留期间有许多活动。他们参观了边区政府、医院、学校，应邀到一些单位做报告，为中央领导人检查身体，在边区医院为伤病员做手术……十分忙碌。他爱上了延安，觉得这里新鲜、快乐、生机盎然。但听说可能留他在延安工作时，他坚定地说："军医的岗位是在前线，而不是后方！"他坚持马上到前线去的愿望终于得到批准。

## 忘我工作在晋察冀

1938年5月，在毛泽东的关怀下，白求恩一行东渡黄河，向晋察冀边区进发。6月17日，经过一个月的长途跋涉，到达晋察冀军区司令部所在地山西五台县金岗库村，受到军区司令员聂荣臻和卫生部部长叶青山的热烈欢迎，并向他介绍了边区的军事、政治、医疗卫生情况。之后，便急于开展工作。他急切地问聂荣臻："请告诉我，司令员同志，我的战斗岗位在哪里？"他带来了药品、显微镜、X光机和一套手术器械。更可宝贵的是，他带来了高超的医术、惊人的组织能力和对中国人民解放事业的无限热忱。

晋察冀军区聘请白求恩担任军区的卫生顾问，在军区的3个后方医院工作。他主动要求到松岩口创办模范医院，后来又穿过封锁线，到冀中平原工作。白求恩为晋察冀边区医疗卫生事业的发展费尽心力，培养了一大批医疗卫生骨干，并亲自抢救了无数生命垂危的伤员。在第一个星期，他就检查了521个伤病员。第二个星期开始手术治疗，连续4个星期，为147个伤员实施手术，使他们陆续重返前线。贺龙中毒生病，经白求恩精心治疗后很快康复。此外，他还花费大量时间编写医疗读本，指导中国医生学习和掌握新的手术技术。9月15日，白求恩亲自筹建的"模范医院"举行落成典礼。军区司令聂荣臻，边区行政委员会主任宋劭文和一千多军民出席。白求恩发表了热情洋溢的讲话。他说："一个医生，一个看护，一个招呼员的责任是什么？就是使你的病人快乐，帮助他们恢复健康。你必须把他们看作是你的兄弟，你的父亲。他们比兄弟、父亲还要亲一些，他们是你的同志。你不把他们看得重于自己，你就不配从事卫生事业，也不配在八路军工作。"不久，他又指导创办边区卫生学校，为学校编写了许多教材，有《游击战争中师野战医院的组织和技术》《战地救护须知》《战地治疗技术》《模范医院组织法》《消毒十三法》等。他创办的火线医疗救治，开世界战争医疗之先，受到一致称赞。白求恩忘我地工作着，当人们劝他注意休息时，他说："我是来工作的，不是来休息的。你们不要把我当成老古董，要把我当成一挺机关枪来使用！"

在前线，他曾多次给毛泽东写信汇报工作情况，对医疗工作提出建议。毛泽东对白求恩的工作和生活非常关心，他在8月11日发给聂荣臻的电报中指示："白求恩报告称松岩口医院建设需款，请令该院照其计划执行。请每月给白求恩同志一百元（生活补助费）……同意任命白求恩同志为军区卫生顾问。对其意见、能力完全信任。一切请视伤员需要斟酌办理。"同时写信鼓励和感谢白求恩对中国抗日战争的热情支持。白求恩婉言谢绝特殊津贴，给毛泽东回信说，自己受到军区领导的关心和帮助，生活得很好，请毛泽东不必挂念。他把一百元津贴捐给了伤员用，并说："我从延安来，知道你们毛主席、朱总司令津贴很少，八路军战士只有几分钱菜金，我愿意过中国革命队伍普通一兵的生活。"他复电毛泽东："我谢绝每月百元津贴。我自己不需要钱，因为衣食一切已经供给。"

1938年12月，在灵丘县杨家庄后方医院，有一个严重骨折的伤员需要手术。但他流血过多，必须输血才能进行手术。白求恩毫不犹豫地说："我是O型血，万能输血者，抽我的！"别人说他年纪大了，不宜抽血。他却坚定地说："前方战士为国家为民族流血牺牲，我们在后方工作，拿出一点血有什么不应该？"说完，他立即躺在手术台上，将300毫升鲜血输进伤员的身体里。3个星期后，这个伤员重返前线。白求恩常说的一句话是"抢救伤员，时间就是生命"。

1939年2月，根据需要，白求恩率领"东征医疗队"到冀中，将手术台设在离火线最近的地方以争取治疗时间。齐会战斗打响，白求恩将离前线 3 公里的屯庄真武庙当作手术室。炮弹不时打来，他依然镇定地在这里工作 69 个小时，为 115 名伤员实施了手术。据统计，1939 年白求恩在冀中工作的 4 个月中，经历 4 次大的战斗，行程 1500 公里，实施手术 315 次。9 月 18 日，白求恩创办的晋察冀军区卫生学校，在河北唐县牛眼沟举行开学典礼，白求恩出席并讲话，鼓励学员们努力学好技术，为伤病员服务。

夜深了，人们看到白求恩房间的油灯还亮着。他要听医生、护士们的汇报，了解每一个伤病员的情况；他要为明天的讲课做准备；他要制定一些必要的条例、规定；他要向加拿大共产党、美国援华委员会汇报工作，请求给予更多援助。他经常提灯深夜去查病房，进行治疗和安慰，给伤员盖被子、倒屎尿或端水。只要是有利于病人康复的事，他都乐于去做。这一切，受到军民的交口称赞。

周而复在《诺尔曼·白求恩片段》一文中这样描写白求恩：他越过重重封锁线来到边区。穿一身八路军的灰军装，臂上挂着"八路"的臂章，腰间扎一条宽皮带，脚上穿一双军鞋；身材魁梧、壮硕，虽然还不到 50 岁，胡子和头发已经灰白，但精神矍铄，思维敏捷；工作极为认真，要求严格。他见到熟人，都是高举右手，行西班牙礼，人们亲切地称他"白大夫"。

## 中国人民的悼念

1939 年 10 月，白求恩在冀西孙家庄为一个伤员动手术时，左手中指被手术刀割破。人们都劝他休息治疗，他却把手指放到消毒液里浸泡片刻，依然前去救治伤员。第二天伤口发炎，但他仍在一分区医院连续两天检查了两个医疗所的工作，做了几十个手术，举办了两次现场教学。11 月 1 日，他在为一个病人做手术时，手套划破，左手中指的伤口被病毒侵入，造成致命的感染，引发败血病。11 月 10 日，白求恩的病情恶化，呕吐不止，高烧达 40 度。下午 3 时，根据部队首长的指示，马上送白求恩到唐县的黄石口村治疗。11 月 11 日，他的病情更加严重。

生命垂危的白求恩，依然惦念着伤员们。他说："我十二分忧虑的，就是前方流血的伤员，假如我还有一点支持的力量，我一定留在前方……但是我的脚已经站不起来了。"11月11日黄昏，白求恩用颤抖的手给聂荣臻写下他一生中最后的文字：

"今天我感觉非常不好——也许我会和你永别了！请转告加拿大和美国共产党，同样告诉国际援华委员会和加拿大和平民主同盟，我在这里十分快乐。我唯一的希望就是能够多做贡献。最近两年是我平生最愉快、最有意义的时光。"接着，他把自己的所有物品分赠给何人详细写明。他还请求国际援华委员会给他离婚的妻子一笔生活费，让她能够生活下去，以此表示对妻子的歉疚。他最后写道："我不能再写下去了！让我把千倍的热忱送给你，和其余千百万亲爱的同志！"

11月12日清晨5时20分，白求恩在河北唐县黄石口村逝世，终年49岁。在生命的最后时刻，他握着军区卫生部部长叶青山的手说："请转告毛主席，感谢他和中国共产党给我的帮助。我相信，在毛主席的领导下，中国人民一定会获得解放！"

白求恩逝世后，军区用担架把他的遗体秘密转送到于家寨，整容净身，红绸缠身，穿上崭新的灰军装，覆盖白被单，派战士日夜守灵。

11月17日下午，军区举行了隆重的告别仪式，悼念这位在中国工作了两年的伟大的共产主义战士。军区司令员聂荣臻，军区卫生部部长叶青山，第三军分区的首长，以及第二休养所的干部、医护人员、伤病员、卫生学校的师生和当地群众数千人，洒泪痛悼这位为中国人民的解放事业献出了宝贵生命的国际主义战士。

毛泽东听到白求恩牺牲的消息，非常悲痛。11月13日，延安各界由中共中央军委和十八集团军参谋长滕代远、军委后勤部卫生部部长饶正锡、中央军委卫生部顾问马海德等8人，组成追悼白求恩筹备会。11月21日，中共中央发出唁电说：白求恩的牺牲精神，工作热情，均称模范。11月23日，八路军总司令朱德通令全军哀悼白求恩。11月29日，延安《新中华报》发表纪念文章，有马海德的《纪念诺尔曼·白求恩博士》，郁文的《一个救星的陨落》。同时，白求恩给聂荣臻的信也全文发表。

12月1日，延安各界举行追悼白求恩大会。主席滕代远报告会议意义。当讲到白求恩曾从自己身上抽出300毫升血输入伤员身上时，听众感动异常。吴玉章代表中共中央致悼词。王稼祥、陈云及晋察冀边区各界代表讲话。大会提出要培养几千个、几万个"白求恩"来。大会通过了给白求恩家属的慰问电，八路军总部决定将延安八路军医院更名为白求恩国际和平医院。毛泽东出席追悼会，并亲书挽联："学习白求恩同志的国际精神，学习他的牺牲精神、责任心与工作热忱"。陕甘宁边区政府的挽联是："万里跋涉，树立国际和平，堪称共产党员模范；一腔热血，壮我抗日阵垒，应做医界北斗泰山"。

12月21日，毛泽东为八路军政治部、卫生部将在第二年出版的《诺尔曼·白求恩纪念册》写了《学习白求恩》一文，对白求恩的国际主义、共产主义精神做了高度评价，号召每个共产党员要向他学习。毛泽东说："一个外国人，毫无利己的动机，把中国人民的解放事业当作他自己的事业，这是什么精神？这是国际主义精神，这是共产主义精神，每一个中国共产党员都要学习这种精神。"毛泽东还说："我和白求恩同志只见过一面。后来他给我来过许多信，可是因为忙，仅回过他一封信，还不知他收到没有。对于他的死，我是很悲痛的。"后来，这篇文章收入《毛泽东选集》时更名为《纪念白求恩》，永远教育和激励着中国人民。可以这样说，加拿大人民培养出了白求恩这个伟大的医生，毛泽东的文章使我们认识了他伟大之所在。

1940年1月1日下午，晋察冀边区军民在唐县军城南关古阅兵场，为白求恩举行了有1万多人参加的安葬和追悼大会。聂荣臻致悼词，并宣布晋察冀卫生学校更名为白求恩卫生学校，晋察冀军区后方医院更名为白求恩国际和平医院。2月，为永久纪念白求恩，晋察冀军区在唐县军城南关动工修建了一座

为纪念白求恩，八路军总部决定把"八路军医院"改名"白求恩国际和平医院"

宏大、庄严的白求恩陵墓。6月21日，举行了隆重的落成典礼。11月12日，在白求恩逝世一周年纪念日这天，毛泽东前往距延安城15里的柳树店，看望正在中国医科大学治疗肺病的续范亭。在这里，他被正在开会纪念白求恩逝世一周年的师生请进礼堂讲话。毛泽东勉励大家，要向白求恩大夫学习，为革命多做工作，多做贡献。

1953年3月，白求恩的灵柩由唐县军城晋察冀烈士陵园迁入石家庄华北烈士陵园，长眠在苍松翠柏间。每年清明节，前来献花悼念的队伍络绎不绝。经常有一些单位的党组织，在这里举行庄严的新党员入党宣誓仪式。

1972年，白求恩被加拿大政府追认为"具有国际影响力的英雄"称号，并成立了白求恩纪念委员会和白求恩基金会，在白求恩的故乡建立了纪念馆。1990年，白求恩被中国人民评选为对中国贡献大、受爱戴的"十大国际友人"之一。2009年5月，经中央同意，中宣部、中组部、统战部等十一部委组织全国人民评选"双百人物"，白求恩被评为"100位为新中国成立做出突出贡献的英雄模范人物"。

白求恩成了中加人民友谊的象征，是中国人民永远纪念的国际友人。他的精神，必将永远激励我们建设更加美好的生活！

# 卡尔逊：首位以美国官方身份来访的人

1938年5月，美国人埃文斯·福代斯·卡尔逊到达延安。他是第一个以美国官方身份前往延安和根据地的，与我党的交往带有某种"外交"的性质。从此，党与外国人的交往，除了与单个外国人的朋友关系之外，出现了一个与国家政治、军事交往的新变化。说来挺有意思，从延安开始，毛泽东一生都与美国人打交道，既有友谊，也有对抗。卡尔逊的来访，成为党的外交工作的开端，具有重要的历史意义。而他访问后政治态度的巨大变化，再次验证了党的对外开放方针的正确性。

## 美国军事观察员

卡尔逊，1896年生于美国的纽约州，毕业于美国著名的西点军校，是一个职业军人。第一次世界大战时应召赴法国战场作战，军衔是上尉。因作战勇敢，他获得法国政府颁发的军功章。归国后，他担任罗斯福总统的卫队长，两人结下深厚友谊。1927年和1935年，卡尔逊两次奉派来中国，时间都比较短暂。1937年春，他以中校军衔来中国，在美国驻华使馆担任海军部观察员。来中国之前他与罗斯福约定，将以密信的形式把中国正在发生的事件，直接通报给总统本人，成为专门收集有关中国冲突资料的情报官。

卡尔逊是斯诺和海伦夫妇的好朋友。他从斯诺那里看到了《红星照耀中国》的手稿，听到关于红军长征并胜利到达陕北的故事，引起他极大的兴趣。他同斯诺讨论了书中的有关问题，并决定亲自去陕北红区看一看。他想成为第一个向世界报道中国抗日战争实况的军事人员。他说，我是一个军人，能发现一般人看不到的东西。他充满兴奋和自信。

但他的公职身份决定他不能像斯诺、史沫特莱等那样自由行动。卡尔逊遵照规定,将去共产党地区和八路军前线考察的计划,报告给美国海军部和蒋介石。美国海军部很快批准,而蒋介石却推三阻四,迟迟不表态。他怕卡尔逊被"赤化",观察回来说出对国民党不利的话。几经催促,蒋介石才勉强同意,但条件是卡尔逊不能与共产党接触。这简直是一个自欺欺人的"条件",人放出去了,还能管得了吗?蒋介石同意之后,卡尔逊又通过斯诺征得了毛泽东的同意。这样,他就以"军事观察员"的身份,以"了解日本人对付游击战的方法"的名目,于1937年11月中旬,离开上海前往山西八路军前方总部。

## 第一次考察签下"生死状"

卡尔逊对中国共产党领导的抗日根据地的考察有两次,一次身份是"军事观察员",一次身份是"参赞"。他对于考察充满了自信,说:"如果我能亲眼看看,我就能够证实真实的情况。"

卡尔逊第一次考察是1937年12月至1938年2月。当时党中央考虑到他的公职身份,担心他去前方万一有什么危险,会牵扯到两国关系问题,引起很大麻烦。所以,不同意他到前线去。可是卡尔逊执意要去。此事关系重大,八路军前方总部的朱德、任弼时,急电毛泽东报告这件事。党中央第一次遇到对美国的外交问题,进行了认真研究,提出了一个在外交史上"史无前例"的处理意见。12月19日,毛泽东将中央的意见电复朱德、任弼时:

> 卡尔逊既坚欲去五台,不便阻拦,但须:(一)除写信给美国使馆外,需写一信交总统府说明:如遇危险,中国中央政府及八路军无责任;(二)派可靠队伍送他,严密保护。

卡尔逊按照中共方面的要求,在去前方前,给美国驻华使馆大使詹森写了一封信。信中说:"我很快要到前方去","这是我自己要求并且是在朱总司令劝我不要去的情况下前往的，如果我阵亡或者受伤，我希望明确说明，八路军或中国政府方面没有任何责任"。这大概是中共外交史上第一次完全的"胜利"。卡尔逊老老实实按照我党的要求立下"责任状"后，才在精干部队的护送下出发。

1938年1月22日，卡尔逊穿过重重封锁线，越过滹沱河，见到了徐海东。3天后，在阜平县城外受到了聂荣臻带领军民打着横幅的"隆重"欢迎。4天后，卡尔逊穿过同蒲路到达五台山，见到颇具传奇性的贺龙，他把贺龙描写为"劫富济贫的中国鲁滨逊"。2月19日，卡尔逊来到洪洞县牧马村八路军前方总部。朱德再次会见了他，回答了他提出的问题。卡尔逊问：中国抵抗日本的作战计划的根据是什么？朱德说："我们相信中国能抵消敌人的现代军事装备优势的，是发展一种包括全民在内的抗战"，"我们优于敌人的是情报、运动、必胜决心，这是我们克敌制胜的法宝"。

卡尔逊访问了山西前线的八路军部队，并跟随八路军、游击队在山西和河北做了一千英里的跋涉，结束了他的第一次在华北八路军前线的"观察"。

3月初，卡尔逊返回国民政府的临时首都武汉，向蒋介石报告了在华北的见闻。他说："我相信八路军的领导人对蒋委员长是忠诚的，五台山地区人民的抵抗意志，是我所见到的最顽强的抵抗。"蒋介石面露不悦之色，他担心卡尔逊被"赤化"的事可能真的发生了。而且，他眼看着中共借助斯诺、史沫特莱等一批外国人报道"赤区"的新闻，捅破了他们扯起的封锁延安的帷幕，心中十分恐慌。

## 延安窑洞的深夜长谈

1938年5月，卡尔逊开始他的第二次前线冒险之行，身份是美国驻华使馆"参赞"。

他从武汉乘火车到西安。八路军驻西安办事处主任林伯渠接见了他，表示欢迎他到前方考察。第二天，卡尔逊带着林伯渠写的介绍信，扒上一辆运货的卡车，一路颠簸直达延安。安排他住的窑洞，是白求恩大夫刚空出来的。他觉得很舒适，也很新鲜，兴奋得一夜没有睡好。

在延安期间，毛泽东同他进行了两次长谈。5月5日晚，毛泽东在杨家岭的窑洞里会见卡尔逊，谈话持续到次日凌晨。毛泽东与他热情握手，说："欢迎你，参赞！很抱歉，请你晚上来。因为我白天睡觉，晚上是我精力充沛的时候。听说你跟我们的部队一起在华北活动了，我很高兴在这里欢迎你。"接着，毛泽东低声呼唤卫兵端上茶和花生，与卡尔逊在烛光下进行了坦诚的彻夜长谈。谈话内容包括抗日战争、欧美的政治形势、各个时代的政治思想的发展、宗教对社会的影响等。关于抗日战争，毛泽东说：只要人民有志气忍受困难，对美好的生活抱有希望，有决心继续抵抗，中国就不会垮台。日本攻占一个地方，我们就转向另一个地方；他们追击，我们就后退（毛泽东讲这些内容时，摆动着桌子上的两个茶杯，说明敌我双方的攻防进退）。日本兵力不足，无法占领全部中国。只要人民决心继续抵抗，它就无法用政治手段控制中国。毛泽东说，这里有几种围困。日本在五台山包围我们，围困我们。但我们有另一种围困，比如日本在太原驻守，太原的东北是聂荣臻的部队，西北是贺龙的部队，林彪的部队在西南，朱德的部队在东南。日军在山西一出动，就撞上我们的巡逻队。另一种围困应是美国、苏联同中国一道围困日本，这将是一种国际围困。毛泽东还说：我们要求各级干部生活简朴，办事公正，认真帮助群众解决问题；要发扬民主，教育群众自己管理自己，这样才能过上比较好的日子。

在这次谈话中，两人的观点有些分歧。卡尔逊认为，德国侵略捷克斯洛伐克，英国就会参战；毛泽东却认为，英国不会为捷克斯洛伐克而打仗。5个月后的事实证明，毛泽东的预见是完全正确的。

卡尔逊还问毛泽东："对于战后，中国共产党有什么打算？"毛泽东说："我们希望目前同国民党的协定能持续下去，建立一个真正的两党政府。我们认为，银行、矿山、交通应该国有。应发展生产者和消费者合作社，我们赞成鼓励私有企业。最后，我们认为，中国应同一切愿意在平等基础上对待我们的国家，建立和保持友好关系。"毛泽东解释说，共产主义不是我们当前的目标，我们并不认为中国马上就能实行共产主义，那是遥远的事，要经过新民主主义和社会主义的过渡阶段。我们近期的目标是实行民主。我们希望与国民党保持统一战线，共同抗日。

卡尔逊问毛泽东对美国的看法。毛泽东说：美国支援我们抗日，可是根据我们掌握的数字，美国又向日本提供武器，数量很大，约占日本在国外购买武器的一半，这让我们很不解。卡尔逊第一次听到这一情况，很震惊。他追问这个数字的来源，毛泽东说：你们的政府和我国的驻美国大使馆都清楚。之后，卡尔逊很快给罗斯福总统和他的父亲写信，询问美国向日本提供武器的事情。

在这次谈话中还涉及关于"国际医院"的纠纷问题。毛泽东说："我们欢迎这些医院，也欢迎前来帮助我们的外国人，但许多外国人的毛病是很快就想要指挥别人。他们应该记住这是在中国。虽然我们渴望接受他们的意见和帮助，但应该由我们来决定是否利用和怎样利用它。就以那些医院来说，外国医生要给其中的病人比我们自己医院中的病人更好的治疗，这等于待遇不平等，这个问题一定要仔细考虑。这个问题经过适当考虑之后，是能够按照我们的方法解决的。"

通过这次谈话，毛泽东对抗战必胜的坚定信念和对美好未来的憧憬，给卡尔逊留下深刻而美好的印象。他在日记里写道："这是一位谦虚的、和善的、寂寞的天才，在黑沉沉的夜里不懈地奋斗着，为他的人民寻求着和平与公正。是他提供了中国现代的自由思想和基础，以非凡的组织能力，建立了现代的中国共产党机构的基础。他有卓越的洞察力，使山西、河北的抗战方式，如此有效地抵消了日本的现代化武器的优势"，"他是一位理想主义者，但他也有稳健的实际的一面"，"毛氏偶尔一面讲话，一面在室内踱方步，抽着烟斗或香烟。他的动作很文雅，即使从嘴里抽出烟斗的姿势也很优美"。谈话末尾，卡尔逊再次要求到前方考察。毛泽东说："你再次到八路军前线旅行的事，我会安排的。"卡尔逊走出毛泽东的窑洞，已是东方发白。

谈话中，毛泽东不停地抽烟，不断地往烟斗里装黄烟叶，有时从椅子上站起来在窑洞里踱步，大口地吐着烟。临别，卡尔逊说，我可以送你一些美国烟丝。卡尔逊是个讲信用的人，他答应给毛泽东送烟丝，几天后送去了骆驼牌香烟，毛表示非常感谢。5月9日，毛泽东又给他写了一封感谢信（这封信至今仍保存在卡尔逊孙女手中），并亲自送给他一件战场缴获的日军皮衣和一个日记本作为纪念。后来，卡尔逊将这些东西寄给了交情颇深的罗斯福总统。

在延安逗留期间，卡尔逊还参观访问了抗大、陕北公学、鲁迅艺术学院等处，拍摄了大量照片。他有敏锐的观察力，似乎不是军人，俨然是一个新闻记者，很注意寻找"新闻点"。他先后会见了一些领导人和其他人士，并抓住其特点做了评价：党中央总书记洛甫（张闻天），是一个"只谈话，而不准（为他）拍照的人"；后方留守兵团主任肖劲光，是一个"热情喧闹的大个子"；军事顾问德国人李德，是一个"粗鲁地指责我是间谍的人"；而美国人马海德大夫，则是一个"永远乐观的人"。这些概括大体是准确的。

## 从延安再次出发去前方

经过毛泽东的悉心安排，卡尔逊在八路军小分队的护送下，于1938年5月15日离开延安，前往晋察冀、晋冀鲁豫根据地考察。同行的有以刘白羽为组长的"抗战文艺工作团"，其团员有作家刘白羽，戏剧家欧阳山尊，摄影家汪洋，记者金肇野、林山等人。这个文艺工作团属于陕甘宁边区文化协会和八路军总政治部双重领导。此前这几位文艺家曾致信毛泽东，要求去前方工作。那时，大部分人都愿意上前线，在炮火中经受锻炼，建立功业，但一直没有适当机会。此时，毛泽东接见刘白羽等，对他们说：你们不是要求到前方去吗？现在有一个机会，随美国参赞卡尔逊一同到前方。他"观察"我军抗战，你们搞战地采访。毛泽东问了他们掌握外语的情况，当场决定欧阳山尊兼任卡尔逊的翻译，并给他们写了一封到前方的介绍信。据欧阳山尊告诉笔者，这封介绍信的大意是：

八路军各级负责同志：

现有抗战文艺工作团刘白羽诸同志，随美国参赞卡尔逊赴前方，望大力支持协助，提供一切方便。

敬礼！

毛泽东

刘白羽等看到介绍信才知道，他们此行的组织名称是"抗战文艺工作团"。5月14日晚，边区文协和总政治部联合设宴，为他们上前方饯行。卡尔逊也应邀出席，他高兴地唱了一支美国民歌，欧阳山尊用英文唱了《国际歌》。

毛泽东对卡尔逊和抗战文艺工作团到前方一事非常重视，在他们出发4天后的5月19日，与谭政（中央军委总政治部副主任）联名，给八路军前方各部队政治部发出电报，要求予以帮助。电文如下：

各政治部：

边区文化界救亡协会派抗战文艺工作团一组计五人，由刘白羽率领，随同美国参赞卡尔逊，经榆林、晋西北赴战区各地考察，搜集材料，建立通信网。到希接洽，并予以帮助。

毛、谭

皓（电报代码，代19日）

卡尔逊等途经西安时，作家周立波加入他们的队伍，担任卡尔逊的翻译。但他的南方口音太重，卡尔逊听起来直摇头，说听不懂，就又换成欧阳山尊。此后，他们经绥远、晋西北、晋东北，晋察冀的冀中、冀南、鲁西北、豫西北，历时85天，穿越同蒲、平汉、陇海三条铁路线，行程7000多里。在这次考察中，卡尔逊在晋西北先后访问了贺龙、萧克，在晋察冀访问了聂荣臻、彭真和白求恩，在晋冀鲁豫区的南宫县会见了邓小平、徐向前、宋任穷。会见后，卡尔逊与邓小平进行了长谈。邓小平指出：美国是偏袒日本的，去年他们将购进武器的一半，转售给日本。这使卡尔逊的自尊心又一次受到伤害，便追问消息的来源。当邓小平告知是来自战争第一年美国的电讯时，这给了卡尔逊以心灵震撼和深刻的启示，他惊叹邓小平如此熟悉国际情况。

在两个多月的行程中，卡尔逊受到抗战文艺工作团的文艺家们的许多关心和照顾，非常感激。8月6日，他们在郑州火车站依依分别时，卡尔逊将自己的毛毯、烟斗、打火机、手电筒等送给了文艺工作团的朋友们。他们都流下了眼泪。卡尔逊登上火车，从车窗探出头一遍遍说着道别和感谢的话。刘白羽他们唱起了卡尔逊最爱听的《游击队之歌》，卡尔逊马上拿出口琴伴奏。在含泪的歌声中，火车徐徐开动，这场面感动了站台上的人们。

8月下旬，抗战文艺工作团返回延安后，毛泽东接见了他们，听取他们的前方见闻汇报，并特别问到卡尔逊的情况。几天后，文艺工作团举办了"战地文化展览"，毛泽东、叶剑英、谭政等领导人，以及延安群众数千人参观。毛泽东参观后题词："发展抗战文艺，振奋军民，争取最后胜利。"它成为整个抗战时期革命文艺总的指导方针。

## 为正义愤然辞职

事实是雄辩的，具有强大的征服力。两次考察的所见所闻，使卡尔逊激动万分。他被八路军和根据地人民英勇抗日的现实征服了。他先后会见了很多八路军将领，除了前面提到的以外，还有左权、张浩、陈赓、薄一波、陈锡联、关向应、林彪等，都给他留下了美好而深刻的印象。他说，第十八集团军的将领们，"总是诚实、可信、不推诿、不拖拉。他们的道德方面极端节制，经常进行自我批评，并邀请别人批评他们"。卡尔逊表示，八路军的战术很独特，很有效，他也要学习。

1938年8月7日，卡尔逊回到武汉，他再次去会见蒋介石和宋美龄，报告考察情况，陈述他的意见。他直言希望国民党当局实行民主，向八路军提供物资援助。同时,他明确反对美国政府向日本出售武器,希望改变片面援华行为。8月20日,卡尔逊写出一份考察报告寄给罗斯福,同时致信罗斯福的秘书莱汉德小姐,请她把自己写的在中国的见闻材料,马上转给罗斯福总统。他还不顾自己的外交官身份,在各种公开场合,高度赞扬共产党的军事、政治组织的制度和英勇抗战。当一位记者对他提供的关于革命根据地的情况表示感谢,并保证在报道时不会披露他的姓名时,卡尔逊却不"领"这位记者为他安危考虑的"情"。他说:"你这么说,究竟是什么意思呢?我给你们讲的一切都是真的,没有半点虚假,为什么非隐去我的姓名不可呢?"

8月22日,美国《时代》周刊登出了卡尔逊报道八路军抗日的长篇文章和与朱德的合影,立即引起不小的波澜。日本政府甚至向美国政府提出了抗议。9月18日,美驻华使馆武官哈里·奥弗莱什海军中校接到华盛顿方面对卡尔逊文章的批评通知。他立即给卡尔逊发出一封威胁性的电报,说:你的文章未经审查,今后绝不容许再发生这类事件。如再发生,责任由你负。并警告说,你再说什么话,就把你送上军事法庭。卡尔逊是个有正义感的人,他不理解,为什么我讲真话却受到斥责呢?他愤怒了!

当晚,卡尔逊不顾他人的劝阻,愤然向海军部递交了辞职报告。他说:"我希望能够根据我自己的意愿,自由地讲话和写作。"他把辞职一事马上告诉了史沫特莱、王安娜等朋友以及叶剑英。叶立即电告毛泽东。1939年4月20日,卡尔逊的辞职报告得到批准。显然,共产党大得人心的政策和实践,根据地生机勃勃的景象,八路军的英勇抗战的事实,等等,改变了卡尔逊的思想,使他义无反顾地追求着真理和正义。

在周恩来的安排下,卡尔逊还到江南地区考察了新四军,大开眼界。他认为,这是"一支在与日军作战中颇具战斗力并得到信赖的军队"。

## 依然关注中国

1941年1月下旬，卡尔逊回到美国。此后，依然关注着中国，直至生命的终结。他秉持说真话的原则，直接向罗斯福报告了皖南事变的真相。美国政府证实这一报告后，通知蒋介石政府："在内战的危险没有消除，国内的团结尚未恢复之前，暂停对中国的援助。"卡尔逊不仅向公众发表演说，为好几家杂志社撰稿，而且出版了两本书《中国军队》《中国的双星》，介绍在中国的见闻，引起了人们极大的兴趣。有评论说，卡尔逊笔下的共产党人，似乎更像"老式的"美国独立战争时期的民兵，是无私的爱国主义者和仁慈的民主主义者，而不是布尔什维克或纳粹极权主义者，并称赞此书在军事角度分析中国冲突方面，压倒了所有的竞争者。

在美国，卡尔逊仍保持着他和罗斯福总统的私人交往。1941年9月，他上书罗斯福，要求给他一些人和武器参加太平洋主岛登陆作战。得到批准后，他重新加入美国海军陆战队，被任命为海军陆战队第二近战营上校营长（后升为准将旅长）。他在训练部队过程中，试图采用八路军灵活机动的战略战术和"思想教育"方法，让战士们明白为谁而战，为何而战；并以他为指挥员，组建和训练了一支被他称之为"卡尔逊突击队"的部队。他要战士们像八路军那样，树立"团结协作精神"，并把这种精神称为"工合"。因而人们又称他领导的这支部队为"工合营"（罗斯福之子詹姆斯曾在该部队任职），在二次世界大战中屡立战功，令日寇闻风丧胆。

1946年，卡尔逊以准将军衔退役后，仍关注中国的局势和发展。这年冬，卡尔逊同美国一些进步人士在旧金山召开了"中国和远东大会"，声援中国人民的解放事业。周恩来致电祝贺、感谢。1947年4月，卡尔逊在病榻上看到报道，说中共已突破封锁，浩浩荡荡进军东北，他高兴地拍案说："上帝作证，共产党人18个月之后，一定会控制全中国！"在卡尔逊患病期间，毛泽东、朱德、周恩来和彭德怀代表中国人民，致信问候，感谢他为中国人民解放事业做出的努力,并祝他早日康复。一个月后的5月27日,卡尔逊病逝,享年51岁。朱德给卡尔逊夫人发去唁电,悼念这位正直的国际友人。1988年,曾陪同卡尔逊访问八路军抗战前线的刘白羽、欧阳山尊,应以卡尔逊夫人蓓姬·埃尔伍德为主席的"卡尔逊——中国之友会"的邀请,赴美国访问,向安息在华盛顿阿灵顿公墓的卡尔逊献上鲜花,再次感谢他对中国人民的真诚友谊和帮助!

# 卡尔曼：乘坐小汽车来访的人

在接踵访问延安的外国人中，苏联摄影师罗曼·卡尔曼是比较特殊的一位。他是斯大林派来中国的，是摄影师兼记者，他用摄影和文字两种方式记录了延安的方方面面。而且，他是来访的外国人中唯一一个乘坐小汽车到达延安的。

## 用摄像机记录世界的人

罗曼·卡尔曼是苏联著名的记录电影导演、摄影师、记者和编剧，曾获得人民艺术家称号。他于1906年11月6日，出生在敖德萨一个知识分子家庭。1931年毕业于苏联国立大学摄影系。他所拍摄、导演的纪录片，都是表现当代重大历史事件的。西班牙内战爆发后，卡尔曼请缨前往，拍摄了新闻纪录片《关于西班牙事件》。

1938年10月，卡尔曼受斯大林指派，满怀热情地来到中国，拍摄中国抗战影片。同时他还兼任苏联《消息报》的特派记者，先后在湖北、湖南拍下前线士兵的战斗和生活。接着到广西，拍摄了新安旅行团（1935年中共建立的一个青少年文艺团体）的抗日戏剧演出。1938年冬，他到了广东，拍摄了抗日游击队的活动。同年12月，他又辗转到达重庆。

1939年5月，卡尔曼开着小汽车到达延安访问，在延安和陕甘宁边区拍摄电影素材，这成为他后来完成的两部表现中日抗战的记录影片《中国在战斗》（1939年）和《在中国》（1941年）的重要构成部分。他还为《消息报》写了《中国在战斗》的长篇通讯和《毛泽东会见记》，产生了广泛的世界影响。

苏联卫国战争时期，卡尔曼领导一个前方摄影组，拍摄了《在莫斯科城下击溃德寇》（1942年）、《列宁格勒在战斗》（1942年）、《柏林》（1945年）等影片。1947年，他拍摄了记录纽伦堡审判德、意法西斯头目过程的影片《人民法庭》。上世纪50年代，他导演纪录片《黑海石油工人的故事》（1957年）和《海洋的征服者》（1959年，获列宁奖金），他还导演了苏联第一部宽银幕影片《我们祖国多么辽阔广大》（1959年）。60年代，他用珍贵的历史资料编辑了20集的电影史诗《伟大的卫国战争》。70年代的作品有《燃烧着的大漠》（1973年）等。1978年4月28日，因心肌梗死逝世。

## 在延安受到热烈欢迎

卡尔曼1938年10月来到中国后，开始从武汉到长沙、衡阳、桂林等地拍摄电影素材。国民党方面调来一辆小汽车供他专用，并对司机说："好好为他服务，他说到哪里，你就开到哪里。"这句话本意是，"在国统区"可以自由行动，但卡尔曼"利用"它让司机把车开到延安。实际上，他在国统区的采访受到种种限制，国民党派了一个青年副官"陪伴同行"，这使他很不自由。于是，他机智甩掉"陪伴"，于1939年5月，以《消息报》记者的身份，乘小汽车来到自由的延安。

卡尔曼一到延安，立即受到各界的盛情欢迎。5月14日晚，他应邀参加了组织部礼堂的文艺晚会，观看鲁艺演出的三幕话剧《冀东起义》。在这里他巧遇刚从苏联返回延安不久的朋友萧三，他们热烈拥抱。他兴奋地对萧三说："来中国八个月了，到了延安，才感到舒服、自由，什么话都可以说了！"

5月17日，延安文艺团体联合在桥儿沟的鲁迅艺术学院设午宴，招待卡尔曼。饭菜是从就近的饭馆要来的。出席宴会作陪的有鲁艺副院长沙可夫，音乐家吕骥、冼星海，戏剧家张庚等。席间谈笑甚为愉快，宾主传递着浓浓情谊。卡尔曼在这里拍下了教堂、"鲁艺战地写生画展"、校旁的古墓林、文庙以及鲁艺师生上山开荒生产的情景。午宴后，卡尔曼即去参加延安工人学校的开学典礼，进行拍摄。会场设在20年代西班牙人修建的天主教大教堂内。他到达时，里面已坐满了人，校长张浩正在讲话，邓发、王若飞等也在座。卡尔曼在这里拍了不少影片。从这里返回延安城内时路过清凉山，他又上山去观看庙宇。山上有万佛洞，风景很美，卡尔曼又拍了许多影片。

此后，一连几天又有《新中华报》社和青年记者联合会集会欢迎卡尔曼，抗大副校长罗瑞卿也设宴招待卡尔曼。罗瑞卿宴请卡尔曼，是一次别致的宴会。原来抗大自己搞了一个相当出色的合作社，一切都是自己生产出来的，应有尽有。卡尔曼听了介绍后，极力夸赞，说一定把这个新闻报道出去。他是个精力充沛的人，很快就兴致勃勃地投入了各种访问和影片拍摄中。

## 毛泽东的会见

5月25日晚，毛泽东在杨家岭接见了卡尔曼。晚9时许，萧三陪同卡尔曼乘车来到毛泽东住的窑洞。窑洞里摆设朴素简单：靠窗是一张大书桌，几把座椅，一把布躺椅，靠墙几排书架，整齐地排列着各种书籍，并有标签，内有不少线装古书。虽是5月末，延安的夜晚仍是凉意袭人。毛泽东身穿鼓鼓囊囊的灰色士兵棉衣，着布鞋，只是没有戴帽子。他经常彻夜忙碌，直到第二天天亮之后才休息。

毛泽东坐在书桌前，桌上点着两只蜡烛，烛光不时跳动着。卡尔曼坐在桌子的右首，萧三坐在他们对面，充当翻译。

卡尔曼首先就国际形势问题向毛泽东提问。毛泽东回答说：德、意、日进一步结成军事同盟，英、美、法不赞成日本的侵略，但又和它妥协。中国只有加强统一战线，实行长期抗战，坚持抗战到底，才能取得最后胜利。但是中国人有两部分，大多数中国人赞成抗战到底，赞成统一战线；而另一部分人则不然，他们要和日本妥协，这一部分人反苏反共。现在这两部分人的斗争很激烈。假如不能战胜这后一部分人，中国的抗战就难以取得胜利。毛泽东接着指出：

现在妥协派和顽固分子捣乱，反共、反人民，反对民众运动，破坏八路军、新四军，破坏共产党和抗日团体，这些都是抗战中很大的危险。所以，共产党的工作，一面抗日，一面反对投降妥协。中国共产党十多年来都为民族解放而斗争，曾经遇到过很大的困难，是有经验的。党有全国人民和各党派积极分子的支持、赞助，因此，任务虽困难，但胜利是必然的。

卡尔曼说：西班牙共和军之所以失败，是由于"民主"国家出卖了它。请问这些国家对中国的抗战态度是怎样的？

毛泽东答：它们也是要出卖中国的。但是中国和西班牙不同，中国地方大，日本不能全部占领。我们固然希望苏、英、美、法国家的援助，但主要是靠我们自己……只要国民党政府不受日本的引诱，并且改变它的对内政策，就是好的。

卡尔曼说：西班牙人不善于作战，不会打游击战……米亚哈是个老傻瓜，只因为他是旧军官，肯为共和军服务，就把他抬得很高。但每逢军官们看地图，计划作战的时候，他穿着睡鞋在房间里踱来踱去，只是看着天花板而已。名义上他是总司令，实际上是李斯特尔、莫德斯托、康姆比辛诺等共产党员军官最得力。他也明知佛朗哥不会对他有好处，但他还是叛变，杀共产党人，他现在逃到法国去了……

毛泽东说：中国共产党可以打一万年游击战，打它个落花流水……

毛泽东这时问卡尔曼到中国几个月了。卡尔曼回答：8个月了。毛泽东说：要留8年。又说：苏联应该派20个青年作家、艺术家到中国来，参加八路军，学中国话，住中国房子，吃中国饭，穿中国衣，留住40年……

在叙述长征经过时，毛泽东说：长征中有时没有烟抽，就晒干一种草，用纸卷着吸；没有饭吃时，吃一种草，或把树根、野菜磨成粉末吃。因此，那时候大家的胡须上和嘴的周围尽是粉末。

后来，话题转到"托派"问题，毛泽东说：中国的托派分两类，一部分属国民党的，国民党出钱给他们办刊物，并且下令叫学生读。这部分人在西安、重庆比较多。另一部分在上海、香港等地活动。在华北的托派，则替日本做工作。托派内部也有斗争。陈独秀骂别的托派过"左"，别的托派骂陈独秀是机会主义。他们共同之点是反共。再则他们都主张等日本占领中国，在中国发展工业之后，再建设社会主义。

毛泽东接见卡尔曼，不仅是简单地回答他提出的问题，同时也向他提出许多问题，进行了解。毛泽东询问了苏联海军建设和航空事业发展情况，还问了许多关于苏联北极破冰船、北极冰站，以及苏联科学工作方面的问题，问得非常仔细、认真，有时简直让人觉得太天真好奇了。得到满意回答之后，他就非常高兴，有时还笑出声来。比如，他认真地问卡尔曼：假如希特勒的轰炸机飞到莫斯科来，要炸克里姆林宫，那时斯大林躲到哪去？卡尔曼无法作答，只得告饶说："毛泽东同志，为什么要使我的情绪坏起来呢？"说罢一同大笑。

在交谈中，毛泽东语言通俗，由浅而深，引人入胜。整个谈话诙谐幽默，十分自然，交谈双方无拘无束，畅所欲言。萧三为他们做翻译，力求不遗漏每一句重要的话。在翻译成语和笑话的时候，力求找出对双方都适当的语言来表达。这虽然困难，但很有兴味。

这次谈话，至深夜 12 时结束。

## 在延安参观访问

卡尔曼在延安期间，怀着浓厚的兴趣参观访问了许多地方。路好走的地方，他们就乘车；路远且难行的地方，他们就骑马；特别难走的地方就步行。他觉得到处都是新事物。

1939 年 5 月 18 日，他提出要访问八路军医院。这所医院地处延安城东北 40 里处的拐峁，陪同他参观的有萧三、专职女翻译张郁廉、鲁艺政治部主任徐一新 3 人。他们乘坐卡尔曼从重庆开来的小汽车前往。院长苏井观热情接待了他们，向他们介绍了红军时代以来的医务工作和现在医院的情况。他说：现在陕甘宁边区有卫生部，分前方卫生部和后方卫生部。后方有"兵站医院""边区医院"和这所八路军医院。拐峁医院刚成立半个月，有180张病床，收治重伤的军人和生病的地方干部，现有病人120人。医院设备基本能满足需要，其中化验室是边区最好的。病人的给养受到特殊照顾，能吃到蔬菜和鸡蛋。卡尔曼听得津津有味，还到病房参观拍摄，与病员谈话。

医院有一个"印度街"，住着几个印度援华医疗队的医生。他们住的窑洞比较大，光线充足，白布床单、桌椅、书架、衣架齐全。卡尔曼一行到访时，爱德华医生正开着留声机听音乐。见有客人来了，他就关掉留声机，和他们聊起来。他讲了来延安的曲折过程，国民党百般阻挠他们来延安，在周恩来和宋庆龄帮助下，他们开着两部医疗车，带着58箱医药和X光机，长途颠簸，今年2月12日来到延安。爱德华讲的这段经历，引起卡尔曼极大的共鸣，因为他来延安也不顺利。他激动地大声说："为什么不让我们自由地来，太不可思议了！来，我们同命运的人照个相留念吧！"萧三为他们照了相。下午5时，卡尔曼一行下山返回。

5月底，卡尔曼骑马到延安西北40里的安塞访问。这里是延安的后方，不少边区政府机关驻在这里。他参观了战时儿童保育院，这里收养着烈士遗孤和前方干部的子弟，分婴儿部、幼儿部、小学部。最多可接收500人。卡尔曼见幼儿班正在上课，他专注地听起来。老师教的儿歌是："吹起小喇叭，哒嘀哒嘀哒／打起小铜鼓，咚咚咚咚响／手提小刀枪，冲锋上战场／一刀杀汉奸，一枪打东洋。""放在心头上，记在脑子里，不买日本的东西；握着小拳头，大步向前走，去同日本斗一斗。"卡尔曼被孩子们的朗朗齐读声吸引，让翻译翻给他听。之后，他又记在笔记本上。他说："我从这里看到了，中国一定能够打败日本！"

此外，卡尔曼还参观了边区高等法院看守所。

## 吃烤羊肉串

1939年6月1日，卡尔曼在杨家岭要给毛泽东照相，并拍摄《毛泽东的工作一日》，由萧三担任翻译。

他们共进午餐后，便驱车来到南门外的抗大，参加该校建校三周年庆祝会。路上，车子停下来，毛泽东与农民谈话。临近抗大，又与几个"小鬼"谈话。卡尔曼把这些场面都拍摄下来，成为珍贵的历史性的照片。

下午4时，毛泽东与卡尔曼参加抗大的会餐。6时，庆祝会开始。那时延安没有电灯，为了利用夕阳余晖拍摄毛泽东的活动，安排他在庆祝会上第一个讲话。毛泽东说："抗大是抗日的，办抗大的目的就是打倒日本帝国主义，彻底解放中华民族。抗大三年以来，造就了很多坚持抗日的干部，到前线去，到敌人后方去，打击敌人，消灭敌人。""我们抗大的人，不能有一个人不抗战到底，不能有一个人不反对投降。全国党派也一样，要全体一致，抗战到底。反对投降，抗战到底，这就是抗大的方针。"

在毛泽东讲话过程中，卡尔曼扛着摄像机，台上台下，会场前后紧忙活，抢拍了许多感人的镜头。

接着，洛甫、邓发、刘少奇等相继讲话。国民党驻延安的联络参谋也讲话祝贺抗大。晚上还有文艺晚会，但卡尔曼和毛泽东都未参加，他们同乘卡尔曼的小汽车返回杨家岭。

卡尔曼也许是为了使《毛泽东的工作一日》这部纪录片更富情节性，也许是为了感谢毛泽东对他今天拍摄影片的配合，他高兴地说要请毛泽东吃烤羊肉串，并且亲自烧制。于是找来木柴、羊肉、洋葱、铁丝等，在毛泽东窑洞外烧起了火堆。火光熊熊，照亮了围观人们的笑脸，山坡和绿树，涂上了一层火光色。只见卡尔曼熟练地操作，他把羊肉切成小片，与洋葱瓣相间串在铁丝上，在火上翻来转去地烧制。木柴噼啪作响，羊肉吡吡冒油，散发出一股诱人的香味。

毛泽东、刘少奇都在火堆旁观看。卡尔曼将烧好的一串羊肉，首先送给了毛泽东品尝，问："怎么样？"毛泽东说："味道好极了！"卡尔曼高兴地哈哈大笑起来，笑声在山谷中传开，树上夜栖的鸟儿，被这从来未见过的夜景所吸引，好奇地观看"大鼻子"的烧烤表演。突然又以一阵大笑结束，吓得鸟儿"扑棱棱"飞去。卡尔曼很幽默，目送消失在夜色中的小鸟，咕噜了几声。毛泽东问萧三："他说什么？"萧三说："他说，亲爱的小鸟别飞呀，下一串该给你吃了！"在场的人都笑了起来。卡尔曼做了个鬼脸，吹起口哨来，也很得意。

大家围坐吃着羊肉串谈笑时，卡尔曼提起摄影机抢拍起来。这珍贵的场面，为《毛泽东的工作一日》画上了一个圆满的句号。

这时，卡尔曼想起了毛泽东前几天对他说的革命者都爱吃辣椒的笑谈，便说西班牙人也爱吃辣椒，为什么佛朗哥不革命呢？毛泽东风趣地说："西班牙的辣椒不如中国的辣。吃辣椒的都革命，斯大林、季米特洛夫都喜欢吃辣椒。假如他们的辣椒不够吃，叫他们写封信来，我给他们寄去。"这话引得满场大笑。

卡尔曼在延安和边区访问后，于1939年6月3日离开，经西安去晋东南访问，不久即回国。

后来，卡尔曼写成《在中国一年》一书，其中的《毛泽东会见记》这一篇，生动地描述了与毛泽东会见的情形。1939年7月8日，苏联《消息报》用半版篇幅发表了这篇文章。同年，7月23日纽约《星期日工人报》也以《中国最伟大的战略家谈抗日战争问题》为题，发表了卡尔曼所发的电讯。它们都产生了广泛的影响，扩大了党的对外开放方针的效果。

# 印度援华医疗队

1938年，中国共产党继续扩大对外开放方针的成果。不仅设法争取西方国家对中国抗战的援助，同时也把目光转向东方。朱德代表中共向印度国大党主席尼赫鲁提出，希望印度援助中国的抗日战争，终于促成了"印度援华医疗队"的组建。他们历经艰险，于1939年2月来到延安和华北，竭尽全力地进行医疗援助。有的队员甚至献出了宝贵的生命，长眠于中国大地。这充分体现了两个东方文明古国的伟大友谊。

## 印度应邀派来医疗队

抗日战争开始后，中国人民在武器落后、缺医少药的条件下，英勇抗击着日寇的侵略，受到了世界各国人民的广泛关注和敬佩。同时，中国共产党积极寻求来自国内外的援助。朱德总司令接受史沫特莱的建议，代表中共致信印度国大党主席尼赫鲁，请求在医疗方面给予援助。尼赫鲁当时是世界反帝同盟的成员，在国内领导反对英国统治者的斗争，同情中国人民的抗日斗争。他向印度人民发出号召，以实际行动帮助中国人民的抗战。同时他严厉谴责日本侵略中国的罪行。

不久，尼赫鲁决定派一支小型的医疗队，携带一批物资和医疗器械、药品来中国，帮助救治战斗中的伤病员。许多医生听到这一消息后表示：中国人民的抗日斗争，对我们也是一种鼓舞，对世界的和平也是一种贡献，应该支援他们。于是他们争相报名，参加援华医疗队。医疗队长爱德华·阿尔泰说：他在西班牙参加了反对德、意法西斯的战斗，完成战地救护任务回到伦敦后，听到了印度要组织援华医疗队的消息，立即回国申请参加医疗队。得到批准后，他去见尼赫鲁，说要到中国的陕北八路军中工作，因为那里交通不便，缺医少药，特别需要帮助。尼赫鲁开始不同意他的计划，说那里很冷很穷，怕适应不了。后来见爱德华态度坚决，就同意了他的计划。正在孟买医学院附属医院工作的德瓦卡纳思·桑塔拉姆·柯棣（即柯棣华）的申请也得到批准，他们和其他3名医生一起，组成了一个"印度援华医疗队"（亦称救护队），于1938年9月1日离开印度，踏上了来中国的征程。10月14日，他们到达香港，又经广州到达长沙。他们向当地红十字会表示，要到八路军中工作。但由于战事吃紧，他们于11月撤到重庆。

印度援华医疗队共有5名成员，他们为了表达对中国人民的友谊，都在姓氏后面加了一个"华"字，变成中文名字。他们是爱德华（队长）、卓克华（副队长）、巴苏华、木克华、柯棣华。在重庆，国民党方面一再要他们留在大后方的医院工作，但被他们拒绝。他们提出坚决要到延安，到华北前线工作。经中共代表周恩来多次交涉和宋庆龄的帮助，国民党只好对他们放行。他们冲破阻挠，抛弃大后方优越的生活条件，于1939年1月20日，开着两部救护车，带着一批物资、58箱医药和X光机，离开重庆北上，奔上"难于上青天"的蜀道，历尽艰难，矢志不移地向延安进发。

## 在延安受到热烈欢迎

1939年2月12日，印度援华医疗队终于抵达延安。他们看到延安的街头贴满了边区政府、八路军政治部、八路军军医处欢迎他们的标语。当晚，鲁迅艺术学院为他们举办了内容丰富的文艺晚会。2月14日，边区政府举行欢迎晚会，设宴招待印度客人。毛泽东等中共领导人出席，对他们的到来表示热烈欢迎。此后，医疗队受到党和政府其他领导人的接待、欢迎。这一切使他们顿感温暖，与在重庆时的感受迥异。

毛泽东在延安会见印度援华医疗队成员

不久，援华医疗队就开始工作。卓克华、木克华被分配到边区卫生学校当教员；柯棣华、爱德华、巴苏华被分配在距延安城东40里地的拐峁八路军医院。爱德华任外科主任，并负责医院的管理工作；柯棣华任外科医生，巴苏华任五官科医生。他们到来的那天，医院清扫得干干净净，医务人员在院长苏井观的带领下，在门口列队迎接远道而来的客人。在院长办公室，苏井观向他们介绍了医院的概况。

他说：陕甘宁边区有卫生部，后方有"兵站医院""边区医院""军医院"。前方也有许多医院。但是，我们的医生不够，技术不高，所以非常欢迎印度朋友来帮助我们。爱德华插话说：我们是来帮助中国人民抵抗日本侵略的，愿意贡献我们的一切。接着，苏井观介绍说：这所八路军医院刚建成半个月，现有180个病床，6名医生，40名护士，2支体温表。但我们山上的化验室在延安是最好的，实验室主任曲正，曾在日本和德国留学3年。医疗队的医生们表示：让我们一起来做，建设一个好的医院。

八路军医院对他们的生活给予特别照顾。几名援华医疗队的医生住在一排较好的窑洞内，光线充足，白布床单，桌椅、书架、衣架、洗浴间齐全。窑洞前平整宽敞，还种了一些山花。后来人们把他们住的那排窑洞叫作"印度村"或"印度街"。他们对医院医护人员认真工作的态度，爱护病员的热情，极为敬佩和感动。他们进城时常结伴而行，遇见人主动打招呼，在街头饶有兴趣地观看当地的土特产，人们称他们为"印度朋友"。他们还带来了留声机，休息时听听音乐，看看书，学学中文，过得很开心。

队长爱德华当时50多岁，性格开朗，喜欢与人交谈。5月18日，时任鲁迅艺术学院编译部主任的萧三陪同苏联新闻电影艺术家和记者卡尔曼来医院访问时，他正开着留声机听音乐，便以主人的姿态请客人进入窑洞，伴着音乐聊起来。爱德华主动介绍了印度国大党的历史和现状，谈了在医院工作的感受，感谢院方对他们的照顾。他还谈了来中国的经过，表示愿意在中国工作下去。他说："我觉得延安什么都好，大家努力工作和学习，没有一个闲人，我很喜欢。"

1939年5月12日，卓克华要回国，毛泽东请他带去一封写给印度国民大会的信：

> 印度国民大会的同志们：
>
> 你们派来的印度救护队，他们非常努力，和我们过着一样艰苦的生活，八路军的同志们都欢迎他们，今逢祝启华（即卓克华）大夫暂时回国之便，敬写此信，表示我们的敬意和谢忱！
>
> 毛泽东
> 五月十二日

5月24日，毛泽东又致信印度国大党领袖尼赫鲁，感谢印度人民和印度国民大会给予的医疗和物资援助，并告知印度医疗队已经在此开始工作，受到八路军指战员非常热烈的欢迎。

7月11日，尼赫鲁复函毛泽东，说他可能在今年8月或9月来中国做短暂逗留，届时希望能和毛泽东见面。8月27日，毛泽东致信已到重庆对中国进行访问的尼赫鲁，邀请他到延安访问。后因第二次世界大战全面爆发，尼赫鲁提前回国，未能到延安访问。尼赫鲁9月2日致电毛泽东，对不能访问延安表示遗憾，并向毛泽东和英勇的八路军致敬。

9月28日，延安各界召开盛大文艺晚会，招待中外朋友。斯诺和印度援华医疗队的爱德华和巴苏华、柯棣华应邀出席。毛泽东致欢迎辞："今天晚会有印度医疗队的同志参加。印度是一个有三万万二千万人口的大民族"，"一切帮助我们的各大民族，美国的人民、印度的被压迫民众，和苏联团结起来。国内的团结，再加上国际的团结，日本帝国主义是一定会被打倒的"。

援华医疗队的爱德华、木克华、卓克华3人，因服务期满或生病，至1940年已先后回国。而巴苏华、柯棣华2人仍留在中国，继续为中国革命贡献着自己的力量。

1939年5月在延安的印度援华医疗队

## 在中国工作时间最长的巴苏华

在延安，巴苏华担任八路军医院五官科的大夫，工作认真负责，技术精良。他对病人精心治疗，对中国医生悉心指导，受到大家的赞扬。新中国成立后，他写过一篇《兄弟间的友谊》文章，深情回忆在延安的那段美好生活。

1939年3月15日，毛泽东在凤凰山麓的窑洞里会见印度援华医疗队的5位大夫。原计划在上午8点会见，后因防空延至11点才见面。毛泽东从窑洞里走出来，笑着迎接他们。巴苏华写道："我们坐着用包装箱的板子做成的松木凳子，围在一张桌子旁。桌子上盖着白布，桌子同样也是用包装板费了不少工做成的。"先期来延安的美国医生马海德陪同会见，同时兼做翻译。谈话前，马海德请他们到院子里，同毛泽东一起合影。

毛泽东首先代表中国人民感谢印度国民大会和印度人民，在中国人民最需要的时候派来医疗队，支援中国抗日。他回顾了具有悠久历史的中印人民的传统友谊，说：在古代，佛陀传扬教义，保佑普天下大众之太平。现在医疗队来中国，是传播人民反对帝国主义之友谊。这种友谊在目前团结反帝的斗争中达到了新的高峰。接着，他讲了《西游记》中唐僧到印度"西天取经"的故事，来证明中印人民的友谊深远。

巴苏华讲了来延安前，国民党给他们设置种种障碍的不愉快事。毛泽东说，国共两党应该团结抗日，制造麻烦是不对的。巴苏华把一张印度报纸的剪报递给毛泽东看。毛泽东边看边用生硬的英语读着："泰戈尔答复野口……"他抱歉地说：早就想学英语，但还是不能读和说。马海德接过剪报给他翻译，内容是印度诗人泰戈尔写给日本一个歌颂法西斯的诗人的信，抗议日本对中国的侵略，并谴责这个诗人。毛泽东听了表示感谢。

针对医疗队成员卓克华信奉"甘地主义"的思想，毛泽东明确说他不赞成甘地的"非暴力抵抗"思想，并以中国历史为例，谈了用革命暴力反对反革命暴力的必要性。毛泽东还询问了大革命时期在中国工作的共产国际代表、印度人罗易的近况。巴苏华说："他回国后被印度政府逮捕入狱，被监禁了很长时间，刚放出来不久。"毛泽东说："干革命是会遭受很多磨难的。罗易对中国大革命失败负有责任，但他是听莫斯科的，本意是帮助中国革命，好心办了坏事。"

12点多，毛泽东设宴招待他们。巴苏华是这样介绍当时的情况的："在用摇晃不稳的包装箱拼成的饭桌上，放着一盘馒头，一大盘小白菜，里面有一些肉片和炸豆腐。另一大盘菜里是蘑菇、竹笋。一个大盆放在中央，是热气腾腾的蒸小米饭。最后是一盆清汤鸡和一些蔬菜。"当然，还有一碟必不可少的辣椒。这一桌丰盛的饭菜，就是延安的"国宴"，平时是吃不到这些的。毛泽东边吃边说：我们吃的是小米，拿的是步枪，却满怀信心要战胜日本强大的武装。

同样，毛泽东依然不忘记谈论他那套"辣椒革命论"，说吃辣椒越多越革命。他带头把馒头掰开，里面夹了许多辣椒，吃得津津有味。爱德华仿照毛泽东，也吃了很多辣椒。结果肚子难受，一晚上没睡好觉。饭后，谈话继续，直至太阳平西。巴苏华说："今天，在会见了毛泽东，并和他进行了亲切的交谈后，我确信，毛泽东是一个有着敏锐洞察力的、时事意识很强烈的伟大的革命领袖。任何一个国家，有了像毛泽东这样的领袖，都会感到骄傲和自豪。"

印度援华医疗队中，柯棣华的中国话说得最好，其次就是28岁的巴苏华。他不仅会说中国话，而且喜欢表达，在许多场合是他代表医疗队表达意愿。当时约定他们在华工作至1939年年底，当然可以延长。巴苏华在中国工作时间最长，1940年10月，他从晋察冀边区返回延安，任八路军医院五官科主任。不久，调到八路军卫生部工作。此外，他还参加延安和边区的一些社会活动，曾被选为陕甘宁边区参议会议员。在大生产运动中，巴苏华等坚决要求参加，与大家一起上山开荒。

不久，巴苏华要求重上前线，到晋察冀工作。百团大战时，他拍摄了数百幅战地照片。1940年12月8日，他在延安文化俱乐部展出他带回的500余幅照片，受到参观者的热烈欢迎。

1941年1月中旬，毛泽东会见巴苏华。毛泽东用木炭在地上画出日军、国民党和新四军的位置，说明蒋介石制造皖南事变的严重局势。指出：中国共产党仍坚持把日本侵略者作为打击的主要敌人。如国民党企图破坏这一全国的主要政治方向，它必将遭到反击，它的计划必将失败，但中国共产党绝不鼓励内战。

1943年4月5日，巴苏华要离开延安回国。行前，毛泽东、朱德等分别向他介绍中国抗日战争和抗日民族统一战线的经验，并托他带回中共中央致印共中央的信和毛泽东、朱德致印度国民大会的信，对印共积极致力于全民族反法西斯统一战线和谋求民族独立的工作，表示关切和支持；对印度国民大会派遣医疗队来华表示感谢。毛泽东致印度国民大会的信说："贵会派援华医疗队来华参加抗战，表示对华的极大友谊。现巴苏华大夫返印，特向贵会及印度人民敬致谢意！……我希望印、华两大民族团结得更加坚固，以便与其他一切反法西斯国家配合作战，借以打倒法西斯，解放一切被法西斯压迫的人民。"

巴苏华对中国人民的感情很深。新中国成立后，他来北京学习针灸。1956年末，萧三随中国人民友好代表团访问印度时，巴苏华带着夫人在加尔各答与萧三相见，高兴地回顾他们在延安结下的友谊。他还打问许多中国朋友的近况。以后他又几次来华，并担任中国"柯棣华纪念委员会"主席，友谊之花长久绽放。

1986年10月，巴苏华病逝。遵照其遗愿，将其骨灰的一半安放在石家庄的华北烈士陵园柯棣华墓内侧，当地政府为其修建了纪念碑。

## 为中国革命献出生命的柯棣华

柯棣华，原名德瓦卡纳思·桑塔拉姆·柯棣，1910年出生于印度孟买，1936年毕业于格兰特医学院，后留校任教，做住院大夫。1938年9月，参加印度援华医疗队来华。1939年2月到延安，担任八路军医院外科医生。他工作认真负责，受到医院和病员的一致好评。

不久，他和巴苏华坚决要求到晋东南抗日前线，为伤病员服务。12月21日，他们到达山西武乡八路军总部，受到朱德总司令的欢迎。1940年6月后，柯棣华、巴苏华到达晋东南、晋察冀根据地工作。10月13日，印度方面来电，要求他们回国，因为在华工作早已到期。可是，柯棣华说："中国的抗日还没有胜利，这里需要医生。"他坚决留下来。

1941年1月，柯棣华被任命为白求恩国际和平医院首任院长，兼白求恩卫生学校教员。他经过调查研究，为医院和卫校建立了一套合理的规章制度，

柯棣华

使各方面的工作井井有条。他常说的一句话是："我们要学习白求恩！"在担任院长期间，柯棣华坚持做到工作、医疗、教学三不误。他亲自做了约2000次手术，编写了《外科总论》等教材，接着又编写了《外科各论》，学员们都喜欢听"柯大夫"的讲课。同时，他还挤时间学习中文口语和书写，以方便工作。

11月25日，在党组织的关怀下，柯棣华在唐县的一个农家小屋，与来自北平协和医院的护士郭庆兰喜结良缘。军区、医院、卫校和当地群众，来祝贺的有100多人。他们是在1940年6月21日参加聂荣臻主持的白求恩陵墓揭幕仪式上认识的。当时郭庆兰在白求恩卫生学校任护理教员。婚后，他们夫妻恩爱，互相帮扶，工作更加紧张、出色。

1942年春，边区开始整风运动，柯棣华积极参加，学文件，写笔记，参加讨论会，非常认真。在妻子的鼓励下，柯棣华郑重向晋察冀党组织递交申请书，要求加入中国共产党。7月7日，在晋察冀前线，经卫校校长江一真介绍，他成了一名光荣的中国共产党党员。8月23日，他们夫妇喜得贵子，聂荣臻前来祝贺，并应要求为孩子起名"柯印华"，表达中印两国人民的深厚友谊。

工作虽然艰苦紧张，但柯棣华依然乐观从容地面对。他和白求恩一样，把照顾他的食品如鸡蛋、罐头，都分给伤病员和同事们吃，与大家同甘苦。他给在延安的巴苏华写信说："我在此间虽然过着一种前所未有的艰苦生活，但我觉得我充满了活力和愉快。"此时，他身兼院长、医生、教员三职，忘我地工作造成他的体质日渐下降。癫痫病时常发作，绦虫病没有治愈，但他却默默地忍受着，工作忙个不停。聂荣臻每次建议他到异地治疗，都被他婉言谢绝。做手术、出诊、查房、教学、写讲义，几乎占去了他所有的时间，他心里只有工作。

12月8日夜，钢铁战士柯棣华倒在写《外科各论》的小桌旁。12月9日凌晨6时，他停止了呼吸。12月18日，柯棣华的灵柩安葬在白求恩的墓旁。两位国际主义战士生前未能谋面，死后终于安睡在一起。柯棣华曾在白求恩墓前庄严地说："我要像白求恩那样地工作！"他做到了。

全党、全国军民惊悉柯棣华逝世，都沉浸在悲痛之中。毛泽东、朱德、周恩来、叶剑英、聂荣臻、宋庆龄等题词、写文章或向印度国大党和柯棣华的家属写信，表示慰问和哀悼。12月30日，延安各界举行了隆重的追悼会。毛泽东的挽词是："印度友人柯棣华大夫，远道来华，援助抗日，在延安、华北工作五年之久，医治伤员，积劳病逝，全军失一臂助，民族失一友人。柯棣华大夫的国际主义精神，是我们永远不应该忘记的。"朱德在追悼大会上赞扬柯棣华：他不仅在火线上进行艰苦的医疗工作，而且研究了游击战争，他是一个革命者，一个反法西斯的战士。朱德的挽词是："生长在恒河之滨，斗争在晋察冀，国际主义医士之光辉，辉耀着中印两大民族。"

1943年3月22日，周恩来致信柯棣华家属表

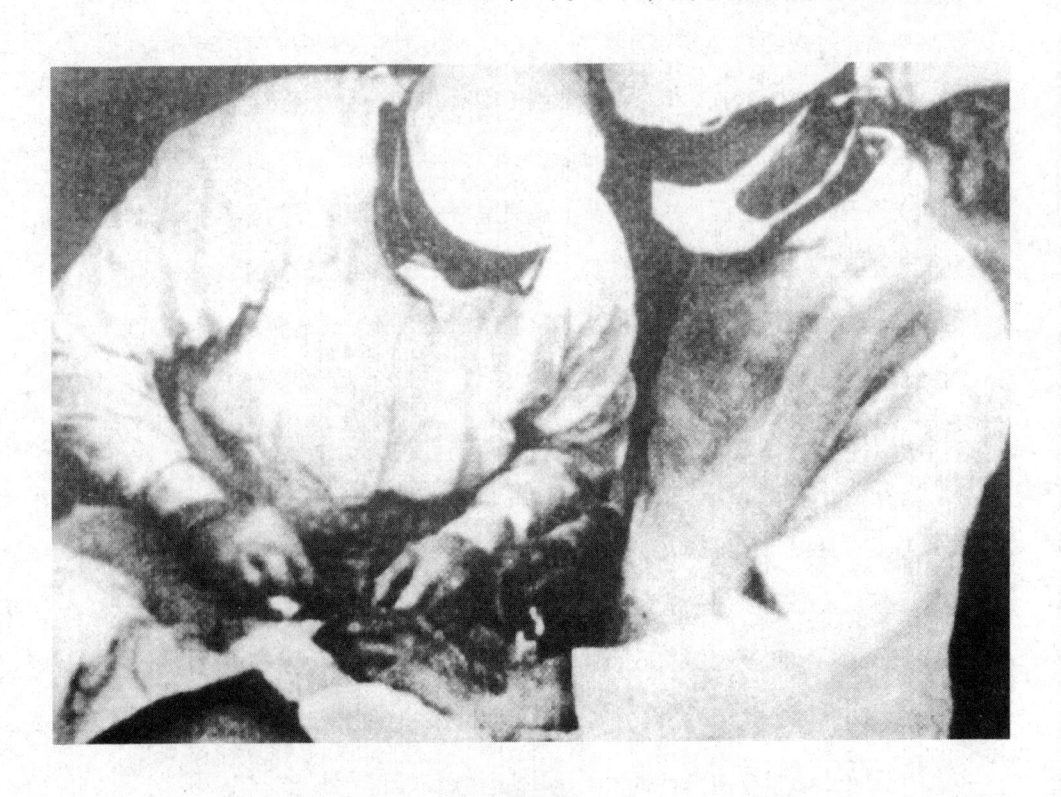

1939年5月，柯棣华在延安八路军拐峁医院为阑尾炎患者做切除手术

示慰问："亲爱的朋友，我谨代表第十八集团军和中国共产党，为柯棣华大夫的逝世，向你们致最深挚的悲悼。柯大夫曾予华北敌后五台区最需要帮助的军民以无可比拟的贡献。"他是"白求恩事业的继承者，担任国际和平医院院长，直至逝世"。"他的中国同志都爱他，尊敬他。……我们受惠于他的极多，我们永远不能忘。"柯棣华"是中印两大民族友爱的象征"，"他的名字将永存于他所服务终生的两大民族之间"。4月5日，毛泽东和朱德联名致信印度国民大会，对派出援华医疗队表示感谢，对柯棣华的逝世表示哀悼。信中说："贵会派出了一个援华医疗队来华参加中国的抗战，表示对华的极大友谊。""四年以来，医疗队诸同志不避艰险，辗转北方战地，他们的艰苦努力和极有价值的工作，使无数中国军民亲睹印度人民的援华热忱。""柯棣华大夫因病逝世于晋察冀边区，我国军民失一良友，印度人民失一优秀战士，至堪悼惜。现巴苏华大夫返印，特向贵会及印度人民敬致谢意！"宋庆龄评价柯棣华说："未来将赋予他比今天更高的荣誉，因为他正是为未来而战斗的。"

　　1953年3月15日，柯棣华的灵柩与白求恩的灵柩一起，被迁至石家庄华北烈士陵园。1957年12月，印度援华医疗队队长爱德华在北京逝世，遵照其遗愿，他的骨灰一半撒入印度的恒河，一半撒入黄河潼关渡口。1958年，在华北烈士陵园修建了爱德华纪念碑。50多年来，柯棣华的陵墓得到不断修缮，成为华北烈士陵园重要的纪念处所之一，柯棣华的名字已成为中印两国人民友谊的象征。他是一座高大的精神丰碑，永远矗立在中国人民的心中！

# 外国记者西北访问团的延安之行

国民党对陕北的严密封锁，中断了外国人对延安的访问；他们对延安的抹黑，增强了延安和边区的神秘性，反而激发了外国记者们前往探秘的强烈欲望。党中央根据以往八九年的经验，坚信尽管外国记者与我们的政见不同，但他们中的大多数人会笃信"新闻的生命是真实"，有着做人的起码良知。邀请他们访问延安，进行新闻报道，对我们是有利的。于是，中共驻重庆的代表受中央的委托，公开邀请外国记者访问延安，立即得到积极回应。"外国记者西北访问团"（亦称"参观团"）很快组建并成行，使沉寂了数年的外国人访问延安，又活跃起来。

## 曲折组建的访问团

1944年2月16日，在重庆的"驻华外国记者联盟"，以《纽约时报》的布鲁克斯·阿特金森为首，联名上书蒋介石，要求去陕北和延安访问。2月23日，蒋介石迫于舆论压力，出人意料地第一次批准了外国记者们的要求。

中共对此非常重视。3月4日，重庆八路军办事处将这一重要信息急报延安。毛泽东收到电报，当即批给中央十几位同志传阅。3月19日，周恩来致电董必武转外国记者团说："我受毛泽东、朱德两位同志及中共中央委托，特向你们表示热烈欢迎！"同时，周恩来还请董必武通知驻渝《新华日报》记者龚澎及十八集团军驻渝办事处交通科科长龙飞虎，到时陪同和护送外国记者来延安。此事商定后的4月30日，毛泽东又致电董必武，请他转告外国记者："诸位来延，甚表欢迎。"

国民党虽然批准了外国记者们访问延安的要求，但是很不放心，害怕外国记者们到了延安被"洗脑""赤化"，便采取了种种限制和防范措施。他们不仅增派了国民党"中央社"、《中央日报》《扫荡报》等"可靠"的中国记者参加记者访问团，以监控外国记者的"越轨"行为，而且指定国民党官方代表担任记者团的正、副领队，制定了中外记者"统一行动"的纪律。国民党当局还规定，参观团西北之行的时间限定在3个月内，而且必须先到西北国民党统治区访问，然后再到共产党的边区参访；写出的报道必须送国民党中央宣传部审查。同时，蒋介石还训令西安地区国民党的军政要人，到时要网罗一批人，伪装成"中共叛徒""受迫害者""知情人"，实行"拦道鸣冤"，向外国记者编造中共的"罪状"，给中共抹黑。但是，蒋介石这些训令和相关情况，很快被我党掌握。4月初，毛泽东和周恩来电告董必武，要他把这些情况迅速透露给各位来访记者，要他们在思想上有所准备。蒋介石的阴谋提前曝光，气得他直骂娘！

1944年5月17日，中外记者21人组成的"中外记者西北参观团"，乘汽车离开重庆，经宝鸡、西安前往西北。

访问团共有6名外国记者，除普罗岑科为塔斯社记者外，其余5人皆为美国记者，他们同时兼任着英美等国几家有影响的报社的记者。他们是美联社、美国《基督教科学箴言报》、英国《曼彻斯特卫报》的斯坦因，美国《时代》杂志、《纽约时报》的爱泼斯坦，合众社、伦敦《泰晤士报》的福尔曼，路透社、《多伦多明星周刊》《巴尔的摩太阳报》的武道和美国《天主教信号杂志》《中国通讯》的夏南汉神父。这5个人的政治倾向很不相同，爱泼斯坦、斯坦因是中国人民的好朋友，福尔曼对政治不感兴趣，武道与国民党宣传部关系密切，天主教神父夏南汉敌视共产主义。但这只是他们西北之行前的思想状况，访问延安后有了很大的变化。

中国记者9人，他们是《大公报》的孔昭恺，《中央日报》的张文伯，《扫荡报》的谢爽秋，《国民公报》的周本渊，《时事新报》的赵炳烺，《新民报》

的赵超构,《商务日报》的金东平,中央社的徐兆镛、杨嘉勇。国民党中央宣传部派员参加的有魏景蒙、陶启湘、张湖生、杨西昆。访问团的领队(队长)是谢保樵,副队长是邓友德。6月9日,即盟军在法国诺曼底登陆、开辟欧洲第二战场后的第三天,访问团抵达延安,开始了3个多月的访问。

## 马不停蹄的参访活动

中外记者参观团于1944年5月30日进入陕甘宁边区,先在固临、延长访问,后到南泥湾,参观了359旅的军事训练和生产建设。6月9日抵达延安,住在延安最高档的旅社——交际处,受到热情招待,并开始马不停蹄的参访活动。

6月10日下午,朱德总司令在八路军总部设宴招待记者团。招待会是在王家坪的树荫下,摆了20来张矮桌,中餐西吃,4人一桌,以露天闲谈的形式进行。出席作陪的军界有师长林彪、联防军司令贺龙等;政界有边区政府副主席李鼎铭、高自立等;文化界有解放日报社社长博古、边区文协主席吴玉章等。朱德致辞欢迎各位记者来延安访问,并简单介绍了抗战形势。大家边吃边谈,轻松愉快。宴会之后,举行了盛大的音乐晚会。鲁艺和西北战地服务团演出大小节目30来个,包括西方的战歌、陕北民间小调。以雄壮的《同盟国进行曲》开始,以气势磅礴的《黄河大合唱》结束。这次宴会,除欢迎记者团来访外,还有庆祝盟军在欧洲开辟第二战场的含意。记者团领队谢保樵、外国记者斯坦因也在会上讲了话。

6月12日下午,毛泽东接见了中外记者西北参观团。粉红色的请柬早上就送来,记者们很兴奋,很期待。他们按时到达杨家岭中央大礼堂后面的会议室,毛泽东满面笑容地进来,跟大家一一握手。他致辞说:我十分欢迎各位记者来到延安。我们的目的是共同的,就是打倒日本军阀和打倒一切法西斯。全中国,全世界都要在这个共同目标的基础上团结起来。各位到延安的时候,正

遇到欧洲开辟了第二战场，我们表示极大的祝贺。中国有一个很大的缺点，一言以蔽之，就是缺乏民主。中国人民非常需要民主，因为只有民主，抗战才有力量；中国内部关系与对外关系，才能走上轨道，才能取得抗战的胜利，才能建设一个好的国家。一句话，只有民主，才能使中国在战后继续团结。谈话中，毛泽东重申了中国共产党关于处理国共两党关系的一贯政策，批评了国民党及其政府对其他党派和人民大众的不民主行为。

接着，毛泽东解答记者们的提问。在回答有关"统一"的提问时，毛泽东强调了民主与统一的关系，

1944年6月10日下午，朱德总司令在王家坪桃园设宴招待中外记者参观团

指出"政治需要统一，但是只有建立在言论、出版、集会、结社的自由与民主选举政府的基础上面，才是有力的政治。统一在军事上万为需要，但是军事的统一，亦应建筑在民主基础上，在军官与士兵之间，军队与人民之间，各部分军队互相之间，如果没有一种民主生活、民主关系，这种军队是不能统一作战的"。

在回答共产主义世界观与新民主主义制度的关系时，毛泽东说："没有共产主义的思想方法，我们就无法指导目前我们社会革命的民主阶段；而没有政治上的新民主主义制度，我们也无法将我们共产主义的哲学，正确地运用到中国的实际上面。"

美联社记者斯坦因提问："你以什么权力在这里指导政府和军队？"毛泽东从容回答："靠人民的信任，靠当前在我们新民主主义的各政府之下的八千六百万人民的信任！"

关于开辟第二战场，毛泽东说：它的影响会是很广泛的，直接影响到欧洲，将来会影响到太平洋和中国。但是，中国的问题还要靠中国人努力才能解决。

这次接见谈话进行了约3小时，毛泽东设宴招待他们。之后，陪同他们出席京剧晚会，由延安平剧研究院演出4出传统戏。毛泽东看得很入迷，对《古城会》中的张飞、《打渔杀家》中的教师爷、《鸿鸾禧》中的金老头、《草船借箭》中的鲁肃的对白和表演，不时发出笑声。有的记者说他对京剧有研究，毛泽东则谦虚地说："我对京剧没有研究，但是喜欢看。"晚会散场时已是深夜11时，毛泽东微笑着送客上车离去。

6月14日是联合国日。延安在北门外的文化沟，举行了有两三万人参加的庆祝大会，外国记者团应邀参加。他们目睹和感受了群众大会歌声、口号声震动山谷的场面。

6月22日，中外记者西北参观团在王家坪中央军委会议室，听取叶剑英总参谋长所做的《中共抗战一般情况的介绍》长篇谈话。他说：八路军、新四军坚持抗战7年，使中国免于被日寇灭亡，但我们却被国民党攻击、封锁、污蔑。

国共应该真正团结起来，共同抗日，才能取得最后胜利。这个谈话经毛泽东审改时，加了一段话：国民党对投敌伪军不加讨伐，是为了将来配合国民党军队进行反共战争。伪军中流行的"曲线救国论"，就是为着这种叛变的目的，全国人民应当注意这种阴谋。

叶剑英在延安向中外记者西北参观团介绍八路军、新四军抗战的情况

6月26日起至7月中旬，中外记者访问了陕甘宁边区政府，了解边区的工作制度、政策和行政方法。在延安期间，记者们先后访问了被服厂、光华农场、延安大学、鲁艺、延安日本工农学校、医科大学、国际和平医院第三部、解放日报社、新华社、兵工厂、难民工厂、皮革工厂、振华造纸厂、中央医院等单位，还参观了吴家枣园农村，活动极为紧张。

6月28日，毛泽东致电在重庆的林伯渠、董必武、王若飞："记者团在延一般情况尚好，特务捣乱未成功，惟斗争仍继续。"

## "热闹非凡"的文艺界招待会

6月24日上午，延安文艺界在边区银行大楼集会，欢迎中外记者，向他们介绍延安的文艺情况。延安文艺界的精英周扬、成仿吾、丁玲、柯仲平、萧军、艾青、吴伯箫、陈学昭、欧阳山、张庚及周恩来的秘书陈家康等数十人出席。招待会由边区文协主席吴玉章主持。

首先，柯仲平全面介绍了边区的文艺现状；其次，成仿吾谈了晋察冀边区的文艺概况。自由发言时谈出许多政治"奇闻"和笑话，使外国记者大跌眼镜，对国民党有了新的认识。

丁玲说："前几天有一位记者先生问我，在延安发表一篇文章要经过什么手续？初听这话，颇为奇怪。因为我们这里发表文章是不需要经过任何手续的。他们大概是习惯了重庆的环境。那里发表文章要经过层层审查，作家们正在反对国民党的《出版法》，要求出版自由。"

穿着考究的女作家陈学昭是浙江人，她轻声细语地说："我是在外国学文艺的，想回国做一番事业。但发现所学的东西不适合民众，我就抛弃过去的那一套，写一些普及通俗的文章。"

作家吴伯箫忽地站起来，愤怒地说："有一件不愉快的事我要向大家谈一下。在今年三月，西安有一小批人，根本不认识我，却扮作我的亲戚和朋友，说我在延安死了，为我开起追悼会来。大家都看见，我健康地愉快地活着。我有家庭，有妻子，又是纺纱能手，而在西安竟追悼我，这是多么荒唐！他们开追悼会的前几天，我还在《解放日报》上发表了《海上的遭遇》。天下哪有这样荒唐的事？趁这个机会，我告诉中外记者先生们，追悼我这个活人，是对我的侮辱，我向西安的混蛋们抗议！"记者们引颈静听，发出一阵笑声。会后，吴伯箫在《解放日报》发表《斥无耻的"追悼"》一文。

艾青的一席话，同样引起记者们的笑声，使会议更加热闹。他说："大后方有一个名叫《良心话》的刊物，实际上是没有良心。那上面有一篇文章，叫作《行不得也——艾青》，说我要逃出边区，走到鄜县又被保安处捉回去。还说我逃跑的原因是一篇文章受到顶头上司周扬的批评。这简直是胡说八道！我为什么要逃？我要逃到哪里？在今天的中国，哪里还有比边区，比共产党建立的抗日根据地更好的地方？再说，周扬什么时候当过我的顶头上司？什么时候批评过我的文章？他们造这些谣，无非是要挑拨我们同志间的关系，污蔑延安。"艾青还说："有人问我，为什么近来没有发表作品？这是因为我在参加组织秧歌队（艾青是中央党校秧歌队副队长）。秧歌是群众喜闻乐见的好形式，我很高兴把我的时间和劳动放进这个工作里。"招待会之后，艾青写成《我的声明》一文，斥责《良心话》毫无良心。他说："我把这个造谣污蔑的材料宣布出来，是为了证明，国民党常常给那些不该享受自由权利的人以自由；却不给应该享自由权利的人们以自由。请记者先生们注意这个事实。"

萧军站起来粗声大气地发言：有人说我在延安受排挤，这真是瞎扯。我在这里十分快乐，一不怕饿死，二不怕冻死，三不怕飞机轰炸，自由写作，舒心得很！

其他文艺家们听了这些话，也纷纷发言，斥责国民党的种种无耻行为。国民党的官员们和亲国民党的记者们，则觉得无地自容，急盼座谈会快些结束。后来，爱泼斯坦写文章，称文艺界的招待会"热闹非凡，许多事前所未闻"，并嘲弄国民党"必知羞耻"。

招待会一直开到下午两点。饭后，请记者们观看秧歌剧。原定表演9个节目，因为开演推迟，只演了5个节目，有《兄妹开荒》《牛永贵受伤》《女状元》《张治国》和《动员起来》。观看秧歌剧表演的除记者团外，还有群众六七百人。

## 分别接见的深谈

6月30日，外国记者团访问了陕甘宁边区第一保育院。院方介绍说：蒋夫人宋美龄领导的儿童保育会，每月拨来13万元经费，其余边区自筹。一间屋子里的墙壁上张贴着宋美龄的肖像，孩子们都知道她是"蒋妈妈"。这里的孩子们面色红润，健康活泼，打扮得漂亮可爱。参观后分别时，孩子们对记者团一遍遍喊着："问候蒋妈妈好！"这一现象，使外国记者大感不解：一方面是国共对抗，一方面是蒋夫人慈善援助，"老外们"很难搞懂。

7月2日，毛泽东又同记者团进行了一次谈话。几天后，中国记者们提出回重庆，党中央进行安排。7月11日，朱德设宴为他们饯行。7月12日清晨，参观团中全体中国记者和夏南汉神父，离开延安返回重庆，结束了他们43天的西北之旅。其余外国记者又先后前往绥德等地及晋西北根据地访问。至10月下旬，他们陆续返回重庆。

队长走了，行动也就自由了。7月14日，外国记者斯坦因首先冲破参观团要"统一行动"的纪律，单独会见了毛泽东，提出许多问题。毛泽东一一坦诚解答。关于中共所信仰的马克思主义思想方法问题，毛泽东说：各国共产党只有一件共同的东西，那就是马克思主义的政治思想方法。中国共产党特别需要严格地把共产主义观察、研究、解决社会问题的方法，和新民主主义的实际政策相区别。没有共产主义的思想方法，就不能指导民主阶段的革命；没有新民主主义的政治制度，共产主义哲学就是空洞的。

关于土地革命政策，毛泽东说：新民主主义的中心经济特点是土地革命。农民是我们进行斗争的基础。中国革命的特点是，广大亿万群众，在私有财产的基础上，进行民族独立的革命，农民群众的基本要求集中在土地上。我们制定的没收地主土地的纲领，经过修改，让地主也分得一份土地，使他们能够生活下去。如果地主想抗日而土地被没收，这就会把他们赶到其他阵营去。现在农民认清了一个简单的真理，即减租既可使地主继续生活下去，又可以孤立日本人。减租政策是切合时宜、唯一可行的政策，如果能够在全国实行，自然会是一个巨大的进步。但是，它仍然是落后于"耕者有其田"的一个措施。然而，在民主制度下，我们会有办法去考虑所有制的和平、逐步转变的。譬如说地主也许能够把投资转移到发展工业上去。重要的是，我们能够设想出种种对双方都有利的办法。

关于战争结束后的社会经济，毛泽东进行了展望。他说：将来的经济不能建立在分散的、落后的农业经济基础上。社会的发展主要依靠工业的发展。恰当地对付资本是一件有利的事情。这不但适用于中国资本，而且也适用于外国资本。私人资本必须得到广泛、自由发展的机会，我们需要发展工业。我们要用国家之间的自由贸易原则去取代日本使中国殖民化的原则。我们应该用发展现代工业、提高农民生产力的原则和增加购买力的政策，去代替限制工业发展、恶化农民生活条件、导致他们对发展生产失掉兴趣的政策。我们必须依靠强大、民主的合作社，把手工业组织起来。铁路、矿山由国家经营，其他工业由私人资本来发展。

关于国共两党的关系，毛泽东说：如果国民党向我们发动进攻，我们愿意后退一些。如果他们继续进攻，我们就要战斗。我们必须自卫，但决不打第一枪。我们必须尽一切所能防止偶发事件。中国人民、国民党的大多数和盟国，应设法制止它们发生。蒋介石不会欢迎盟国调停的。

关于共产党如何听取群众意见问题，毛泽东说：这一点很重要。经过乡、镇、区、县的人民会议，经过党员和各阶层人民的交谈，以及报纸和人

毛泽东在王家坪与中外记者的合影

民的来信，我们就会经常听到人民群众的意见。

另外，会见中毛泽东还谈了马克思主义与中国文化遗产的关系问题。会见从下午3时开始，持续到15日凌晨3时，大约进行了12个小时。斯坦因同毛泽东在窑洞里共进了晚餐。

紧接着，7月18日，武道也不顾"纪律"，单独会见了毛泽东。毛泽东与他进行了关于政治科学、国共两党关系的长篇谈话。毛泽东首先谈了中国共产党人在对待传统和外来事物上的态度，他说：我们批判地接受中国长期的传统，继承那些好的传统，而扬弃那些坏的传统，我们以同样的态度对待来自国外的事物。我们曾接受了各种学说，如达尔文主义、以华盛顿和林肯为范例的民主政治、18世纪法兰西哲学、费尔巴哈的唯物主义、来自德国的马克思主义以

1944年"中外记者采访团"访问晋西北。左起为爱波斯坦、武道、福尔曼

及来自俄国的列宁主义。我们接受一切来自国外的、对中国有益和有用的东西。我们抛弃坏的东西，例如法西斯主义。俄国那种类型的共产主义并不适用于中国，因为中国条件还不成熟，现在还不存在推行共产主义的条件。但是，如果某些东西有用，我们不会因为害怕批评就拒绝接受它，科学无国界。

在政治学方面，我们从国外学到民主政治。但是，中国历史上也有它自己的民主传统。"共和"一词，就来源于三千年前的周朝。孟子说，民为贵，社稷次之，君为轻。中国农民富于民主传统，千百次大大小小的农民战争就有着"民主"的含义。历史上的一个例子，在著名的小说《水浒传》中就有所描绘。在接受和评价中国历史和外国条件时，采用适当形式极其重要，不可盲从。政府代表制的"三三制"适合中国目前的实际条件。

关于抗战以来两党的关系，毛泽东说：造成目前两党关系恶化的根源在于国民党的根本政策错误，它必须修改。在政治和经济领域里，它必须采取团结人民的政策。只有这样军事形势才能得到改观。我诚恳地盼望你和其他愿意援助中国人民的朋友们，帮助国民党认清新的形势。我们一切希望都是为了团结和民主。毛泽东还说：自然委员长是公认的中国主席，我们一直坚守诺言，并且还要坚持下去。第一，不推翻国民党；第二，不没收土地；第三，我们民主选举产生的政府，都是国民党政府下属的地方政府；第四，我们的军队都是国民党军事委员会管辖下的国民军的一部分。

毛泽东会见福尔曼，大约也是在7月中旬。会见中主要就中国共产党的现行政策与共产主义最终目标的关系问题，回答了他的提问。但福尔曼也许并没有真正理解毛泽东这次谈话的含义，而且只是对毛泽东谈话的部分内容，做了符合他本人意愿的解释。他得出的"奇怪"结论是："如果依照俄国人给共产党下的定义来看，中国的共产党并不是共产党，目前他们既未提出也没有实现共产主义。在早期，当中国共产党刚成立时，马列主义确曾构成这个政党哲学上和实践上的方针。可是随着年代的推移，中共逐渐发现，去说服那些个体的中国农民，要他们改变私有心理不做自己那小块土地的主人，而去信仰新奇的

毛泽东等中央领导人与中外记者西北参观团在王家坪的合影

集体主义，这实在是一件难事。他们一再让步，所以到今天，中国的共产党并不一定比我们美国人更共产主义化，我曾与中共领袖毛泽东探讨过这一点。"福尔曼这一结论当然是错误的，尽管他是怀着对中国共产党友好和善良的愿望写出这一结论的。

## 延安归来唱颂歌

对延安和边区的参观访问给外国记者们留下了深刻的印象。他们是记者，必然要写报道，将真实情况迅速在海外传播。

当这些记者们还在延安的时候，海外报刊就已经发表了他们的快电报道。1944年7月1日，伦敦《泰晤士报》就刊载了毛泽东接见中外记者团全体成员时的谈话；8月3日，美国旧金山电台在《美之呼声》的广播中，播放了美国著名报纸《纽约时报》《纽约论坛报》《基督教警世报》上由访问延安的记者发出的通讯等。这些记者离开延安后，又写了更多的文章和著作，宣传中共的政策和解放区的真实情况，颂扬中共领导的人民武装英勇对日作战的战绩。福尔曼的《来自红色中国的报告》（1945年在美国出版），斯坦因的《红色中国的挑战》（1946年在美国出版）等书，都曾引起较大反响。武道的《我从陕北回来》等文章，态度较客观；爱泼斯坦在《纽约时报》《时代》杂志上发表许多文章，认为中共的领导和抗日根据地，是中国的希望所在。

访问过延安的爱泼斯坦，后来成了中国人民的好朋友，对毛泽东由衷地敬仰。他访问延安后的1945年9月，在纽约的《下午报》发表文章说："毛泽东是我们这世界的伟大人物之一"，他"性格内混杂着深沉的严肃性和俚俗的幽默"，"1939年后国民党的封锁，使共产党有完全饿死的危险"，但是，他们战胜了困难，"我和其他外国记者在那年（1944年）访问共产党领导的地区，发现那里的老百姓和士兵比中国其他地方都吃得好，穿得好"。

中外记者的来访，在延安时期毛泽东和党与外界的交往中，占有重要位置。正如美国学者肯尼斯·休梅克所说："在某种意义上说，记者团的西北之行可以同埃德加·斯诺1936年赴保安相提并论。这两次对国民党封锁的穿越，标志着西方在中国共产主义问题上，已经从那种强制沉默和全然无知的年代中走了出来。在1944年到1945年间，外国记者的文章向人们展示了一件已经消失很久的东西，即有关中国共产党的权威性资料。"毛泽东和中国共产党人由此进一步走向世界。

1944年九十月间，还有两名美国记者在得到国民党书面批准后，先后访问了延安。他们是《纽约时报》的布鲁克斯·阿特金森和《时代》与《生活》杂志的西奥多·怀特（白修德）。他们通过同毛泽东和中国共产党人的交往，做出了同参观团的同行们相近的报道，以至于使新任的美国驻华大使赫尔利产生这样的看法：像怀特这样的记者，是成功推行美国对外政策的障碍，他们那些不利于国民党的评论，将危及美国政府支持蒋介石政府的政策。

外国记者团的访问和我党领导人与他们的交谈，是一件"双赢"的事。外国记者对边区的真实情况和我党的各项政策有了比较真切、详细的认识；同时，我党领导人也通过他们了解了一些比较重要的信息，如英美人士对国共两党的观感和对中国局势的看法，盟军有可能向八路军提出配合作战的请求，美国政府已开始谋划战后对华政策，等等。有的外国记者还十分友好地向我党提出一些改进对外宣传的建议和办法。对外国记者的反映，毛泽东非常重视，他在一些批示中说：外国记者对我党抗战形势的发展很感兴趣；对国民党的腐败专制甚为不满，对国共关系特别关心；他们从延安发出的电讯，大多描述边区的民主实施、抗战工作及生产建设的成绩。夏南汉神父本来拥蒋反共，起初国民党对他延安之行寄予"厚望"，认为他是记者团中的坚定分子，可是来延安访问后，他的思想大变，竟说起共产党的好话来。外国记者来访，被封锁的局面总算打开，毛泽东很兴奋。8月15日，他在一篇社论中写道："事实胜于雄辩，真理高于一切。外国人、中国人的眼睛，总有一天会亮起来。现在果然亮起来了！"他还说，这次外国记者团冲破封锁来访，将为这一转变开一新阶段。

外国记者经过几个月的实地观察，不仅对延安的看法有了很大的变化，而且进一步思考：为什么事实与国民党的宣传差别如此大呢？这让人产生一种受骗的感觉。于是，他们中的一些人比较客观地报道耳闻目睹的真实情况，对边区进行热心宣传和颂扬。这使国民党看到，他们一开始就担心的事终于发生：外国记者的确被"赤化"了，批准他们进入边区是一个极大的失策。国民党采取"急刹车"的办法，自1944年10月以后，重新加强了对边区的封锁，以阻止外国人与中国共产党人的接触。

# 官方外交的开端——美军观察组在延安

抗战后期，中国在同盟国中与美国的关系最密切，我党外交工作的主要对象也是美国。周恩来代表我党早就提出，美国可以派一个观察组到根据地，但未得到回应。有很长一个时期，美国政府并不重视中共的力量，而是把国民党视为中国抗战的主力。直到 1944 年初，美国政府的态度才发生变化，开始了与中共的官方之交。

## 修机场，欢迎观察组

太平洋战争爆发后，美国驻华官员戴维斯、谢伟思等建议美国政府，派人到中国抗日根据地考察；周恩来代表我党也提出此议，但都没有引起美国政府的重视。随着国民党战场的严重失利和共产党领导的敌后战场的迅猛发展，美国政府开始考虑同中共军队的合作问题。1944 年 2、3 月间，美国总统罗斯福通知蒋介石，为搜集日军在华北、东北的情报和研究将来在中国大陆作战的各种可能，准备向延安派一个军事考察团。蒋介石以种种附加条件进行阻挠和拖延。

毛泽东得知美国政府准备向延安派遣一个军事观察组，是在 1944 年 3 月初。当时，八路军驻重庆办事处给党中央发电，说一位在国民党政府担任顾问职务的人士告诉我们，罗斯福总统已致电蒋介石，要求派遣一个军事考察团去西北。蒋介石起先拒绝了，稍后又勉强表示同意，但条件是不得与中共接触。

这件事一直拖延到 6 月下旬，美国副总统华莱士访华，又向蒋介石提出，美军急需得到华北和华中准确的军事情报，派观察组去延安是军事的需要，与政治问题无关。这样蒋介石才勉强同意。在美军中缅印战区总司令、中国战区参谋长史迪威主持下，美军观察组迅速组成，成员来自陆军、海军、战略情报局、驻华美军司令部和美国驻华使馆等方面。组长是戴维斯·包瑞德上校，他曾长期在中国担任武官，熟悉中国情况，汉语水平较高，当时是中缅印战区的情报官员。美国驻华使馆的政治事务官谢伟思和卢登也是观察组成员。

6月28日，在重庆的林伯渠、董必武电告毛泽东，美国军事人员赴延安一事已确定，不久即可启程。毛泽东当即复电："美军人员来延，请你们代表我及朱、周表示欢迎，飞机场即日开始准备，来延日期请先告。"

此前，延安有一个简陋的飞机场，只是偶尔用一下，大飞机起降很不安全。为迎接美军观察组的到来，延安党政军民总动员，将东郊清凉山与延河之间的机场重新整修。有一段时间，成千的党政军民各界人员都来参加劳动，平地夯土，歌声飞扬，突击修缮了飞机场。

党中央对美军观察组的到来高度重视，因为这是我党首次遇到的、真正意义上的外交活动。6月28日，中央召开中共六届七中全会主席团会议，专门讨论接待观察组问题。会议决定：要对美军事使团表明，现在我们需要合作抗战，抗战后需要和平建国、民主统一；在交涉中以老实为原则，能办到的就说能办到，办不到的就说办不到；使团到后，由毛泽东、朱德、周恩来、林彪、叶剑英出面接见和谈判。

7月4日，毛泽东为准备和安排美军观察组的飞机在延安安全降落，特致电林伯渠、董必武，详告飞机在延安降落时应注意的事项，包括雨天飞机的最大载重，跑道的长度、宽度和降落方向，机场标志等，以保证安全。

以往我党与美国人打交道，是友好"交往"。但美国政府派遣一个军事观察组到延安来，则是官方"外交"。实际观察组级别不高，它并不办外交，但具有外交性质；它讲出口来的主要任务是收集情报，包括日、伪军的战斗序列和兵力，为将来参战做准备，但主要是了解我党领导的军队数量、战斗力、作战部署、装备和训练状况，以及在敌军和敌区的情报工作等。概而言之，他们的真实目的有三：一是观察中共抗击日军的实际能力；二是观察国民党和中共的关系；三是观察中共对苏有无独立性。

为接待观察组，中共中央成立了以军委秘书长杨尚昆为组长的"延安军委外事组"，成员有柯伯年、陈家康、凌青和黄华。美国友人马海德担任外事组顾问，黄华担任翻译科和联络科科长，立即开始了工作。

美军观察组分两批到达。7月22日，美军驻延安观察组（代号"迪克西使团"）第一批9人，在组长包瑞德上校率领下，乘军用飞机抵达延安。周恩来、张闻天、彭德怀、叶剑英、贺龙、杨尚昆等到机场迎接。飞机着陆顺利，但缓慢滑行时驶出了跑道，陷入一个坟坑里，机身突然倾斜。这一险情使现场的主客都惊呆了。但有惊无险，观察组面带笑容地登车离开机场。

周恩来陪同观察组到南门外的边区政府交际处临时下榻。朱德亲往看望，表示欢迎。7月26日，党中央为美军观察组举行欢迎晚宴。席间，毛泽东同坐在旁边的谢伟思（美国驻华大使馆二等秘书，政治官员）交谈，提出美国可否在延安建立一个领事馆？并说他提出这个问题，是因为抗日战争结束后，观察组会很快撤离延安，而那时正是国民党发动内战的最危险时刻。

第二批美军观察组9人，于8月7日到达延安，毛泽东到机场迎接。两批观察组成员合计18人，都暂住在交际处。几天后，他们搬进了延安北门外延河西岸的一排窑洞和平房内。他们架起了天线，开动发电机，在窑洞前升起了星条旗，迅速投入通信联络和气象探测工作。闲暇时，他们打牌、唱歌、听唱片、参加外面的舞会。为联络方便，军委外事组的多数成员也住在这里。

## 发社论，表达友好情

毛泽东对美国军事观察组的到来很重视，他亲自抓对外宣传工作，精心安排了一些"前奏"性的活动。观察组到来前夕，适逢美国建国168周年。为此，7月4日延安举行了热烈的庆祝会。毛泽东、朱德等主要领导人，在延安的外国人以及中外记者团的记者们都出席。这一天，毛泽东特地指定《解放日报》写了一篇社论，题目是《庆祝美国国庆日——自由民主的伟大斗争节日》。毛泽东审读社论并提出修改意见。这篇论文对美国独立战争、南北战争的意义做了很高的评价，对华盛顿、杰弗逊、林肯等人在世界自由民主运动中的影响也很赞许。社论中还有一段话，表达了我们对美国外交的希望："罗斯福总统、华莱士副总统的外交主张，是美英苏中的战时团结和战后团结……这个外交路线是符合于美国利益，也符合于全人类利益的。我们中国不但在战时要求国际反法西斯的团结，以求得民族的独立，而且在战后也要求国际的和平合作，以推进国家的建设。所以我们在庆祝美国国庆日的今天，深望罗斯福总统和华莱士副总统的这条路线，能够成为美国长期的领导路线。"

在美军观察组到来之后，毛泽东亲自修改了《解放日报》8月15日的社论《欢迎美军观察组的战友们》。其中"战友们"三个字是毛泽东修改时所加的。社论指出：美军观察组到达延安，"这是中国抗战以来最令人兴奋的一件大事"，因为经过7年抗战，我们终于被同盟国所认识，"国民党想要永远一掌撑天，已经困难了"。毛泽东预祝美军观察组的工作成功。

为了使美军观察组尽快了解抗日根据地的情况，从8月3日开始，党中央和中央军委安排我军的高级将领，如彭德怀、叶剑英、陈毅、林彪、聂荣臻、贺龙等，向他们做了有关敌后战场情况的全面介绍。彭总的报告讲了三天。此外，还召开了一些专门问题的座谈会，组织了各种参观活动。美军观察组向我方提交了他们所需的各种情报的清单，负责接待工作的叶剑英根据他们的需求，很快向各地区下达了详细指示。中央军委还决定在敌后各战区司令部增设联络处，专门负责向盟军提供战略情报的工作。

8月16日，党中央收到南方局的一封长电，内容是对我党外交的意见及对中央的建议：在对华政策问题上，美国政府的态度十分谨慎。对于国民党，罗斯福一方面不满意蒋介石的法西斯倾向及抗战不力，一面仍在政治上、军事上、经济上支持他，希望他用实行宪政的方法争取多数人拥护来和我们对抗。

对于我党，美国今天为了打日本，必须联共，并强迫国民党联共，但同时又怀着很深的戒惧。美国绝不会放弃对中国的控制和影响，不会赞成中共成为中国的政治中心，不会赞助中共领导的新民主主义在全国得到胜利。毛泽东对此意见是肯定的。这表明，当时我党对美国的对华政策和外交活动的认识，是非常清醒的。

## 发文件，指导外交工作

此前，我党冲破封锁与友好国家的一些联络，或是与外国友人的交往，都不是真正的外交，也没有制定过外交工作的文件。8月18日，周恩来受中央委托，草拟了党史上第一份《中央关于外交工作的指示》。经中央审议和毛泽东批准，下发给各中央局和各区党委执行。

"指示"明确指出，外国记者和美军观察组来边区，是对新民主中国初步认识后的实际接触的开始，是我们在国际间统一战线的开展，"是我们外交工作的开始"。国际统战政策，在目前最主要的应是外交政策。目前外交政策的步骤是：军事上，在被允许和守法前提下，同盟国军事人员可以进入根据地，欢迎他们给予军事援助；政治上，欢迎同盟国在根据地建立外交机构；文化宣传上，与同盟国进行合作，欢迎他们设立通讯社或派记者来延安；在宗教方面，允许外国牧师、神父来根据地从事宗教活动，但不得反对我党和政府；在救济方面，欢迎美、英、加给我们医药和资金援助；在经济方面，在互利的原则下，进行国际投资与合作。

这份文件，说明了我党外交工作的性质、内容和立场。周恩来指出，我们的外交政策是在国际统一战线的思想指导之下的，其中心内容是共同抗日与争取民主合作，扩大我们的影响。他还指出，开展对美外交是中共当前外交工作的重点。我们的外交目前还是"半独立的外交"。这是因为：一方面，重庆国民政府还挂着中央政府的招牌，我们的许多外交活动尚需经过它的承认；另一方面，国民党不愿我们单独进行外交活动，我们必须冲破阻力，才能与同盟国进行单独的外交。毛泽东和周恩来提出，共产党人办外交首先必须站稳民族立场，反对百年来在民族问题上存在的排外和惧外、媚外两种错误观念。同时，要学习人家的长处，善于与人合作。

美军观察组在延安"观察"了一个多月，对我党的印象很好。他们提出到敌后去观察，以便了解更多的情况。8月20日，毛泽东致电邓小平、罗荣桓、张云逸等，告知美军观察组到延安后，观感极佳。他们拟乘飞机到敌后抗日根据地，望在太行、华东、华中三地区，选择适当地点各开辟一个飞机着陆场。各地修建了简陋的机场，准备迎接观察组飞来。

8月23日，毛泽东与谢伟思长时间谈国共关系问题，其要点有三：一是中共的目标是现在为抗日胜利而奋斗，将来为社会主义、共产主义而奋斗，不管外国人对此态度如何，我们都会坚持；二是国共两党的关系是解决中国问题的关键，中共主张国共团结抗日，成立联合政府，反对蒋介石挑动内战；三是中共对美国的政策是寻求对民主事业的支持，采取一切方式进行合作，战后仍继续合作。针对美国怀疑中共受苏联控制，毛泽东说，中国共产党是完全独立自由的政党，不受任何外国势力的支配。毛泽东还指出，国民党在今天的处境下，必须看美国的脸色行事，希望美国政府努力引导国民党改组自己，防止内战发生。

此后，美军观察组还派出了三个小组，到晋绥、晋察冀，考察地形，建立情报网，了解轰炸工作实施之范围等。毛泽东及时将观察组的动向电告各地。

## 巧应对，制定新方针

1944年9月，根据国内外形势的发展，中央和毛泽东做出了两个重要决定：一个是放手与美军合作，同时也向美国说明援助我们的必要；另一个是在国民参政会和国共谈判中提出改组中央政府，废除国民党一党专政的要求。这两个互相配合的决定，就是党与美军观察组交往的方针。9月初，美国总统特使纳尔逊和赫尔利抵达重庆访问；9月中旬，美英两国首脑罗斯福和丘吉尔将在加拿大魁北克举行会议，这都关系到抗日战争的前途。在中外记者团和美军观察组抵达延安之后，党中央、毛泽东希望抓住这个机会，进一步推动我党与美国合作关系的发展，并借以推动停滞不前的国共谈判。

为了推动与美国的军事合作，9月9日，毛泽东和刘少奇提出："放手与美军合作，处处表示诚恳欢迎，是我党既定方针。"对于开展与美军的合作，各抗日根据地是积极的，但也存有一些顾虑。毛泽东发电报解释说：我们应该对美军人员的到来表示欢迎，这样做的好处是"一则美我配合侦察敌情，有利现时袭炸日军与将来配合作战；二则了解我情可争取军火援助，此点可能性很大；三则现时可打破国民党的反宣传，将来国民党举行内战，新四军首当其冲，可争取美方赞助。虽可能引起日寇扫荡，但比较全局，利多害少"。

在向美军提供帮助的同时，我党也慎重地向美军提出给予我军援助的要求。9月8日，党中央电示董必武，要他向史迪威、赫尔利、纳尔逊提出援助我们的必要。同时，代表我党我军向赫尔利等人表示，欢迎他们来延安访问。几天后，毛泽东又两次致电林伯渠、董必武和王若飞，说明我们在原则上主张按照抗战成绩分配盟国援华物资，美国援华军火至少分二分之一给八路军、新四军。美军观察组到来之后，一度出现了获得一些外援的可能性，因为美国人确实有求于我们。我党向美国提出援助问题还有其他两方面的意义，一个是打破国民党在接受外援方面的垄断地位；另一个是测试美国与我们进行合作的诚意。不过，后来情况有所变化，我们最终还是没有得到什么外援。

为了实现与美军的合作，毛泽东不仅制定了有关的方针政策，而且还亲自做了周密细致的部署。8、9月间，他曾指示山东我军迅速提供有关青岛、烟台、连云港等地日本海军的各种情报；指示太行、山东、华中三地区各开辟一个飞机着陆场，并说明这一工程必须由首长负责专门指导；美军观察组成员考林和琼斯赴晋西北、晋察冀考察，也是由他拟电向各地详细交代。毛泽东还批准陈纳德率领的美国驻华十四航空队，在我新四军五师所辖范围内设立一个无线电网。此外，像营救盟国飞行员（主要是陈纳德率领的"飞虎队"，我军共营救120多名美国飞行员），他也时常过问。毛泽东考虑更多的是怎样从战略上做好准备，针对美军有可能在战争最后阶段在华东沿海大批登陆一事，毛泽东在8月下旬要求新四军总部认真布置吴淞、宁波、杭州、南京间，特别是吴淞至宁波沿海及沪杭甬铁路沿线地区的工作：广泛地发展游击战争及准备大城市的武装起义。11月初，毛泽东再次指示新四军，美军可能在杭州湾登陆，要他们采取步骤，以配合美军登陆及准备夺取杭州、上海、苏州、南京等大城市。

## 心坦诚，解释党政策

在延安，毛泽东、周恩来和我党其他领导同志，多次与美军观察组成员谈话，坦诚说明党的政策，解答他们提出的各种问题，使他们对我党的政策主张有更深入的了解，争取他们同情和赞助我党领导的抗战大业。

毛泽东与谢伟思的谈话非常重要。从谢伟思的记述来看，毛泽东与他谈话的内容不仅包括国共关系、我党与美国的关系，而且还涉及战后中国的经济建设，有更为长远的设想。毛泽东强调说，共产党对美国的政策，是寻求美国对中国民主政治的友好支持，合作抗日。战后，中共将继续寻求美国的了解和友谊。中国战后的最大需要是发展经济，中美两国经济上可以互相取长补短，双方将不会发生竞争。在这些谈话中，毛泽东也直率地表示了他对美国对华政策的担心，批评美国只向蒋介石提供外援的政策。他还警告说，这将促使蒋介石选择内战道路。这些谈话中阐述的政策思想，为我党对美国的外交政策奠定了基础。

当时，我们与美军人员的关系相当融洽，我方的周密安排和坦诚合作赢得了他们的心。美军观察组人员认为，我方提供的材料"超出了他们的希望"。观察组组长包瑞德的评价是："八路军给予美国陆军的衷心合作和实际协助，几乎是尽善尽美的。"一位被我根据地军民营救的美军飞行员临走前恳切地说："中国共产党前途之大，除苏联外无可比拟，而蒋介石的不进步为世人所闻。"他甚至表示，蒋介石在战后必然向八路军进攻，造成内战；如八路军有所需要，他愿以个人的一切来相助。耳闻目睹的事实使他们深受触动，这不是洗脑，而是大开眼界。美军观察组在延安访问考察期间，写了不少调查报告，比较客观地反映了抗日民主根据地的政治、经济、军事方面的情况，以及党的方针政策。其中仅谢伟思就写了50多份报告。这些报告还建议美国政府应该重视中共及其领导的武装，但美国政府未予采纳。

10月5日，美国陆军中缅印战区统帅部对包瑞德授勋仪式在延安举行，表彰他在华工作的卓著成绩，毛泽东、朱德应邀出席祝贺。10月9日，在八路军总部举办的舞会上，毛泽东和谢伟思谈了20分钟的国共关系问题，批评国民党的不合作态度，说我们有耐心，愿意等待。10月10日，美军观察组应邀参加陕甘宁边区庆祝"双十节"招待会。中央对美军观察组，做到了有求必应，坦诚以待。这使他们了解了我党的抗战决心和内外政策，看到了我党的诚意和决心。

## 拒让步，怒批包瑞德

在与美军观察组的外交活动中，党中央坚持"积极合作，坚持原则，必要时进行斗争"的方针。大体情况是开始多友谊，后来多斗争，但这是针对美国政府，而不是对观察组。1944年9月6日，美国总统罗斯福的私人代表赫尔利（10月后担任驻华大使）来到重庆调停国共关系后，党对他扶蒋反共的态度进行了坚决的斗争。在美军观察组到达延安3个多月后，1944年11月7日，赫尔利以美国总统私人代表的身份飞抵延安，调停国共关系。经过四次会谈，终于在11月10日，艰难地达成《中国国民政府、中国国民党与中国共产党协定》，共有五条。

12月8日，毛泽东和周恩来一起约见包瑞德，这次会谈充满了火药味，竟至不欢而散。

*美国政府授予美军驻延安观察组组长包瑞德勋章*

他们一见面,照例是礼节性的握手、寒暄。双方坐定后,毛、周首先表示坚决拒绝蒋介石的三点建议,指出赫尔利支持蒋介石,背弃了与中共签署的五点建议,为蒋介石的反建议做说客。接着,毛泽东说,蒋介石的三点建议等于要我们完全投降,而交换条件是给我们一个没有任何实际意义的全国军事委员会的席位,我们不能接受。赫尔利说我们接受了这个席位,就是"一只脚跨进了大门"。我们认为,如果双手被反绑着,即使一只脚跨进了大门,也没有任何意义。美国开始同意我们的条件,后来又要求我们接受国民党的条件,我们难以理解。五条协定中,我们已经做了全部让步,我们不再做任何让步。既然蒋介石已经拒绝成立联合政府,我们决定成立解放区联合委员会,这是组成一个独立政府的初步的步骤。

包瑞德一听懵了。稍缓,开始了下面一段枪来刀去的对话。

包瑞德说:"你们要听一听赫尔利的话,派几个人到国民政府里做官。"

毛泽东说:"捆住手脚的官不好做,我们不做。要做,就得放开手脚,自由自在地做,这就是在民主基础上成立联合政府。"

包瑞德:"不做不好。"

毛泽东:"为什么不好?"

包瑞德:"第一,美国人会骂你们;第二,美国人要给蒋介石撑腰。"

毛泽东听他用"美国人"压人,顿时火冒三丈,气愤地说:"你们吃饱了面包,睡足了觉要骂人,要撑蒋介石的腰,这是你们美国人的事,我不干涉。现在我们有的是小米加步枪,你们有的是面包加大炮。你们爱撑蒋介石的腰就撑,愿撑多久就撑多久。不过要记住一条,中国是什么人的中国?中国绝不是蒋介石的,中国是中国人民的。总有一天你们会撑不下去!"

毛泽东的话稍停,现场的空气像凝固了似的。他的火气未消,继续说,给我们一个"军事委员会的席位",就是反绑我们的双手要我们就范。我们欢迎美国的军事援助,但不能付出这样大的代价。美国的态度令人不解,我们不再做任何让步。这次谈话,毛、周态度强硬,表达了我党在大是大非问题上决不让步的坚定立场。结果,这次会谈不欢而散。

12月12日,毛泽东、周恩来就我党同国民党谈判的原则立场问题,致电王若飞,指出因蒋介石态度强硬,无法实现联合政府,"故想将五条公之于人民,让人民起来实现"。牺牲政府,牺牲民主原则,去几个人到重庆做官,这种廉价出卖人民的勾当,我们决不能干。

但是,愤怒归愤怒,外交还要继续。1945年4月12日,美国总统罗斯福逝世。毛泽东、朱德在致电美国新任总统杜鲁门的同时,致函延安的美军观察组,向美国人民及总统遗族,表示深切哀悼。另外,还派叶剑英、杨尚昆亲到美军观察组驻地,表示哀悼。对此,观察组表示感谢,并及时将这一情况向国内报告。

此后,美军与我军的摩擦不断。7月7日,中共公开向美军观察组表示:在美国未与中共确定军事合作以前,不许他们派人到前方,特别不准在敌后建立通信机关。同时指示各地:要警惕其反共阴谋,增加美军在敌后得不到我军配合的困难。指示说，最近美蒋合办之特种部队，已陆续派到敌后活动，如进入解放区，要先解除其武装，禁止其通信，监视其行动，但仍招待其生活，并向延安报告请示。现留在晋绥、太行的美军各一人，只能给予少数的一般的敌军材料。凡属机密性的材料，停止供应。望各地注意执行。

10月1日，美国海军开抵烟台准备登陆。10月6日，八路军参谋长叶剑英致函美军观察组叶顿上校，指出：烟台已无日军，秩序也已恢复常态。因此，美海军陆战队勿在烟台登陆。如强行登陆，一切后果由美方负责。10月20日，美军向冀热辽解放区推进。26日，叶剑英致函叶顿提出严重抗议。此后，又发生数起美军强入解放区事件。党中央均提出严正交涉，指出：我们对美军的方针是，在尊重我方利益的条件下，欢迎与我方合作；但有损我方利益时，则坚决加以拒绝。12月13日，《解放日报》发表社论《抗议美军炮轰卢龙乡村惨案》，指出：美国陆战队两个士兵闯入卢龙乡村并开枪，是一个严重事件。我们抗议美军的残酷屠杀，并通知美国政府立即撤退在华一切美军。

1946年1月，国共达成停战协定，由国、共、美三方组成的"军事调处执行部"成立。此时，驻延安的美军观察组失去继续存在的意义，便撤离延安。

## 印象美，深情忆往事

美军观察组多数成员，对我党的态度基本是同情和友好的。观察组组长包瑞德在离开重庆赴延安前，曾私下向八路军办事处的同志表示，他感到这次与中国新生力量的合作，任务重大，如果做得不好，这一生就完了，决心做好"观察"工作。我们对美军观察组的接待很周到，物资、饮食都给予保障和优待，情报无私提供，并给他们安排了多样的活动。这给美军留下了美好而深刻的印象。

1944年8月，日本工农学校演出大型反战话剧《岛田上等兵》，驻延安美军观察组应邀观看。包瑞德上校看完后说："日本反战组织给我们在延安的工作提供了有力的帮助，提供了一种教育战俘的方案。"

美军驻延安观察组成员穿着我党赠送的中山服合影

9月26日,毛泽东、贺龙、高岗、陈毅、林彪、聂荣臻等陪同美军观察组,在延安东关大操场观看了留守兵团的投弹、射击、刺杀等七项军事技术表演,反映良好。

11月21日,美军观察组的全体成员参观了我党办的"延安日本工农学校",这是一所教育和转化日本战俘思想的学校。他们参观后受到很大的启发,包瑞德说,这是世界上唯一的一所战俘学校,"促使工农学校学员思想转变的原因,有以下几条:第一,他们发现八路军不杀俘虏,不虐待俘虏;第二,遇见转到八路军方面的日本人后,心理上受到了冲击;第三,八路军的优厚待遇;第四,开始接触外面的消息,从中得到启发,看出日本可能失败,有可能出现与以前不同的政府;最后一点,工农学校的教育是促成他们转变的决定因素"。他说,我们学到了改造战俘的经验。

包瑞德在延安听过毛泽东多次讲演,印象深刻。他回忆说:"他总是神态自如,当他清楚地、有效地提出他的观点时,他并不咆哮如雷,也没有看天空、敲桌子等不自然的表情。他引用的民间谚语,不时引起听众一阵大笑。如果有一个演讲家通过手势吸引他的听众,那就是毛泽东。"

谢伟思对那段经历的回忆更带感情色彩。他说:"在各种正式的和不受拘束的场合,也许总共见过毛泽东50次,有私下的谈话,集体的讨论,一起吃饭、看戏和参加其他文娱活动,听他发表公开讲话,甚至在炎热的夏日傍晚,在一个挤满了人的果园场地上举行的星期六舞会上见过他。""他谈话机智,爱用中国古典比喻,条理分明而又令人吃惊。几乎没有他不感兴趣的题目,这都是由于他博览群书而获得的。""当时在共产党的最高领导人中间,存着一种融洽而毫不拘束的气氛。这种情况,与我们在重庆看到的蒋介石与属下之间的紧张关系相比,感到惊异。""第一次与他真正的交谈,谈了8个钟头,中间只在吃晚饭时停了一下。那次给我最深刻的印象之一是,他特有的镇定和从容,他绝对相信他的事业和共产党最终必将取得胜利。这种信心与那时延安的窑洞环境,形成极其鲜明的对照。我们最后得出的结论是,毛泽东的信心是正确的。"

观察组最年轻的成员高林斯后来写书说,他一生中最美妙的时光是在延安度过的。

美军观察组在延安两年的时间内,通过听介绍和实地参观考察,亲眼看到共产党的军队生活清苦,战斗勇猛,与"重庆迥然,是另一个世界"。他们开始承认,中共是"强大的和成功的",将在未来的中国占主导地位。耳闻目睹的事实,使美军人员受到很大的触动。他们写回国内的报告,比较客观地反映了共产党领导的根据地的情况。我党的外交工作"旗开得胜"。

新中国成立后,他们中的一些人又来访问,盛赞毛泽东延安时期预言的实现,赞美新中国的建设成就,成为推动中美友好关系发展的积极分子。

# 斯特朗：最后来访的美国记者

史沫特莱和海伦，是在"延安时期"的初始阶段到访的。而斯特朗1946年访问延安，已经是"延安时期"行将结束的前夕了，她是延安时期最后一位来访的美国记者。尽管如此，她访问的意义和同毛泽东的交往，比她的先行者们毫不逊色。毛泽东"一切反动派都是纸老虎"的著名论断，就是同斯特朗谈话时提出的。

## 同情革命的女记者

美国著名女记者和作家安娜·路易斯·斯特朗，1885年11月24日出生于美国内布拉斯加州费伦德城一个牧师家庭。父母都是美国第一批移民的后代，生活优裕，很有教养，积极参与社会活动。斯特朗从小受到良好的教育，1908年获芝加哥大学哲学博士学位。受家庭影响，她早年就投身于社会改革和儿童福利运动。1918年，斯特朗担任美国历史上第一次总罢工——西雅图总罢工工会的报纸《西雅图工会记事报》特写编辑，她写的笔锋犀利的社论和署名"安妮丝"的大量诗歌，产生了广泛的影响。

1921年，斯特朗来到十月革命后的俄国。此后，她以苏联为家，在那里居住了30年，写了大量介绍、宣传苏联社会主义建设的报道和著作。对许多国家的读者来说，她是报道苏联事态发展的有倾向性的"红色记者"，业界称她为"同情革命的女记者"。

除了苏联，在斯特朗生活中占有重要地位的另一个国家是中国。1925年，斯特朗首次来华。她在第一次国共合作的中心地带广州，亲眼看到了中国大革命的开场，报道了省港大罢工。1927年，斯特朗第二次来华，曾深入湖南农村，赞扬迅猛发展的农民运动。在武汉她目睹和经历了中国大革命的失败。根据这两次来华搜集到的材料，她写成了《千千万万中国人民》一书，向全世界报道中国大革命的真相。1937年至1938年，斯特朗第三次来到中国，访问了山西八路军总部，会见了朱德、彭德怀、刘伯承、贺龙等军事领导人，并同周恩来夫妇建立了良好的友谊关系。她写的《人类的五分之一》一书，颂扬了中国人民艰苦卓绝的抗日战争。

1940年年底，斯特朗第四次来华。在重庆，她会见了中共代表周恩来。周恩来向她介绍了国民党破坏抗日统一战线的真实情况。她回到美国后，及时在报刊上报道了国民党破坏抗战的真相，引起很大反响。这对避免当时中国抗日统一战线的全面破裂，起了一定的作用。综观斯特朗的新闻生涯，"同情革命"贯穿始终，不曾丝毫动摇过。

## 关于"纸老虎"的谈话

斯特朗对延安的访问，是在她第五次来华期间进行的。

1946年年初，斯特朗从旧金山来到上海，后转到北平。7月31日，她乘坐军调部的飞机前往延安访问。从1946年8月到1947年2月，除了短时前往东北和各解放区访问外，斯特朗在延安居住了近半年的时间。其间，她同毛泽东及中共其他高级领导人，建立了十分友好的关系，对中共的政策和解放区的情况有了较多的了解。

8月6日下午3时，延安下了几天的大雨终于停了。毛泽东与斯特朗因雨延后的会见，迎着骄阳在杨家岭进行。陪同她前往的有两个人：一个是中共中央宣传部部长陆定一，兼任临时翻译；另一个是长期在延安工作的、毛泽东的朋友马海德。毛泽东听到斯特朗来了，赶紧走出窑洞欢迎。为了表示对客人的礼貌，他那天特意穿了一件稍好些的蓝布衣服。他们来到窑洞前的苹果树下，围坐在小石桌旁，娓娓交谈。斯特朗这样描述她同毛泽东的第一次会见：

"他身穿一件普通的深蓝色布制服装，态度不慌不忙，沉着而友好。我们坐在一棵苹果树下平坦的土台上。下午慢慢地过去了，落日给贫瘠的山丘增添了光彩。毛的小女儿（李讷）穿着鲜艳的花布衣服，在父亲膝前玩耍，爬上他的膝盖，让爸爸亲她；她还跑过来把手伸给来访者，好奇心终于战胜了羞涩。谈话进行得很顺利。"

毛泽东从不放过任何一个调查研究的机会。他先向斯特朗问了一些美国国内的情况。这时斯特朗惊奇地发现，"美国发生的许多事，他知道得比我还详细"。接着，毛泽东回答了她提出的问题。斯特朗首先就国共两党之间通过政治方式解决国内问题的前景，请毛泽东发表意见。毛泽东回答说：这需要美国政府来决定。如果美国不再援助蒋介石，再过半年或一年，蒋介石就会不得不通过政治方式来解决国共之间的问题。他强调说，就我们自己的愿望说，我们连一天都不愿意打；但如果形势迫使我们不得不打的话，我们是能够一直打到底的。

在谈到国际问题美苏之间是否会发生战争时，毛泽东指出：关于美苏战争，主要是反动派施放的一种烟雾，是用来掩盖许多更为直接的矛盾的。有关战争的议论以及煽动反苏的恐惧心理，都对美国的垄断资本有利。因为这样就给了它一个借口，来控制美国人民的生活水平和部分民主权利；也给了它一种武器，去把其他资本主义国家置于美国的控制之下。毛泽东认为，现时美国要进攻苏联还有许多"障碍"。为了说明他的观点，他笑着把桌上的茶杯、酒盅、香烟和火柴盒排列起来，代表不同的国家，以表明美帝国主义要发动战争，不但有美国人民的"障碍"，还要压服广大的亚、非、拉国家，并把其他资本主义国家拖入战争。而这些国家的人民是反对战争的，各国人民团结起来，反对美国反动派的进攻，是可以阻止第三次世界大战的发生的。"美国反苏战争的口号，在目前的实际意义，是压迫美国人民和向资本主义世界扩张它的侵略势力。"

当斯特朗问及美国是否会使用原子弹进攻苏联时，毛泽东回答："原子弹是美国反动派用来吓唬人的一只纸老虎，看样子可怕，实际上并不可怕。""决定战争胜败的是人民，而不是一两件新式武器。"在说到"纸老虎"时，担任翻译的陆定一把它译成"稻草人"。毛泽东听了解释后，认为"稻草人"这个词未能表示出"纸老虎"的真正含意。他说，"纸老虎"不是插在田里的一块死东西，它吓唬的不是乌鸦而是孩子。人们把它做得像只危险的猛兽，但实际上它是用纸扎出来的，一遇潮就软了。毛泽东接着指出：一切反动派都是纸老虎，看起来样子很可怕，但一下雨就完了。毛泽东列举俄国的沙皇、德国的希特勒、意大利的墨索里尼以及日本帝国主义的例子，说他们表面看是强大的，可怕的；但从长远的观点看，从本质上看，"真正强大的力量不是属于反动派，而是属于人民"。毛泽东还笑着用英文说："蒋介石——纸老虎。"

记者是敏感的。斯特朗马上问，她是否能够报道说毛泽东称蒋是一只纸老虎？毛泽东微笑着慢悠悠地说："你可以说如果蒋介石拥护人民的利益，他就是一只铁老虎；如果他抛弃人民并向他们发动战争——这，就是他现在正在做的事——他就是纸老虎，雨水会把他冲掉。"

毛泽东接着谈蒋介石发动大规模内战的前景，说："拿中国的情形来说，我们所依靠的不过是小米加步枪，但历史最后将证明，这小米加步枪比蒋介石的飞机加坦克还要强些。虽然中国人民面前还存在着许多困难……但这些反动派总有一天要失败，我们总有一天要胜利。这原因不是别的，就在于反动派代表反动，而我们代表进步。"他进一步说，什么是帝国主义的力量？这只存在于人民不觉悟的时候。主要问题是人民的觉悟，不是油田或原子弹，而是掌握它的人。对于这些人还有待教育，共产党人之所以有力量，在于它能够唤醒人民的觉悟。

晚饭后，毛泽东和斯特朗继续交谈，一直进行到深夜。这个谈话编入《毛泽东选集》中，名为《和美国记者安娜·路易斯·斯特朗的谈话》。新中国成立后，毛泽东至少有4次对外宾谈到"纸老虎"。

毛泽东关于"一切反动派都是纸老虎"的论断，关于"小米加步枪比蒋介石的飞机加坦克还要强"的论断，经斯特朗的报道立即传遍国内外，产生了意想不到的精神力量。1960年，斯特朗在《一个现时代的伟大真理》中深情地回忆这次谈话，说："毛主席十四年前在延安时说帝国主义和一切反动派都是纸老虎，现在这已成为有历史意义的名言了。""毛泽东一针见血的语句，渊博的知识，敏锐的分析和诗人的想象力，使他的谈话成为我一生中听到的最有启发性的谈话。"

在同毛泽东谈话后，斯特朗对延安进行了广泛的调查和采访。刘少奇向她阐述了"毛泽东思想"——马克思主义的"亚洲形态"，并希望她将此向外部世界宣传。这给斯特朗留下了很深的印象。

## 在解放日报社讲课

《解放日报》是1941年党在延安创办的大型日报，社长初为博古，总编辑先后为杨松、陆定一、余光生。当时的编辑和记者，大多是因为工作需要转行来办报的，没有经过系统的新闻专业训练，只能"在干中学"。美国著名记者斯特朗来到延安后，报社抓住这一良机，请她来清凉山为采编人员做"新闻写作"专题讲座。斯特朗是个爽快的人，她满口答应。

清凉山地处延河之滨，山上有个凿开岩石而成的硕大的"万佛洞"，以及一些窑洞和平房错落在山上。新华社、解放日报社、中央新闻出版局都驻在山上，因此被人们称作"新闻山"。1946年8月的一天下午，身材高大、满头银发的斯特朗，身着一件绿底白花的连衣裙，精神抖擞地登上山来。当时山上没有大的会议厅，会场设在作为印刷厂的万佛洞前的平地上，新华社、解放日报社的业务人员手拿笔记本，整齐地席地而坐。当总编辑余光生陪同斯特朗到来时，大家起立鼓掌欢迎。斯特朗用英语做报告，沈建图担任翻译。沈是南洋华侨，抗战后回国参加抗日，英语水平很高，但中文讲得不标准，大家听不懂。总编辑余光生临阵出马，担任翻译。

斯特朗从怎样拟"标题"讲起。她说，新闻标题是一篇新闻的眼睛，是吸引读者的第一个要素，所以拟标题是新闻学中一门重要的学问。标题好不好，决定读者是否读这篇新闻。一定要把标题拟得新颖独特，简洁明晰，有吸引力。接着，她讲"新闻导语"。斯特朗说，导语是一篇新闻的精华和概括，把一篇新闻中最主要的内容，用最精炼的文字写在导语中。有时导语本身就可以成为一条独立的短新闻。最后，她讲新闻的"新"——要在文字上下功夫。文字必须生动，吸引人，词汇要新颖，经常变化，就像一个人一样，不能老穿一件衣服。因此，记者的脑子里要储存大量词汇，要它们随时"上阵"。她风趣地说：有的词汇用得多了，就让它休息一下。

斯特朗讲的这些基本问题，对于新闻科班出身的人来说，可能是"ABC"，但对于当时的许多新闻工作者来说，却是十分宝贵的一课。当时听过斯特朗讲课的高向明回忆说："这是我终生难忘的一课，为我从事新闻工作打下了基础。"

讲课之后，报社领导邀请斯特朗参观新华社、解放日报社、电讯收发室、编辑部、排版室、印刷车间，一路听取她的意见。她伸着大拇指说："你们真了不起，太伟大了！这里是我见过的最简陋的报社，却办出了世界上最好的报纸。我要向全世界同行们介绍你们这个'山头报社'，介绍你们伟大的事业！"

## "记者要做人民的代言人"

大约是在9月初，斯特朗离开延安去其他解放区访问之前，又与毛泽东进行了一次长谈。自从他们上一次谈话以后，美国又给了蒋介石近10亿美元的军事物资。斯特朗首先问及毛泽东对此的看法。毛泽东回答说：在你到延安的这一个月中，我们消灭了国民党近14个旅的兵力……美国援助蒋介石，就像是一种输血。但最后还要从蒋介石那里输到我们这儿来……蒋介石的士兵今天被俘虏缴械了，明天他们和我们一起战斗，这就是辩证法。

1946年，美国作家安娜·路易斯·斯特朗和刘少奇在延安

斯特朗问，现在共产党有可能被打败吗？她本以为会得到否定的回答。但毛泽东的答复使她吃了一惊。他说：这取决于我们对土地问题解决得如何。如果千百万农民分到土地，并积极保卫他们的土地的话，那我们就会胜利；如果我们土地问题解决不好的话，我们可能失去承德、哈尔滨、山东的海港城市，甚至失去张家口。但关键还在于土地问题解决得如何。

斯特朗将她同毛泽东两次谈话的记录做了整理，送给陆定一审查，请他对记录的"政治准确性方面"把关、核对。当她前往东北路经北平时，这些记录通过电讯传回美国，很快出现在《人民世界》《圣路易斯邮报》等10余家报刊上。

10月底，斯特朗从外地返回延安。在以后的日子里，斯特朗一面忙于建立延安同美国沟通联系的工作，并为写毛泽东的一部传记搜集资料；另一方面，她不放过任何一次集会的机会，借以了解更多的第一手材料。她参加朱德的生日宴会，同周恩来等一起打桥牌，在每星期六举行的舞会上，同所有的领导人跳舞……显然，中共领导人的舞姿与史沫特莱在延安时期相比，已经有了较大的进步。斯特朗用诗歌对周恩来、刘少奇、朱德、毛泽东的跳舞做过这样的描述：

周动作优美，无与伦比，

刘舞步精确，带着辩证哲理，

朱德仿佛在人类长征途中，

轻松而有节奏，不知疲倦地

在历史长廊中继续行进。

可是，当毛也开始起舞，

这使乐队改变了节奏。

1946年12月9日，毛泽东在王家坪会见外国记者，与他们谈当前的战争形势和国际形势，斯特朗参加会见。毛泽东在回答所谓美国人完全支持蒋介石是因为中共排外的缘故时说：共产党不排外。现在有两种美国人，马海德、李敦白、史沫特莱、斯特朗这样的美国人，我们都欢迎。不光是这样的人，就是反对我们的人，我们也愿意让他们到解放区看看，只要做出一些公道的报道，就对我们有好处。希望记者都成为人民的代言人，而不要成为反动派的代言人。

## 依依惜别延安城

1947年2月10日，毛泽东又同斯特朗进行了一次长时间的谈话。这时，国民党已开始向延安进逼，党中央撤离延安的计划正在拟定中。在谈话的大部分时间里，毛泽东用数字向斯特朗介绍了目前解放战争的形势。他说，中共同意恢复同国民党的谈判，条件是：双方恢复1946年1月10日签订停战协定时的控制区域；取消1946年11月"国大"通过的"宪法"，恢复一年前各党派通过的政治协商会议决议。现在，蒋介石开始狗急跳墙了，所以他攻占张家口和烟台，现在又准备进攻延安，他一定要把军队开进这座空城。这里不是战略要地，也不是经济中心，他要占领中共中央所在地，这样就可以向全国宣布"共产党完蛋了"，这样他就觉得放心了。但是即使我们撤出延安，战斗还是照常进行。如果你问，保住延安或是撤出延安哪个好？那还是保住好。但是如果撤离了，那也没有什么。人民战争的目的是谋求生存和民族独立，它不取决于一城一地的得失。

很快，撤离延安的工作开始有条不紊地进行。斯特朗不愿意回北平，要求随部队一起走。一方面，是她不愿意离开自己同情的中共；另一方面，是她想体验一下战争的滋味，为以后写报道做准备。但这一要求被中央拒绝，她难受地哭了。朱德尽力安慰她。周恩来告诉斯特朗，毛泽东要交给她一些重要材料，让她带给外面的世界，只有她才能成功地发表这些材料。斯特朗理解了，接受了。

离开延安的前一天晚上，在杨家岭中央大礼堂看完戏后，毛泽东、周恩来同斯特朗做了离别谈话。周恩来给了她一份题为《关于若干历史问题的决议》

的文件。这个决议是在中共六届七中全会上通过的。它高度评价了毛泽东运用马克思列宁主义理论，解决中国革命问题的杰出贡献，指出了在中国共产党内确立毛泽东领导地位的重大意义。接着毛泽东又给了她一本《边区经济和财政报告》，其中列举了边区采取的各项经济政策和取得的成就。毛泽东要斯特朗将这两个文件给各国的共产党看，特别嘱咐要让美国和东欧共产党的领导人看看。毛泽东还补充说，他觉得没有必要给莫斯科看。

毛泽东还就如何对外介绍中国共产党的情况问题，请斯特朗注意几点：你离开延安以后，一定会听到敌人散布的许多关于我们的所谓"暴行"的谣言。不过你一定记得你在许多地方看到的我们部队的实际情形。要尽可能使人们相信，人民解放军是世界上纪律最严明的军队之一。当然也发生过一些事件，但往往是被某些报道者夸大了。毛泽东特别强调，斯特朗应该告诉各国共产党人，中国共产党一定会胜利，美帝国主义和蒋介石是可以打败的。他强调说：这点很重要。许多人以为我们打不赢，说仗将长期打下去，谁也无法取胜，这是不对的。如果你对其他国家共产党谈起，就说中共一定会胜利，这是毛泽东说的；如果对其他人讲，就用你自己的话说明这意思。

毛泽东在谈到要告诉各国人民不要过高估计美帝国主义的力量时，又一次提到原子弹。他说：原子弹的诞生，也就结束了它的生命。世界上那些笨人在奢谈原子战争，但从此以后再也不会使用原子弹了。在日本的爆炸，毁掉了原子弹本身，因为全世界都起来反抗它。它的收效也就是它的死亡。当然，原子能将继续予以发展，它的巨大能量将为人民所利用。归根到底，原子弹不会毁灭人民，而人民却会毁灭原子弹。

斯特朗后来回忆道："在我离开延安之前的那天晚上，我被邀请去向毛泽东告别。""那天我接到了周恩来的邀请，要我到杨家岭的礼堂去看戏。""戏演完了以后，周恩来带着我进入山边一个窑洞，那里已经摆好了一张桌子和一些椅子，还有茶和花生，这是为我饯行。我在那里最后一次和毛主席谈话。他肯定我不能同共产党一起到山里去，并说，我已经知道外界需要知道的关于他们所有地区的情况,我应该带着这些情况走向世界。当我们在同外界取得联系时——他认为这需要大约两年——我可以再回来。他说,我特别应该把这些情况带到美国去。"

1947年2月14日,斯特朗离开延安。2月20日,周恩来用英文给她写了一封热情洋溢的信:

亲爱的斯特朗同志:

你如此迅速地离开,使我们感到非常失望。在离开我们的许多朋友中,你作为中国人民的一位真正的朋友,我们对你最为想念。对于你在这儿对我们的帮助以及昨天收到的你送给我们的礼物,非常感谢。从北平刚回延安的我们的人中,知道你在那里一切都很好。我们感到你好像还是和我们在一起。

虽然你已经离开延安,但我们仍能密切地在一起工作,如你在这里工作一样。我相信,通过你的影响和著作,你对中国人民将做许多有益的工作,正如毛主席所说,你在欧洲旅行时,将是一个很好的"中国人民的宣传家"。这是我们的外国朋友所能做的最美好的事情。

今后,我们将尽一切努力与你保持联系。黄华同志可能是最后离开北平的人,你的信件可通过他或者我们乘最后一次来延安的飞机的任何人交给我们。董必武同志在南京,陈家康在上海,龚澎在香港,你如有什么事情要我们做,他们都可以为你服务。据告,有一架友谊野战医院的飞机将离开上海,你的信件也可通过该机送给我们。

我与夫人向你表示良好的祝愿。

周恩来

一九四七年二月二十日 于延安

## 访问延安趣事多

斯特朗在延安访问期间，遇到许多有趣的事情，她都写在回忆文章中。

她写得最多的是关于毛泽东的形象和风度。她说："如果毛泽东能够在国际会议上代表中国讲话，他会冷嘲热讽，妙趣横生，使辩论记录读起来生动有趣。同时将一些政治家们的象牙之塔摧毁无余。""在延安，毛泽东的机智经常使我猝不及防。一次我谈到延安的恬静生活，他以玩笑的口吻叫我注意蒋介石和朱德的不同。他说，他们两人都刚过60岁生日，蒋的头发全白了，而朱德才只有几根白发。我说，蒋在南京过得很舒适，朱德在延安过得很艰苦。他却说，我看蒋过得并不那么舒适，他的白发就是证明。说完他狡黠地笑了。"

有一次，斯特朗赞许毛泽东经过长征，胜利地选择了延安这个好地方。这里气候干燥，她很喜欢。毛泽东却说，这个地方不是我们选的，是蒋介石为我们选的，他把我们赶出了南方的鱼米之乡，才来到延安；由于这个地方很穷，又十分偏僻，我们才站住了脚。斯特朗认为，毛泽东从不夸大胜利。

在这次谈话过程中，发生一个小插曲：谈话开始不久，斯特朗发现窑洞上面的草丛中有人，以为是发生了什么意外情况。她手指山上，说："谁在上边？"斯特朗心想：要是往我们这土台上扔一颗炸弹，那是太容易了。毛泽东却笑着说："那是另外一家老乡的孩子。他大概是对我们的外国客人产生了好奇心。"这件小事，给斯特朗留下了终生难忘的印象。14年后她回忆说：我很少见到一个人能如此愉快而随和地习惯于他的环境，和周围环境打成一片。在毛泽东看来，那户人家是与他合种山上一个菜园的邻居。

在斯特朗的印象中，毛泽东是一个热情好客的人。她记得第一次交谈分别时的情形，说："在将近午夜的时候，主席送我下山坡。他打着一盏马灯，照着那条坑洼不平的土路。我们走到停着卡车的那条狭路上，互道'再见'。他站在山上，一直望着我们的卡车摇摇晃晃地下了山，驶过延河。这时，在黝黑的延安荒山的上空，星光显得格外明亮。"

斯特朗在她的书里，记述了一个有趣的故事。一个美国人，想向毛泽东证明共产主义是一种宗教。他曾问了周恩来等共产党人，他们都坚决否认，一般回答是："共产主义不是一种宗教，而是一门科学。"于是他不远万里来到延安，向毛泽东提出这个问题。这位客人一口气详细叙述了自己的观点后，毛泽东没有跟他争论，只回答说："如果你愿意，你可以说它（共产主义）是一种宗教，一种为人民服务的宗教。"斯特朗评论道：世界上很少有马克思主义者会这样说，在党内会议上他也不会这样说。那位美国来访者，带着他得到的新颖的口号，高高兴兴地回去了。

1947年10月，斯特朗由上海前往苏联。随后，又前往朝鲜和东欧国家，完成她所承担的宣传毛泽东思想的使命。1948年1月，斯特朗返回美国。她举行演讲会，报告她的延安之行，并在美共内部，宣传中共关于"各国共产党的政策要适应各国的具体情况"的主张。她还把她的延安之行写成《中国的黎明》一书，在印度、美国和法国出版，同时又写了《毛泽东的思想》一文，发表于美国的《美亚》杂志。这是首次向全世界宣传和介绍毛泽东思想的文章。

## 定居中国度晚年

1948年9月，斯特朗离开纽约去莫斯科，打算经苏联再次来中国。然而，出乎意料的是她在莫斯科竟被当作"美国间谍"遭到逮捕，随后又被驱逐出境。这其中的原因，斯特朗的好友爱泼斯坦认为是这样的："很显然，'纸老虎'这个概念是不为那里的某些身居高位的人所喜欢的，更不用说毛泽东思想所提出的'每个共产党都可以根据自己国家的具体条件来进行革命'这一论点了。"

1955年，苏联宣布取消对斯特朗的"间谍"指控。1958年，她第六次来华，并定居在中国北京。她在人生最后的12年里，3次与毛泽东会见、畅谈。

1959年3月13日，斯特朗在武汉东湖会见毛泽东，进行了无拘无束的交谈。一见面，毛泽东说："自从延安最后一次谈话，我们很多年不见了。"斯特朗说:"是12年不见了。"毛泽东点头表示同意,并对她说:"当你在延安的时候,国民党开始轰炸了。我们担心你的安全,就让你走了。如果你留在延安,就不会当作间谍被捕了。"话语间流露出的歉意和友情使斯特朗很感动。这次谈话,毛泽东充分显示了他一贯的幽默风格。他说希望去美国的密西西比河游泳,并且要到医院看望杜勒斯。因为杜勒斯是有"功劳"的,他反共反中,教育人民起来斗争。毛泽东还说,自己家有6个人遭到国民党的杀害,大儿子是在朝鲜被杜鲁门杀死的,但他们永远杀不尽共产主义者。毛泽东高度评价古巴的革命,说古巴虽小,但它不惧怕美国的原子弹和氢弹。细菌小到人眼看不到,但它能把一个人吃掉,力量不在国家的大小。过去,人们怕美帝是一种疾病,要改变这种心理。关于战争,毛泽东说,他不相信会发生第三次世界大战,更不相信会因为偶然事件而使用核武器。即使发生核战争,也不会毁灭地球上的全部生命。

1964年1月17日下午4时,斯特朗又一次会见71岁的毛泽东。随意的谈话氛围,使斯特朗不由得想起在延安苹果树下的谈话。毛泽东说,那时我们不让你随我们进山,是怕太危险。后来的战役并不像开始想象的那样危险和艰苦。当我们失掉延安后,许多人为我们担心。但人民站在我们这一边,经过大半年,我们又重新占领了延安。斯特朗一再申明,当年她同意离开延安的原因,是为了向全世界报道在延安的见闻。毛泽东对她说:"我本来只是一个小学教师,不懂马克思主义,也从未听说过共产党,更没有想到我会成为一个战士,并组织一个部队去战斗。我是被迫这样做的,反动派杀人太多。"接着,毛泽东谈了从建党到长征,再到延安整风的历程,说"整风运动不仅改变了党的路线,而且改变了党内斗争的方法",我们成功了。

1965年11月24日,是斯特朗80岁生日。毛泽东特别选择这一天请她从北京飞到上海会见,使她"感到非常惊讶"。斯特朗喜出望外,打心眼里感谢毛泽东的祝寿情意。她的座位紧挨着毛泽东,马海德陪同会见。谈话进行了两小时,充满幽默、友情,轻松愉快。

斯特朗为增进中美两国人民的友谊，做出了重要贡献。她是第一个客观报道皖南事变真相的外国记者；访问根据地时，与战士们一样住窑洞、吃小米；定居中国后，她走遍中国大地，包括海南岛、西藏等，报道中国的建设成就。她写了许多具有国际影响的书，如《人类的五分之一》《千千万万中国人民》《中国的黎明》《中国人征服中国人》《斯大林时代》《我为什么在七十二岁时来到中国》等，赞美中国人民的革命斗争和建设。1962年后，她在中国编辑《中国通讯》，向国外读者介绍新中国的建设成就。她一生差不多1/3的时光在美国，1/3的时光在苏联，1/3的时光在中国。在半个多世纪的漫长岁月里，她总是在中国革命的关键时刻来到中国，同中国人民站在一起，成为中国革命的见证人和同情支持者，赢得中国人民的极大尊敬。她认为，中国是她"理想的归宿地"。

1970年3月30日，中国人民的好朋友斯特朗病逝于北京，享年85岁。她长眠于北京八宝山革命公墓，墓碑上镌刻着郭沫若手书的"美国进步作家和中国人民的朋友安娜·路易斯·斯特朗之墓"。1985年，邮电部发行"中国人民之友"邮票3枚，其中第二枚20分的邮票就是斯特朗。中国人民永远纪念着她！

# 最后到访的美国人——李敦白

## 一念之差来中国

李敦白，1921年8月14日生于美国南卡罗来纳州的查尔斯顿市，英文姓名是 Sidney Rittenberg。他从小就"离经叛道"，常有出人意料的行为。17岁参加学生运动，反对当局的腐败，支持黑人的解放斗争。19岁加入美国共产党。1942年应征入伍，按照军队规定脱离美共。之后，军队派他去学习日文，准备将来做战地日军的工作。但他的叛逆性格使他拒绝了这一安排，坚持学中文，希望将来能够到中国看看。李敦白被送到了斯坦福大学学习中文，老师包括张学良的女儿张闾瑛和美国作家安娜·路易斯·斯特朗等人。他努力学习汉语的同时，初步了解了中国文化和中国革命的历史。这促使他更加渴望到中国去，和中国人民交朋友。这改学中文的"一念之差"，改变了他一生的命运。

1945年9月，第二次世界大战结束。李敦白有幸被分配到中国的昆明，在美军军法处赔偿损失部担任中文专员，负责调查美军在当地的违法乱纪行为，以及当地中国人向美军索赔事宜。在这期间，他处理的一个中国女孩被一个酗酒的美军驾驶汽车轧死的索赔案件，深深触动了他的人性良知：几经交涉，死者家长仅得到26美元的赔偿。而且被保、甲长层层克扣，到死者家长手上的只剩8美元。这对他触动很大，一条人命怎么就值这么点钱呢？后来他说，这件事在一定程度上促使他留在中国。他的工作使他有机会接触中国社会各阶层的人民，了解中国的许多真实情况，看到了国民党的腐败和黑暗统治的大量事实。

受大量事实感染，李敦白在昆明思想逐渐"革命化"。他常买一些报刊，了解中国的社会、战争情况。他最常看的是中共在国统区创办的《新华日报》和《群众》杂志（均在重庆出版）。他觉得这两份报刊比较真实、亲民。时间一久，他在报童的引荐下竟与办报人员晤谈，进一步了解了中共政策和八路军、新四军的抗日业绩，心生敬佩。

此外，他还利用美军身份，对地下党进行具体的帮助，如购买一些革命根据地的急需物品等。甚至，他用美军的吉普车，把处于危险中的共产党员和革命人士转移到城外脱险。他回忆说，此时他的思想"逐渐革命化"。

## 拒绝返美留中国

1945年11月，驻昆明的美军准备回国了，李敦白的使命结束，理应随军离开中国。可是他此前与地下党和革命者多次接触，"逐渐革命化"的思想使他又一次"叛逆"美军的安排，执意长期留在中国。他回忆说："在中国，不论是共产党、国民党，工人或是教授，城里人还是农民，我都可以接触。未来有那么多精彩的世界等待我去开发，我怎么舍得离开中国？"他留在中国的申请，意外地获得批准。他设法调到上海工作。

经地下党的介绍，李敦白在上海认识了宋庆龄、何香凝、陶行知等社会著名人士。宋庆龄介绍他到设在上海的联合国善后救济总署驻华办事处，当救济"观察员"，具体任务是把救济粮食送到灾区。他非常高兴，从此脱离了美军的管束。在这里，他听到许多关于延安和各解放区的信息，渴望能到延安去实地看一下。

1946年春，李敦白奉命押运粮食到湖北省境内的中原解放区。救济总署的官员在行前对他说："你到那里以后，要注意收集共产党的情报。"对此他大感不解：不是盟国吗？怎么还暗中搜集人家的情报呢？他在中原解放区的首府宣化店，认识了李先念、王震、王树声等中共高级将领。中共代表周恩来正在和国民党代表、美军代表在那里进行"和平调处"。美国的一位将军把李敦白当成"自己人",在厕所里直言不讳地告诉他:不要在此久留,"政府(指国民党当局)在这个地区占有优势,我们让他们把共产党军队消灭"。这几句话,让他看透了美国政策的本质。当天,他就把美国军官的话转告给李先念。李先念感到他是真诚的,向他表示感谢。同时还开玩笑地说:"你把情报给了我们,你还是美国观察员吗?"说完两人相视一笑。实际上,李先念率领的部队已经做好了应战的准备。不久,李先念率部进行了著名的"中原突围",打响了解放战争的第一枪。

中国内战虽然爆发,但李敦白依然没有离开。他说,其原因是"当年在宣化店认识了一个叫王树声的将军,是他对中国革命的必胜信心,使我决定留在中国!""就在宣化店的厕所里,我来到人生最大的转折点。"为此事,李先念在延安和新中国成立后,都向李敦白致谢。

回到上海以后,李敦白觉得他的"差事"干得没劲,打算辞职回国。宋庆龄了解李敦白是一个富有正义感的人,建议他回国之前去拜访一下周恩来。于是,他从上海到了南京的梅园新村。周恩来建议他到延安去参观一下,以便回到美国以后,正确地宣传中国的情况。这一建议使他喜出望外。在地下党的安排下,李敦白开始了他的红色之旅。从上海到北平,计划经张家口转延安。

在张家口,晋察冀边区司令员聂荣臻挽留他,请其帮助筹建新华广播电台和新华社晋察冀分社(台)的英语广播,请他担任英文稿的翻译、修改和广播。他愉快地服从这一安排,工作得很努力。他在这里认识了电台播音员魏琳,后来喜结伉俪。李敦白在张家口工作了一段时间后,组织上护送他们来到延安。

## 清凉山的"大鼻子"

1946年10月19日,李敦白终于来到向往已久的延安,中央分配他担任新华总社的英语专家。他来到清凉山时,新华社和解放日报社已合并,社长兼总编辑是廖承志。廖承志亲自来到李敦白的窑洞，表示欢迎国际友人参加新华社的工作，向他介绍了新华社的机构、分工、人员和困难问题，并希望他多出主意，帮助改进。听到这里，李敦白急忙说："可不是帮忙，这是我们自己的工作，一起来做，一定能搞好！"廖承志听了很高兴，觉得这个美国朋友的觉悟很高，值得信赖。

从此，在清凉山上人们看到一个中等身材的"大鼻子"工作人员，戴一副近视眼镜，和大家一样穿灰色的棉军大衣，职务是新华社的英语专家。他工作勤勤恳恳，认真负责，不把自己当外人，受到新华社同仁的一致好评。不久，他申请加入中国共产党得到批准。因为他曾经是美国共产党员以及在华表现良好，又经中央特殊批准，他成为唯一一名美裔中国共产党党员。其实，李敦白在张家口时，就提出过加入中共的申请。来到延安后，又郑重提出入党要求，终于如愿。

10月末，斯特朗从外地访问后再次来到延安访问。社长廖承志派李敦白担任翻译，先后访问了毛泽东、刘少奇、周恩来、朱德等人。通过这次访问活动，李敦白对党的方针政策有了更加系统的了解，更加坚定了自己的信仰。同时他还把一些党的文件、资料翻译给斯特朗，并一起研究如何把它们写进文章和书中。因此，斯特朗这期间的文章和著作，也渗透着李敦白的心血。

当时，经过整顿的新华社分为三个编辑部，即解放区部、国民党区部和国际部。李敦白被分配在国际部英语组，专门负责审查抄收的外电新闻，择其要者翻译成中文，供毛泽东等中央领导人参考。同时，他还负责审读其他人翻译的外文稿，以及中译英的新闻稿件，工作勤勤恳恳，一丝不苟。1946年底，新华社年终总结评奖时，李敦白被评为甲等模范。他登台领奖时高兴地说："今年我得了甲等奖，这不算什么；我还要努力，明年要拿特等奖。不管什么奖，都是为了打老蒋。"台下一阵掌声。当晚，新华社和解放日报社，利用万佛洞印刷车间举办迎新年舞会，李敦白夫妇与大家一起翩翩起舞，非常愉快。

时间一久，人们形成一个印象："老李"办事认真，交他审的稿子一点都马虎不得。一次，为了一个词的翻译问题，竟与原译者杨兆麟争执了半个小时。最后闹到总编辑那里裁决，李敦白胜了。人们以为这事一定会使他不悦，没想到吃中午饭时，他竟主动请杨兆麟吃红烧土豆。还说："不打不相识，一打成朋友。"真的，后来他们成了无话不谈的好朋友。在撤出延安转战西柏坡的路上，两人并肩而行，有说不完的话，友谊一直延至李敦白离开中国。

在清凉山上，李敦白立下一个永载史册的重大功劳。1946年9月，《解放日报》发表了李季的长诗《王贵与李香香》。该诗表现群众反压迫，求解放的主题，感人至深，诗的形式采用陕北的信天游，清新活泼。中宣部长陆定一立即著文，称颂这首体现延安文艺座谈会成果的叙事诗。李敦白看了，也很喜欢。他主动请示并得到批准，夜以继日地将它译成英文，用新华社的电台向世界播出。为此，他成为以广播形式向世界介绍中国文学作品的第一人。同时，他也是将延安时期代表性的文学作品向世界广播的第一人。郭沫若称该诗是人民翻身和文艺翻身的"明亮的信号"。

当时，党对李敦白非常信任。总编辑从杨家岭党中央带回新精神进行传达时，李敦白被邀与各部负责人一起听，有时他还被邀列席编委会。他心里很清楚，这是组织给他的一种特殊荣耀，在工作中更加认真贯彻党的新闻方针。后来李敦白说："我在清凉山的那段经历，终生难忘！"

## 延安舞会开眼界

说来也巧，李敦白到延安后见到毛泽东，是在周末的一次舞会上。那时，延安每到周末都要举办舞会，这是当时干部们工作一周后精神放松的一种方式，是由史沫特莱介绍进来的西方文化。经过中西文化的碰撞，交际舞被毛泽东等领导人接受并喜欢起来，并在延安得到普及。由此可见延安对世界文化的包容性。

那晚，当李敦白被领进舞场时，毛泽东停下舞步，主动走来与李敦白打招呼。显然，他早已知道李敦白来到延安这件事。他边握手边说："我们很高兴地欢迎美国同志来这里工作！"未等李敦白回应，他接着说："抗日战争时，有些人笑我们只有小米加步枪。的确是这样，可我们还是用小米加步枪打败了日本人。你会发现延安的生活非常简朴。"意思是提醒他准备吃苦，过艰苦生活。

李敦白说："我无所谓。"毛泽东说："你的中文说得真好。我也一直想学英文，但对我来说太难了。""如果我能在学习中帮上忙，倒很乐意一试。"李敦白热情地说。

这次巧遇毛泽东，李敦白喜出望外。他说，我简直无法相信我的运气竟然这么好，来到延安不久就见到久仰的毛泽东。我一直在报纸上关注他的消息，在斯坦福时学习他的文章，而如今他就站在我面前，与我面对面地交谈，这情景如在梦中，令我兴奋异常。

在舞会上，李敦白眼界大开。他还见到来跳舞的其他高级领导人。一个身材高大魁梧的人走进来，毛泽东冲他招手说："哈，朱老总来了！"并迎上前去握手。他们坐下闲谈时，李敦白坐在两人中间，显示出两位"大人物"对他的尊重，心里很感动。近距离观察，他发现"朱德有一张饱经风霜、岁月雕刻过的脸庞。可能是因为经常挂着笑容，使得他即使不笑时笑纹也因年深日久而留在脸上"，比画像老得多。朱德突然笑着问李敦白："你身上长虱子没有？"未等李回答，他接着说："要是没长虱子，你就算不上真正的革命同志。"说完得意地笑起来。此时，有人把朱德请去跳舞，他的夫人康克清走过来对李敦白说："他可是一个真正的'行动派'，只要他跳得动，是绝不错过任何一支舞的。"李敦白说："我在昆明时，有人对我讲过许多有关'朱毛'的英雄故事，他们把'朱毛'当成一个人，而不是两个人。"康克清笑起来。

简陋的大屋子舞场热闹非凡，战士、参谋、护士、医生、记者、翻译、指挥官、政治官员、理论家们，在一起翩翩起舞。官衔最高的与官衔最低的在一起跳舞，这在世界上的其他地方是看不到的，令李敦白大开眼界。这一景象使他明白中共为什么能够取得胜利，国民党为什么腐败无能。

突然，门口传来一阵响动，一个穿军大衣的漂亮女人进来，人们都把目光投向她。有人告诉李敦白说："她是江青，毛泽东的爱人。"他第一次听到"爱人"这个词，觉得很新鲜。身旁的人还提醒他说："她是个很厉害的女人，最好别惹她。"李敦白见她30岁出头，身材苗条，肤色白皙，比毛泽东小20多岁。直观的印象不错，他就说："她看起来并不厉害啊！""表面现象不代表真实"，旁边的人撇撇嘴继续说，"她虽然只是主席的私人秘书，但是任何人想见主席，都得经过她那一关"。

李敦白喜欢挑战，做事常逆势而行，这与中国人躲开"硬茬"的思维方式不同。他怀着好奇心要去接触江青，看看她有多厉害。舞乐响起，他便走向江青，主动自我介绍，邀请她跳舞。江青礼貌地接受，柔情地跳起来。她边跳边对李敦白说："我的身体不是很好，主要是胃有毛病。"跳了几分钟，她就抱怨透不过气来，说："我有点心悸。"抽出手来按住自己的胸口。李敦白礼貌地送她到场边陪她坐下。江青突然与他谈起电影来，说她们正拍一部故事片，邀他有时间去看看。江青说的故事片，是指延安电影制片厂本年9月开始拍摄的《吴满有》。这的确与江青有一些关系。延安电影制片厂是为了拍摄故事片《边区劳动英雄——吴满有》（陈波儿、伊明编剧）于1946年8月创建的。7月，先由柯仲平、江青、伊明等7人组成剧本修改委员会，进行前期工作。8月，延安电影制片厂宣告成立，由习仲勋、陈伯达、安子文、李伯钊、江青、鲁直等组成董事会，西北局书记习仲勋兼董事长。据制片厂领导小组成员钟敬之说，江青参加过一次讨论会，对剧本和拍摄提出了一点意见。之后，几个人又到她那里一次，讨论剧本和演员问题。此后她再没有参与其事。9月，影片开拍不久，因为战争和吴满有被俘问题，西北局决定停止拍摄。

在这个过程中，李敦白一点都没有发现江青的厉害，相反初见印象还不错。20年后的"文革"中，他才领教了江青的厉害，差点要了他的命。

在延安，毛泽东对李敦白印象不错。1946年12月9日，毛泽东在王家坪会见西方记者时说：中国共产党并不排外，现在有两种美国人，马海德、李敦白、史沫特莱、斯特朗这样的美国人，我们都欢迎。明确表达了对李敦白的赞许。

## 冤案平反结良缘

1949年初，李敦白神秘地消失了。原因据说是在莫斯科帮助编辑英文报纸《莫斯科新闻》的斯特朗出了问题，苏方说她是一个"美国间谍"。并且在世界上发展了一个大范围的"国际谍报网"，李敦白也受她的领导，负责收集中国的情报。苏联当局逮捕了斯特朗，并且通知在西柏坡的中共中央，把李敦白也抓起来。当时党中央很不理解，因为没有发现他丝毫的"间谍"活动，但还是执行了苏联的"指令"。

1949年1月31日，北平和平解放。新华社随军进城，立即开展工作。但李敦白却被当作"罪犯"押解着进城，同事们依然不知道他犯有何罪。1953年斯大林逝世后，苏联平反了斯特朗"国际间谍"的冤案。1955年4月4日，被囚禁了6年零3个月的李敦白才被释放。公安部的一位干部向他宣布：我们花了许多时间调查你的案子，最终发现你是一个好人。你一直被冤枉坐牢，受了很多苦，我代表中国人民政府和公安部，为这一错误向你道歉。李敦白大度地接受了这个以自己的"小屋苦难"换来的"道歉"。除此之外，他还能怎样呢？这是自己钟爱的国家的"道歉"啊！

李敦白被关押，把妻子魏琳也"关"跑了。她忍受不了长达6年丈夫音讯全无的日子，只好选择离婚。1955年"五一"节以后不久，李敦白出现在中央人民广播电台的办公室。

李敦白上班后不久，就恢复了党籍，这个"大鼻子"是英语组唯一的党员。令李敦白高兴的是，他在电台结识了在总编室工作的王玉琳。他想追求她，但不敢直说，便写了一封求爱信，悄悄放到王玉琳的办公桌上。第二天，王玉琳表情严肃地进入李敦白的办公室，放下一封信就走了。李敦白心想"一切全完了",浑身凉透。他忐忑地打开信:"李敦白同志,我从来没有想过你所提出的那种相互关系,既然你有了这种想法,我们只好停止我们之间的个人关系。"他再不敢往下看了。可是,眼睛停不下来,看到下面的话是:"我昨天答应你,今天下班后一同去逛中山公园。我当然要信守诺言。"李敦白心里出现一丝亮光:看来这事也许还有救。

下班后,李敦白怀着忐忑的心情奔向中山公园,王玉琳已在那里。他走上去问好,并仔细观察她的脸色。他们找了一个僻静的地方坐下来。李敦白心想,成败在此一举了,便鼓足勇气说:"玉琳,我真的很爱你,答应我吧!"王玉琳点点头,表示接受求爱。李敦白"哇"的一声,紧紧握住她的手。王玉琳怕他太激动,接下来会做出过分亲密的动作,便说:"克制,注意影响!"把手抽回来。

李敦白是共产党员,按规定向组织汇报了他们的恋爱。1956年他们喜结良缘,电台领导和同事们都来祝贺,婚后生活幸福美满。那时还不兴度蜜月,他们只休息了一天,李敦白就被抽调参加《毛泽东选集》的翻译、定稿工作。

1958年9月,斯特朗在苏联的"国际间谍"冤案得到平反,来到北京定居。周恩来为她举行欢迎宴会,李敦白、王玉琳夫妇应邀作陪。周恩来诚恳地对他说:"伤害了我们的朋友,是我们的错误。"

1964年1月,毛泽东宴请在北京的外国朋友,斯特朗和李敦白应邀出席。毛泽东对斯特朗说:"当年你在延安的时候,国民党开始轰炸了。我们担心你的安全,就让你走了。如果你留在延安,就不会当作间谍被捕了。"他转身对李敦白说:"你被牵连到斯特朗的案子里,我们犯了一个很坏的错误,你是一个好同志。"毛泽东、周恩来向他们当面道歉,承认了错误,使他们感到很安慰。

## "文革"沉浮两重天

"文革"开始以后,广播局的院子里贴满了大字报。李敦白的胸中"激情"澎湃。他积极投入运动,贴大字报,检查自己的缺点和错误,表示要和"造反派"站在一起闹革命。人们对他肃然起敬,他成了广播局的风云人物。

1966年国庆节,李敦白得到一次特殊的礼遇。这一天,斯特朗、李敦白等6位外国朋友应邀请登上了天安门城楼观礼,并和毛泽东握手。李敦白回到单位以后,人们拥来和他握手,因为这手是和领袖握过的啊,都想感染一下幸福。人们说:"老李,我们在电视上看到你啦,还和毛主席握了手呢。"第二天,《人民日报》和所有的报纸都在第一版上刊登了毛泽东和李敦白的合影。于是,"国际主义战士李敦白"的大名传遍了华夏。他向人们描述了与毛泽东握手的种种细节,语气中充满了兴奋和自豪。他的头脑有些膨胀了。

1967年2月,广播局成立了一个"白求恩－延安造反团"的群众组织,并夺了电台的领导权,李敦白当选为头目之一。接着,由"夺权派"成立了一个"三人领导小组",李敦白被推举为"一把手"。对于这两个"头衔",他都欣然接受。不久,他有些醒悟了,说:"不管怎样,广播局不能由一个外国人负责呀。"但很快他又"昏迷不醒"。4月8日,李敦白在《人民日报》发表《中国文化大革命打开了通向共产主义的航道》,狂捧"文化大革命";4月10日,他又参加清华大学批斗王光美大会,并登台表态。此外,他似乎"批"红了眼,又批斗了一批在京的国际友人,包括马海德这样的国际共产主义战士。那时,李敦白走在街上,许多人争相与他握手、围观,还有人请他签名留念,俨然成了北京城赫赫有名的大人物。他在回忆中说:"那时我红得发紫。"

李敦白这种"红得发紫"、飘飘然的日子,只维持了6个月。1967年8月底,"中央文革"派人到广播局通知李敦白,"离开广播局,有特殊任务"。当时,李敦白还抱有幻想,等到9月底,他没有收到天安门国庆节观礼的请柬,便"觉得有些不对劲儿"。不久,他又看到英文的《北京周报》重新发表了去年毛泽东会见外宾和群众组织代表的照片,斯特朗等人都赫然在目,而他原来所在的那个位置,却变成了一片黑。广播局实行军管以后,李敦白和王玉琳的工作证都被收走，并且加以软禁。他被作为"五一六"分子受到批判。后来他才知道，这种遭遇是因为江青说"广播局竟被一个美国特务统治了半年"。可是，当初把他扶到台上并加以利用的也是江青。延安时期那个看来柔媚女人的"厉害"，这时让他领教了。

1968年2月21日，李敦白再次锒铛入狱，罪名是"破坏文化大革命的美国特务"。在秦城监狱，李敦白多次被审问。有一次问他，和王光美是什么关系？他说："我在北京的军调部拜访叶剑英的时候，她也在场。后来在延安重逢，当时她和刘少奇还没有结婚呢。有一天，她请我吃回锅肉。过了几天，我又请她吃回锅肉。当时在延安，吃一碗回锅肉算是丰盛的菜肴了。"那个审问他的人说："你们两个人来回地这么回锅，是什么问题？"李敦白心里暗笑："这小子大概连回锅肉也没吃过。"这分明是处心积虑地给他罗织罪名。1973年，许多被关押的外国人被释放，但李敦白又被当作"王、关、戚"分子继续被关押着。1976年末，李敦白发现报纸上关于"文革"的消息不见了，江青的名字消失了。有一天，他忽然听到一个女人在院子里大喊大骂，声音又高又尖，是他熟悉的江青的声音。他想："江青进来了，我该出去了。"果然不出所料，1977年11月19日，关押了9年8个月零1天的李敦白，被释放出狱，是"文革"结束后外国专家中最后一个被释放的人。

1982年，经过妻子王玉琳的奔走催促，公安部给李敦白做出正式"平反结论"：李敦白同志，1945年到中国以来，为中国人民做了许多有益的工作，对中国人民的革命事业是有重大贡献的。1968年入狱，是被错误关押审查，纯属冤案，应予彻底平反。对此，李敦白表示接受，一句气愤的话都没有说。

## 来往中美两国间

李敦白被释放平反后，没有回到广播局复职，而是被先后安排到新华社、社会科学院担任顾问。他有一种被"边缘化"的感觉，况且年近花甲，他觉得的确老了。

1980年3月17日，李敦白夫妇用"补发审查期间的工资"购票，乘飞机回到美国，他们暂住在姐姐家中。王玉琳织毛衣出售，同时教授中文和中国烹饪，挣一点微薄的生活费。李敦白到学校教课挣一点钱，勉强维持生活。不久，3个"千金"陆续来美国，并找到工作，一家人的生活状况逐渐改善。他们夫妇都是干事的人，不想虚度时光，商量好"要换一种新的方式，做些实际的、对中国有益的事情"。

机会终于来了，哥伦比亚广播公司要到中国拍电影，找李敦白帮忙当翻译。他在中国各地为公司办成了不少事，公司对他很满意。回国后，让他讲述自己的经历，在《星期天60分钟》节目中播出。这样一来，他在美国成了"名人"。不少美国公司找他们咨询或者当顾问，开展中美贸易。

几次的成功以后，他们摸到了经商门径，便在自己的住所内注册成立了一个"李敦白有限公司"。他担任总经理，妻子是副总经理，立即挂牌开张。为了公司的业务，他们从美国的东部搬到了西部，经常到中国开展业务活动。

李敦白与中国老朋友见面，总是有说有笑，极少有悲观和怨恨。他对人生的苦难，更多的是笑对，心是向着未来的。他常说："回顾过去，当然有不少事情使我感到遗憾和痛苦。不过，我对那些年月并不后悔，即使包括我在监狱度过的岁月。直到今天，我依然能从那可怕的逆境中汲取内在的力量。"回到美国后，他有时间静下来回忆往事，开始写回忆录，后来出版了《红幕后的洋人——李敦白回忆录》。

2004年春天，83岁的李敦白夫妇再次来到北京，除业务活动外，与不少老朋友聚会畅谈。朋友们劝他，只要身体还能支持，多来中国走走，为中美两国人民做些事。他马上站起来，学着京剧武生的做派和腔调，双手抱拳，说："得令啊！"

　　李敦白作为一位美国人，远涉重洋来中国，真诚地为中国人民服务，在这个东方古国工作和生活了35年。其间两次蒙冤，在铁窗中苦熬了16年。他被平反释放回美国后，"爱中"之心不改，耄耋之年仍不辞辛劳，为中国的改革开放事业奔忙。误会、伤害已成过去，美好记忆长存心底。中国人民永远不会忘记这位真诚的国际友人。

# 附录

## 国际友人在延安大事记（1935—1949年）

姬乃军

### 1935年

10月19日　中共中央率领中央红军经过二万五千里长征，到达陕北吴起镇（今吴起县城），进入西北苏区。随中央红军长征到达吴起镇的有共产国际派来的军事顾问李德（奥托·布莱恩，1901—1974）和担任红军干部团参谋长的朝鲜革命志士毕士悌（1898—1936）等国际友人。

11月7日　中共中央机关进驻瓦窑堡（今子长县城）。

11月10日　中华苏维埃共和国中央政府驻西北办事处（以下简称西北办事处）在瓦窑堡成立。秦邦宪（博古）任主席。

### 1936年

1月初曾担任红军干部团直属队党支部委员，并参加了长征的越南革命志士洪水（武元博，1906—1956）到达瓦窑堡。

1月16日　西北办事处发布布告，决定设立外交部，部长由秦邦宪兼任。

2月20日　当晚20时，红军发起东征战役。担任红十五军团七十五师参谋长的毕士悌，亲自率该师二三二团一营作为红十五军团先头营，登船强渡黄河。毕士悌在渡河战斗中不幸身负重伤。2月22日，毕士悌因伤势过重抢救无效而英勇牺牲，年仅38岁。

6月1日　中国人民抗日红军大学在瓦窑堡米粮山举行开学典礼。李德任红军大学军事教员。洪水进入红军大学一科学习。

6月21日　中共中央机关离开瓦窑堡，向保安方向迁移。

7月3日　中共中央机关进驻保安（今志丹县城）。

7月5日　美国记者埃德加·斯诺（1905—1972）和美国医生乔治·海德姆（1910—1988）从西安动身，奔赴西北苏区。斯诺和乔治是在宋庆龄先生和中共地下党组织的安排下，于6月中旬分别从北平（今北京）和上海奔赴西安的。他们进入陕北苏区是在中共地下党员董健吾、刘鼎和中共中央政治局委员邓发协助下完成准备工作的。当晚，斯诺和乔治宿于东北军驻防的洛川城。

7月6日　斯诺和乔治到达肤施城（今延安），当晚住在东北军一位团长的公馆里。

7月7日　斯诺和乔治从肤施出发，前往安塞，当晚住在一个小山村里。

7月8日　斯诺和乔治到达红军东线工作委员会驻地白家坪（今属安塞县真武洞镇），见到了中革军委副主席周恩来。

7月9日　周恩来就第一次国内革命战争的失败和江西苏区与陕北苏区等问题，和斯诺进行了谈话。

7月10日　周恩来就红军今后发展计划问题，继续和斯诺谈话。周恩来并帮助斯诺制订了一个需时92天的采访计划。

7月11日　斯诺和乔治离开白家坪，前往保安。

7月12日　斯诺和乔治到达保安城。当天下午，即见到了毛泽东主席。

7月15日　毛泽东向斯诺介绍了中华苏维埃政府的外交政策。

7月16日　毛泽东就日本帝国主义侵略等问题，和斯诺谈话。

7月18日　毛泽东和斯诺谈苏维埃政府内政问题。

7月19日　毛泽东和斯诺继续谈内政问题。同一天，张闻天还就中国共产党的历史问题，接受了斯诺的采访。斯诺还就红军军事问题采访了李德。

7月23日　毛泽东就中共与第三国际及苏联的关系等"特殊问题"接受了斯诺的采访。

7月25日　斯诺采访共青团中央书记冯文彬。

7月30日　斯诺采访西北办事处土地部部长王观澜。

7月中旬至月底　斯诺还采访了西北办事处主席兼外交部部长秦邦宪、西北办事处财政部部长林伯渠、西北办事处教育部部长徐特立和红军大学校长林彪等。

8月初　斯诺和乔治离开保安,前往宁夏、甘肃红军西征前线采访。途中,利用3天时间,对苏区的"工业中心"吴起镇进行了采访。共历时10天左右。

8月12日　斯诺采访红二十九军军长肖劲光。

8月16日　斯诺在豫旺堡(今宁夏回族自治区同心县豫旺镇)采访红一方面军司令员彭德怀。

8月17日　斯诺采访红一军团代军团长左权。

8月18日　斯诺采访红一军团政委聂荣臻。

8月19日　斯诺采访红一军团副政委邓小平。

8月20日　斯诺出席红军指战员召开的欢迎大会,并在会上发表了演说。

8月26日　斯诺抵达红十五军团驻防的豫旺堡县城。

8月27日至29日　斯诺连续用3天时间,采访红十五军团军团长徐海东。

8月31日　斯诺返回红一方面军司令部驻地豫旺堡。

9月1日　斯诺随彭德怀的司令部机关离开豫旺堡,西去海原方向。以后6天时间,斯诺一直随彭德怀司令部机关一起行军转移。

9月7日　斯诺踏上返回保安的路程。乔治(这时已经改名为马海德)则留下来参加了红军,担任红军随军医生。

9月19日　斯诺在返回保安途中,宿于铁边城(今吴起县铁边城镇)。

9月20日　斯诺到达吴起镇。随后用两天左右时间回到保安城。

9月下旬至10月初　斯诺就毛泽东的个人生平和长征等,采访毛泽东。

9月26日　周恩来向斯诺介绍红军在长征途中的损失情况。

10月9日　斯诺采访苏维埃国家保卫局的负责人周兴。

10月12日　斯诺离开保安。当晚宿于永宁(今属志丹县永宁镇)。随后用3天时间，于15日到达府村（今属甘泉县东沟乡）。

10月16日　斯诺到达兰家川（今属甘泉县道镇），在此居住了3天时间。

10月19日　斯诺被红军战士护送到东北军在富县一带的前沿阵地。20日到达西安。

10月25日　斯诺返回北平（今北京）家中。

11月13日　中国文艺协会成立大会在保安城举行。洪水当选为中国文艺协会理事。

12月2日　马海德随朱德、刘伯承、贺龙等回到保安城。

12月12日　西安事变爆发。美国记者兼作家艾格尼丝·史沫特莱（1892—1950）在西安现场采访并向外报道西安事变真相。

## 1937年

1月初　史沫特莱在西安接到来自苏区的邀请她前往采访的密信。

1月10日　中共中央机关离开保安，向延安迁移。

1月12日　史沫特莱离开西安，北上苏区。途中在红一方面军驻地富平县庄里镇停留了两个星期左右，采访了彭德怀、贺龙、左权等红军将领。

1月13日　中共中央机关进驻延安城。

1月20日　毛泽东致信马海德，请马海德向斯诺转寄一份由他本人亲笔签名的照片。

1月28日　史沫特莱到达延安。当天晚上，史沫特莱即拜访了朱德。次日，史沫特莱在延安军民举行的欢迎晚会上发表了讲演。

2月　马海德加入中国共产党。

3月1日　毛泽东就促成国共第二次合作、建立抗日民族统一战线等重大问题，接受了史沫特莱的采访。

3月10日　毛泽东致信斯诺，向他表示思念之情，并请"代为宣播"自己和史沫特莱3月1日谈话的记录稿。

3月16日　《新中华报》刊登了毛泽东与史沫特莱的谈话要点。

3月　德国友人王安娜博士到达延安。王安娜于5月离开延安。

4月30日　美国记者海伦·福斯特·斯诺（1907—1997）离开西安，前往延安。海伦在中共北平地下党组织负责人黄敬的安排下，于4月21日乘火车离开北平，23日到达西安。

5月1日　海伦在三原县云阳镇参加了红军庆祝"五一"国际劳动节大会。

5月5日　海伦到达延安。

5月15日　毛泽东会见海伦，在座的还有王福时。毛泽东发表了题为《抗日民主与北方青年》的谈话。谈话记录经王福时整理后，于同年8月20日在法国巴黎《救国时报》上刊发，引起了广泛的注意。

5月21日　朱德会见海伦，向她介绍了自己的生平和红军的历史。

6月12日　中央革命军事委员会为总结国内革命战争的经验，提高红军的军事知识，迎接即将到来的民族革命战争，决定设立军事研究委员会，毛泽东、朱德、林彪、肖劲光、李德5人为委员，朱德为主任，肖劲光为秘书长。

6月21日　美国外交政策协会远东问题专家毕森、美国《太平洋事务》杂志主编拉铁摩尔、美国《美亚》杂志主编贾菲等到达延安。

6月22日　毛泽东会见毕森、拉铁摩尔、贾菲等，回答了他们关于抗日民族统一战线的问题。会见后，毛泽东同他们一起到朱德住处，共进晚餐，然后又出席文艺晚会。

同日　周恩来会见海伦，向她介绍了国共两党谈判的情况。

6月23日　毛泽东再次会见毕森、贾菲等，回答他们提出的抗日民族统一战线将怎样发展和中国革命的前途问题。

同日　周恩来会见毕森，向他介绍了国共两党谈判的情况，并谈了对抗日民族统一战线和建立民主共和国等问题的看法。

同日　朱德会见毕森，回答他提出的有关军事方面的问题。

6月24日　朱德陪同毕森、拉铁摩尔、贾菲等出席了延安军民的集会。毕森、拉铁摩尔、贾菲先后发表了讲话。当天傍晚时分，毕森、拉铁摩尔、贾菲一行离开延安，踏上返回西安的归程。毛泽东、周恩来、朱德、秦邦宪等为他们送行。海伦也前来为毕森等送行。

7月4日　毛泽东会见海伦，就中国革命的性质发表了长篇谈话。

7月7日　卢沟桥事变爆发，全国性抗日战争开始。

7月8日　中共中央发表《中国共产党为日军进攻卢沟桥通电》。

7月9日　蒋介石在江西庐山召集社会名流商讨国是，表示要"准备抵抗"日本侵略。

7月14日　张闻天会见海伦，介绍了中国共产党和中国革命的历史，以及他本人的生平。

8月初　史沫特莱和丁玲发起组织西北战地服务团。

8月12日　西北战地服务团发布成立宣言。

8月13日　毛泽东会见海伦，向她介绍了中共中央提出的《抗日救国十大纲领》草案。

8月15日　史沫特莱参加了延安各界欢送西北战地服务团的晚会。毛泽东在晚会上发表了重要谈话。

8月19日　毛泽东亲笔致信任弼时、邓小平，介绍海伦作为随军记者赴前线采访。

8月22日至25日　中共中央在洛川冯家村召开政治局扩大会议。会议讨论了军事战略问题和国共关系问题。会议通过了《目前形势与党的任务的决定》和《抗日救国十大纲领》，会议还决定组成新的中央军事委员会。

8月25日　中央军事委员会发布关于将中国工农红军改编为国民革命军的命令。

8月底　八路军主力东渡黄河，开赴抗日前线。马海德作为随军医生奔赴华北前线。

9月初　史沫特莱离开延安，前往西安，随后奔赴华北前线。

9月6日　陕甘宁边区政府正式成立。

9月7日　海伦离开延安，于18日到达西安。

9月22日　国民党中央通讯社正式发表《中国共产党为公布国共合作宣言》。次日，蒋介石发表《对中国共产党宣言的谈话》，承认中国共产党的合法地位。至此，以国共合作为基础的抗日民族统一战线正式形成。

9月27日　英国记者詹姆斯·贝特兰（1910—1993）在八路军驻西安办事处的安排下，乘汽车离开西安，并于9月29日抵达延安。

10月25日　毛泽东会见贝特兰，就中国共产党和抗日战争、抗日战争的情况和教训、在抗日战争中的八路军、抗日战争中的投降主义、民主制度和抗日战争等问题发表了重要谈话。

10月　朝鲜革命志士郑律成（1918—1976）在中共中央驻陕西代表林伯渠的帮助下，抵达延安，进入陕北公学学习。

12月底　马海德奉命由华北前线返回延安，筹建军委直属门诊部和陕甘宁边区医院。

# 1938年

1月2日　加拿大医生诺尔曼·白求恩（1890—1939）由加拿大温哥华启程，前往中国。

1月20日　白求恩抵达香港，并于3天后到达汉口。

3月26日　白求恩来到延安。

3月27日　毛泽东会见了白求恩，进行了内容广泛的谈话。

4月10日　鲁迅艺术学院（后改为鲁迅艺术文学院）开学典礼在延安隆重举行。毛泽东出席并发表重要讲话。郑律成由陕北公学转入鲁迅艺术学院音乐系学习。在鲁艺期间，郑律成与莫耶合作，创作了《延安颂》。

4月24日　白求恩离开延安，向晋察冀边区进发。

4月　毛泽东会见了原籍波兰的德国记者汉斯·希伯（1897—1941），进行了重要谈话。

5月初　美国驻华大使馆参赞和美军观察员埃文斯·福代斯·卡尔逊（1896—1947）在中共中央驻陕西代表林伯渠和八路军驻西安办事处的帮助下，从西安到达延安。

5月5日晚　毛泽东会见卡尔逊，谈话继续到次日凌晨。谈话内容包括抗日战争、欧洲和美国的政治形势、各个时代政治思想的发展、宗教对社会的影响等。

5月中旬　卡尔逊离开延安，前往抗日前线考察。毛泽东介绍刘白羽等5位青年陪同卡尔逊前往敌后根据地考察。

6月14日　由宋庆龄任主席的"保卫中国同盟"在香港宣告成立。随后，马海德被任命为"保卫中国同盟"驻延安代表。

6月29日　延安各界召开万人集会，热烈欢迎世界学联代表团柯尔曼、雅德、付雷德、雷克福一行4人。代表团在延安参观了中央党校、陕北公学、抗大、鲁迅艺术学院、中央印刷厂等学校、工厂。

7月2日　毛泽东会见柯尔曼等人，指出：坚持抗战、坚持统一战线、坚持持久战，是中共目前的基本主张。

7月4日　柯尔曼一行离开延安。

8月　郑律成由鲁迅艺术学院音乐系毕业后，被分配到抗日军政大学政治部宣传部担任音乐指挥。此后，郑律成相继创作了《延水谣》和《八路军大合唱》等歌曲。

9月29日　中共扩大的六届六中全会开始举行，至11月6日结束。会议批准了以毛泽东为首的中央政治局的路线，并通过了有关文件。这次会议基本上克服了王明的右倾投降主义错误。

11月　中国工业合作协会在汉口成立。

## 1939 年

2月2日 中共中央在延安召开生产动员大会，毛泽东在会上发表讲话，号召"自己动手，克服困难"。

2月上旬 毛泽东会见美国合众社记者罗伯特·马丁。毛泽东在谈话中指出，中国需要民主才能坚持抗战，不单需要一个民选的议会，并且需要一个民选的政府。毛泽东说，中共在中国实行的纲领，是根据中国的需要，而不是共产国际对中共的统治。

2月12日 新西兰友好人士路易·艾黎（1897—1988）和印度援华医疗队爱德华、卓克华、柯棣华、巴苏华、木克华等到达延安。

2月13日 毛泽东会见艾黎，就在陕甘宁边区境内开展工合工作进行了交谈。

2月14日 延安各界在八路军卫生部大礼堂举行欢迎印度援华医疗队大会。毛泽东亲自出席。

3月15日 毛泽东会见印度援华医疗队爱德华、卓克华、柯棣华、巴苏华、木克华5位大夫。毛泽东首先代表中国人民感谢印度国民大会和印度人民对中国人民的抗日战争所给予的同情和支持。毛泽东在谈话中回顾了具有悠久历史的中印传统友谊，指出这种友谊在目前团结反帝的斗争中达到了新的高峰，医疗队来到中国，就传布了人民团结反帝的精神。谈话后，宾主共进午餐。进餐时，毛泽东说，我们吃的是小米，拿的是步枪，却满怀信心要战胜日本强大的武装。

3月18日 柯棣华等人被分配到筹建中的八路军军医院工作。

4月16日 中国工业合作协会延安事务所正式成立。

5月1日 八路军军医院在延安城东拐峁村正式成立。

5月24日 毛泽东致函印度国民大会领袖尼赫鲁，感谢印度人民和印度国民大会给予的医疗和物质援助，并告知印度医疗队已经在此开始工作，受到八路军全体指战员非常热烈的欢迎。

5月　朝鲜医生方禹镛（1893—？）在八路军驻西安办事处的帮助下来到延安，到八路军军医院工作，并担任内科主任。

7月10日　周恩来从杨家岭骑马到位于延安城北小沟坪的中共中央党校做报告途中，因马惊坠地，受重伤，右臂骨折。印度援华医疗队的成员参加了治疗工作。

8月27日　周恩来乘飞机离开延安，前往苏联治疗臂伤。王稼祥、邓颖超、陈昌浩等同行。李德也同机返回苏联。当天，飞机抵达兰州。9月中旬，周恩来一行到达莫斯科。

9月1日　德国军队向波兰发动进攻，9月3日，英国、法国对德国宣战，第二次世界大战全面爆发。

9月22日　斯诺第二次来到延安。当天晚上，斯诺出席了陕甘宁边区文化界欢迎全国慰劳总会北路慰问团由榆林返回延安的座谈会。

9月23日　毛泽东会见斯诺，就工合及国际问题等进行广泛地交谈。

9月25日　毛泽东再次会见斯诺，就中国的抗日战争、苏德关系和德国入侵波兰等问题发表了重要谈话。

9月28日　延安各界举行盛大的晚会，欢迎斯诺、印度援华医疗队成员和东北军将领何柱国。毛泽东致欢迎辞。斯诺也应邀在晚会上发表了讲演。

10月初　斯诺离开延安，前往华北游击区采访。

10月29日　毛泽东会见了柯棣华和米勒等，转达了朱德欢迎外国大夫到晋东南根据地工作的邀请电报，并鼓励他们到前线后，要做好自己的本职工作，并宣传抗日和国际主义。

11月2日　中共中央统战部为欢送柯棣华、米勒等奔赴前线，举行欢送宴会，毛泽东亲自出席作陪。

11月3日　八路军军医院举行欢送柯棣华等奔赴前线大会。

11月4日　柯棣华、爱德华、巴苏华和米勒离开延安，奔赴前线。

11月12日　白求恩在河北省唐县黄石村以身殉职。

11月22日　中共中央政治局举行会议。会议决定，举行追悼白求恩大会，并由中共中央、八路军和追悼大会向白求恩家属发慰问电。

12月1日　延安各界隆重举行追悼白求恩大会。毛泽东敬献挽词。陈云、王稼祥、吴玉章出席追悼大会。同日，八路军军医处决定将八路军军医院改名为"白求恩国际和平医院"，以永远纪念伟大的国际主义战士白求恩。

12月21日　毛泽东发表《纪念白求恩》一文。

12月　艾黎第二次来到延安，对工合延安事务所的工作给予指导。之后，即北上榆林，视察当地的工合工作。

# 1940年

1月初　印度尼西亚医生毕道文（1906—1965）经宋庆龄介绍，来到延安。毕道文后任中央医院内科主任、中央疗养所主任等职务。

1月　艾黎在由榆林返回途中，第三次来到延安，视察延安的工合工作。并于1月14日在工合延安事务所驻地接受了重庆《新华日报》记者关于工合问题的采访。

3月3日　马海德与中国姑娘、延安鲁艺学员周苏菲喜结良缘。

3月26日　从苏联回国的周恩来，由西安乘汽车回到延安。同行的有任弼时、邓颖超、蔡畅、陈琮英、陈郁、师哲，还有日本共产党领袖冈野进（即野坂参三，当时化名林哲）和印度尼西亚共产党领导人阿里阿罕（当时化名王大才）。

10月　八路军总政治部决定在延安创办日本工农学校。校址设在延安宝塔山南麓半山腰。校长由时任八路军总政治部顾问的冈野进担任，副校长赵安博（1943年4月后，由李初梨任副校长）。

11月　巴苏华奉命由华北前线返回延安，任白求恩国际和平医院五官科主任。

## 1941 年

5月1日　《新中华报》发表由中共陕甘宁边区中央局提出，中共中央政治局批准的《陕甘宁边区施政纲领》（即"五一施政纲领"）。其中第21条内容为："在尊重中国主权与遵守政府法令的原则下，允许任何外来人到边区游历，参加抗日工作，或在边区进行实业、文化与宗教的活动。其有因革命行动被外国政府压迫而来边区者，不问其是宗主国人民或殖民地人民，边区政府当一律予以恳切的保护。"

5月15日　日本工农学校在延安八路军大礼堂举行开学典礼。朱德到会并发表讲话，号召中日青年团结起来，共同打倒日本法西斯。

6月22日　德国向苏联发动突然进攻，苏联卫国战争开始。

8月22日　毛泽东在日本工农学校第二期工作报告上批示："很好的一个报告，各同志阅后保存于秘书处。""延安的学校应照此种精神去办。这是理论与实际联系的学校，不是单纯的概论学校。"

8月27日　中共中央政治局举行会议。会议决定由朱德领导林哲（冈野进）、李维汉、贾拓夫等7人组成东方民族反侵略会筹备会。

9月26日　中共中央决定朱德任中共中央党务研究室海外研究组组长兼中央华侨工作委员会书记。

10月27日　东方各民族反法西斯代表大会在延安举行，至31日会议闭幕。会议决定成立"东方各民族反法西斯大同盟"。印度友人巴苏华、朝鲜友人武亭、日本友人森健等当选为联盟执委。

12月7日　日本偷袭珍珠港美军基地，太平洋战争爆发。

同日　中共中央政治局决定组织海外工作委员会，由朱德任主任。并决定将华侨委员会及中央党务研究室的海外研究组并入海外工作委员会。

## 1942年

1月24日　中共中央政治局会议通过了朱德提出的海外工作委员会业务以及半年工作计划。

2月1日　毛泽东在中共中央党校开学典礼上做题为《整顿党的作风》的报告，标志着延安整风运动在全党范围的开始。

5月11日　苏联医生阿洛夫（1905—？）到达延安。一同来延安的还有共产国际驻延安联络员兼塔斯社随军记者彼得·弗拉基米洛夫（中文名字孙平）和无线电报务员里马尔。

5月12日　毛泽东、任弼时、王稼祥接见阿洛夫等。

5月16日　日本工农学校成立一周年大会在延安举行。朱德出席并致辞。朱德指出，反法西斯力量逐渐增大，全世界爱好和平的人民一定能得到解放。

6月23日　在华日本共产主义者同盟成立大会在延安举行。朱德出席并代表中国共产党及八路军致贺词，大会向毛泽东发出致敬信。

6月25日　毛泽东致信林哲，祝贺在华日本共产主义者同盟成立。

7月4日　《解放日报》报道了阿洛夫到延安的消息。阿洛夫到延安后，即参加中央医院工作。1943年起，又和傅连暲一起主持筹办了设在枣园村的中央医务所。

8月15日　朱德出席华北日本士兵代表大会暨华北日本反战团体大会开幕式，并发表讲话。

9月20日　朱德在《解放日报》"追悼朝鲜义勇军牺牲同志特刊"上发表《为自由而死，生命永存》一文。

10月初　朱德出席华北朝鲜青年联合会陕甘宁边区支会举行的追悼在华朝鲜死难烈士大会闭幕式，并发表讲话。

11月13日　印度国际友人、中国共产党党员、晋察冀军区白求恩国际和平医院院长柯棣华因病不幸在河北省唐县葛公村逝世。

12月30日　延安各界隆重举行追悼柯棣华大夫大会。毛泽东敬献挽词，朱德宣读祭文。同日，《解放日报》发表了朱德的文章《纪念柯棣华大夫》。

## 1943年

1月1日　朱德、彭德怀、罗瑞卿致电在华日本人反战同盟各支部，向他们祝贺新年。

2月20日　延安白求恩国际和平医院为朝鲜医生方禹镛举行五十寿辰祝寿大会。

4月2日　毛泽东、朱德致电周恩来：巴苏华大夫定于（四月）五日去西安转渝返印度，请转告在渝印度方专员及国民政府军委，沿途给予保护放行。电报说："巴苏华在我军工作表现尚好，并已加入我党。"

4月5日　印度援华医疗队巴苏华大夫离开延安，动身返回印度。行前，毛泽东、朱德等分别向巴苏华介绍了中国抗日战争和抗日民族统一战线的经验。并托巴苏华带去中共中央致印共中央的信和毛泽东致印度国民大会的信。

4月　米勒奉命从华北前线返回延安，任国际和平医院内科主任，方禹镛改任传染科主任。

6月5日　中共中央举行干部大会，热烈欢迎日本共产党中央代表冈野进。毛泽东、朱德等出席会议，任弼时代表中共中央致欢迎辞。

同日　《解放日报》发表社论《欢迎冈野进同志》。

6月中　中（国）缅（甸）印（度）美军总司令部政治顾问戴维斯向美国国务院建议，在延安设立美国领事馆，并派遣军事代表团。

10月2日　英国物理学家威廉·班德和夫人从华北解放区到达延安，下榻陕甘宁边区政府交际处。

10月10日　班德夫妇前往陕甘宁边区政府驻地，拜访了边区政府主席林伯渠。

10月24日　朱德与班德夫妇谈话。朱德在谈话中介绍了国共两党的关系。朱德指出："中国必须更民主化，方始可能全民动员起来。"

同年秋　美国评论家爱金森抵达延安，进行采访。在延安期间，爱金森采访了秦邦宪等，并参观了解放日报社、中央印刷厂等。不久，爱金森离开延安，返回重庆。

## 1944 年

1月4日　毛泽东会见班德夫妇，并进行了内容广泛的谈话。

1月11日　班德夫妇离开延安，前往重庆。在延安期间，班德夫妇参观了延安自然科学院、华侨毛纺厂、新华化学厂、鲁迅艺术文学院、中央印刷厂、中央医院、解放日报社、延安洛杉矶托儿所等。

2月28日　周恩来致电董必武：请安排龚澎、龙飞虎陪送外国记者团来延安，便于此间配合沿途照料和指点他们注意国民党封锁边区的工事。

3月9日　周恩来致电董必武转外国记者团：闻你们将来延安参观，我受毛泽东、朱德两同志及中共中央的委托，特电你们表示热烈欢迎。

春　马海德到国际和平医院工作，并任保卫中国同盟驻该院观察员。

4月6日　毛泽东同周恩来两次致电董必武，通报蒋介石已令西安一带的特工人员布置各种伪装，以中共叛徒、受害者、知情者种种面目出现，向外国记者"控诉"，捏造各种污蔑中共之词，请董必武速将上述情形透露给各记者，使有精神准备，并注意揭破。

4月30日　毛泽东致电董必武转11位外国记者："诸位来延，甚表欢迎。""只要政府同意即可动身。"

5月17日　英国教授林迈可和夫人李效黎由晋察冀边区抵达延安。当天晚上，周恩来、杨尚昆、聂荣臻在边区政府交际处设宴，为林迈可和夫人洗尘。

5月18日　朱德前往边区政府交际处，看望了林迈可夫妇。

5月下旬　毛泽东在杨家岭会见了林迈可夫妇，并设宴招待。之后，林迈可被朱德聘为八路军无线电顾问。他的夫人李效黎被安排到边区政府交际处担任英文翻译。

5月31日　中外记者西北参观团由山西大宁县西渡黄河，进入陕甘宁边区考察。该团的外国记者有美国的福尔曼、斯坦因、武道、夏南汉和美国的波兰籍记者伊斯雷尔·爱泼斯坦、苏联的普科金。

6月1日　八路军三五九旅旅长兼政委王震抵达中外记者参观团宿营的凉水岸渡口，欢迎他们进入边区采访。当晚，记者团下榻固临县政府（原县治，现已划归延长县）。

6月3日　王震陪同记者团抵达延长县城，并参观延长石油厂。

6月6日　王震陪同记者团抵达南泥湾，受到三五九旅指战员的欢迎。

6月9日　记者团抵达延安。

6月10日　朱德为欢迎记者团来延参观举行宴会，周恩来等出席作陪。爱泼斯坦代表外国记者在宴会上讲话。

6月12日　毛泽东会见记者团，并回答了外国记者爱泼斯坦等提出的问题。

6月22日　叶剑英向记者团发表题为《中共抗战一般情况的介绍》的重要谈话。

6月23日　美国副总统华莱士在重庆和蒋介石会谈时，再次提出派遣军事代表团的问题，蒋介石被迫同意，但要求将规格降低为"观察组"。

6月24日　延安文艺界为记者团举行招待集会。

6月25日　朱德与叶剑英会见英国记者斯坦因。

6月29日　中共六届七中全会主席团举行会议，讨论接待中缅印战区美军司令部派来的军事观察组和有关国共谈判问题。会议决定，由毛泽东、朱德、周恩来、叶剑英、彭德怀、林彪出面接待美军观察组。会议决定，对美军观察组要表明我们现在需要与国民党合作抗战，战后需要和平建国，民主统一；交往时以老实为原则，能办到的就说能办到，不能办到的就说办不到。

6月30日　阿洛夫荣获毛泽东亲笔题词"模范医生"的奖状。

7月4日　延安各界举行庆祝美国独立168周年纪念大会。毛泽东、朱德等出席，周恩来发表讲话。周恩来在会上的讲话中赞扬美国国内团结、民族团结的精神，表示希望到会的中外记者参观团成员把八路军、新四军关于在团结、民主基础上来求得战争胜利的要求转达给国民政府。

7月6日　周恩来举行宴会，为准备返回重庆的中国记者饯行。

7月7日　朱德与叶剑英再次会见英国记者斯坦因。

7月12日　记者团中全体中国记者和外国记者夏南汉离开延安，返回重庆。

7月14日　毛泽东会见英国记者斯坦因，回答他提出的问题。会见从当日下午一直持续到15日凌晨3时。毛泽东回答了斯坦因提出的关于中国共产党所信仰的马克思主义的政治思想方法、关于什么是新民主主义的主要社会经济内容、关于中国共产党的土地革命政策、关于共产党如何注意听取群众意见等问题。

同日　周恩来召集有关干部座谈，介绍来边区参观的外国记者的情况。要求大家向外国记者宣传、介绍根据地的情况，务使他们认识到我们军事有力量，政治有民主，建国有办法，新民主主义的前途有把握。提出要多谈敌后群众遭受敌人"三光"政策摧残后的各种痛苦，目前缺少医药，促使他们向全世界呼吁，在药品、器械、技术等各方面给我们以援助。

7月15日　周恩来致函毛泽东，提议毛泽东在会见美国记者爱泼斯坦时，请爱泼斯坦代向宋庆龄和她领导的保卫中国同盟对我们的援助表示谢意。

7月18日　毛泽东会见美国记者武道，同他进行了关于政治科学、国共两党关系等问题的谈话。

7月19日　中共六届七中全会主席团举行会议。会议决定将延安俄文学校改为外国语学校，增设英文班，聘请林迈可、马海德为英文高级班和研究班教员，浦化人为英文班班主任。

同日　周恩来就中外记者西北参观团访问陕甘宁边区的情况电复董必武：

中外记者来后，外国记者颇积极，"愿意多看、多谈、多住并去前线"，要求与中国记者"分开行动"；"中记则消极，怕看怕谈，愿早归"。经过月余的参观、谈话，中国记者连特务在内，"一致承认我党组织力强，与人民成一片，军事不可侮，生产成绩好，文化方向对"，"公开表示，国共决不能打，只能政治解决"。外国记者五人，现仍留在延安，拟九月回渝。

7月21日 朱德接受美国记者爱泼斯坦采访，就爱泼斯坦提出的当前中国军事形势及其发展，同盟国对中国帮助的最佳形式，八路军、新四军如何和同盟军合作及对同盟军有何要求等问题进行了回答。

7月22日 美军观察组第一批成员抵达延安。周恩来、叶剑英、杨尚昆等前往机场迎接。

7月26日 毛泽东出席为美军观察组第一批人员到达延安举行的晚宴。席间同坐在身旁的观察组成员、美国驻华大使馆二等秘书、中缅印战区司令部政治顾问谢伟思进行交谈。在交谈中，毛泽东提出美国是否有可能在延安建立一个领事馆的问题，并说他提出这一问题，是因为考虑到在抗日战争结束后美军观察组会立即撤离延安，而那时正是国民党发动进攻和打内战的最危险的时机。

7月27日 周恩来同谢伟思谈话。在谈到国共谈判问题时，周恩来说，国民党是利用谈判来捞宣传上的好处，主要是为做给美国舆论看；国民党希望战争结束时能把共产党一举歼灭；它会继续不断地衰落。另外还就美军在太平洋的进展和美国未来对日的战略以及中国大陆战场的重要性等问题同谢伟思交换意见。

8月6日 周恩来致函王炳南，希望他多注意储备人才和同外国朋友埃德加·斯诺、艾格尼丝·史沫特莱、埃文斯·卡尔逊、约翰·范宣德等保持联络。

8月7日 美军观察组第二批人员抵达延安。美军观察组共有18名成员，组长是大卫·包瑞德上校。

8月12日 日本工农学校和日本人民解放同盟在延安举行欢迎美军观察组大会。美国记者爱泼斯坦应邀参加。

8月15日　《解放日报》发表经过毛泽东修改审定的社论《欢迎美军观察组的战友们》。

8月18日　中共中央发出由周恩来起草的《关于外交工作的指示》。这份文件就中共对外政策的基本立场、对国际统一战线的内容和同外国交往的具体政策等问题做出原则规定。说明这次外国记者和美军人员来边区访问和考察，是对新民主中国的初步认识后的实际接触的开始。提出应把这看作是我们的国际统一战线的开展，是我们外交工作的开始。指出我们的外交政策首先必须站稳民族立场。阐明国际统一战线的中心内容是共同抗日与民主合作；我们外交工作的中心应放在扩大影响和争取国际合作上面。

8月中旬　记者团外国记者爱泼斯坦、福尔曼、武道等，由美军观察组成员卡斯伯格少校陪同，离开延安，前往华北，于8月20日到达晋绥解放区考察和采访。

8月25日　保卫中国同盟主席宋庆龄向马海德赠送了一张有她本人亲自签名的照片，以表达对马海德为延安国际和平医院所做工作的敬意。

8月27日　毛泽东会见美军观察组成员约翰·谢伟思，和他进行了长达8个小时的重要谈话。其中谈到了中共对坚持团结、成立联合政府问题，国民党政府问题，中共与美国政府的合作问题，中国与苏联的关系问题等。关于国共关系问题，毛泽东指出：国共两党关系的状况是解决中国问题的关键。我们共产党人深知内战的惨痛经验。对中国来说，内战将意味着长年累月的破坏和混乱，中国的统一，它对远东的稳定作用，以及它的经济发展，统统会推迟下去。中国防止内战的希望在很大程度上有赖于外国的影响。在这些外国中，尤其最重要的是美国，国民党在今天的处境下必须看美国的脸色行事。国民政府应该立即召开一次临时（或过渡的）国民大会，应邀请一切团体派代表参加。在人数分配方面切实可行的妥协可以是，国民党大概占代表数的一半，所有其他代表占另一半，蒋介石将被确认为临时总统。这次临时国民大会必须有全权改组政府并制定新的法令——保持有效到宪法通过之时为止。它将监督选举，然后召开国民大会。我们现在只是要求美国政策要努力引导国民党改革自己。国民党已在忙于为发动内战制造借口。我们可以说，内战是不可避免的，但不是十分确定的。

9月5日　美国新闻处和纽约外交政策协会宣布，美军代表团抵达延安。

9月13日　美军观察组在延安王家坪军委礼堂举办美国军事照片展览，至15日结束。3天之中，观众达3000余人。

9月26日　包瑞德上校等出席观看八路军留守兵团模范学习者会议代表的军事技术表演。

10月5日　毛泽东、朱德出席在延安举行的美军中缅印最高统帅部为包瑞德举行的授勋仪式。

10月6日　美军观察组成员卢登和惠特塞离开延安，前往华北，了解和观察前线情况。

同年秋　奥地利医生傅莱（1920—2004）从晋察冀边区到达延安。傅莱被分到位于延安城东柳树店的中国医科大学从事传染内科的教学和科研工作。傅莱还担任了陕甘宁边区中西医研究会的顾问。

10月7日　中共六届七中全会主席举行会议。根据毛泽东的提议，会议决定任命杨尚昆为中央军委外事组组长、陕甘宁边区政府交际处处长，王世英、金城为边区政府交际处副处长。

11月6日　毛泽东主持中共六届七中全会主席团会议、会议讨论赫尔利来延安谈判问题。毛泽东说：蒋介石要赫尔利来调停，可得救命之益。至于能拿出什么东西来，多少可以拿一点。他给以小的东西，加以限制，而得救命的大益。对国民党问题，赫尔利看得相当乐观。赫尔利来我们要开个欢迎会，由周恩来出面介绍，再搞点音乐晚会。

11月7日　美国总统特使赫尔利由重庆飞抵延安。毛泽东、周恩来前往机场迎接。

同日　毛泽东同朱德设宴庆祝苏联十月革命27周年。出席宴会的有苏联、美国、英国的来宾,在延安的国际友人及延安各界人士百余人。席间,毛泽东举杯庆祝同盟国反法西斯战争的胜利和苏联红军的胜利。

**11月8日** 当天上午,毛泽东、朱德、周恩来同赫尔利举行第一次会谈。当天下午3时,毛泽东、朱德、周恩来开始同赫尔利进行第二次会谈。

**11月9日** 当天下午3时,毛泽东、朱德、周恩来同赫尔利举行第三次会谈。

**同日** 当晚,毛泽东主持召开中共六届七中全会全体会议,向全会报告同赫尔利会谈情况,指出:经过三次会谈修改后的五点协定,没有破坏我们的解放区,把蒋介石要破坏解放区的企图扫光了;破坏了国民党的一党专政,使共产党得到合法地位,使各小党派和人民得到了利益。如果蒋介石签字承认这个协定,就是他最大的让步。明天签字后,我们的文章做完了,问题即在重庆了。关于见蒋介石的问题,不能拒绝,尤其此时要考虑,为了民族的利益。签字后不去见蒋,我们就输理了。现在我不去,将来再说。今天中央委员会批准这个新五条,明天即可签字。周恩来在发言中说,蒋介石认为我们参加政府和成立联合政府是有区别的。赫尔利则将二者混而为一,所以他以为蒋介石不至于为难。全会一致同意五点协定。

**11月10日** 上午10时,毛泽东、朱德、周恩来开始同赫尔利进行第四次会谈。毛泽东首先说明:(一)关于我们所同意的文件,请赫尔利将军转达罗斯福总统。(二)关于我们与赫尔利将军商谈这个协定,昨天晚上我们中央委员会开了会,一致通过这一文件,并授权我代表中国共产党中央委员会在这个文件上签字。(三)我今天还不能和赫尔利将军同去重庆。我们决定派周恩来和你同去。总之,我们以全力支持赫尔利将军所赞助的这个协定,希望蒋先生也在这个协定上签字。随后,毛泽东与赫尔利分别在《中国国民政府、中国国民党与中国共产党协定》上签字。这个协定还有待于国民党政府主席蒋介石签字。下午2时,赫尔利携带签字后的协定乘飞机离开延安,周恩来和包瑞德同行。

**同日** 毛泽东应赫尔利的建议,写信给美国总统罗斯福。信中说:"我很荣幸地接待你的代表赫尔利将军。在三天之内，我们融洽地商讨一切有关团结全中国人民和一切军事力量击败日本与重建中国的大计。为此，我提出了一个协定。""这一协定的精神和方向，是我们中国共产党和中国人民八年来在抗日统一战线中所追求的目的之所在。""我现托赫尔利将军以我党我军及中国人民的名义将此协定转达于你。"

同日　毛泽东致电罗斯福，祝贺他连任美国总统。

11月19日　赫尔利在重庆同蒋介石谈话，将他11月10日在延安与毛泽东签署的五条协定草案交蒋介石，被蒋介石拒绝。

11月21日　蒋介石提出另一协定草案，共三条，主要是：中共派代表参加政府和军事委员会；中共将一切军队交国民党政府军事委员会管辖，进行整编；承认中共合法。

12月7日　周恩来同董必武飞返延安，包瑞德同行。

同日　毛泽东主持召开中共六届七中全体会议，听取周恩来报告此次同国民党谈判情况。会议认为：国民党既已拒绝五条协定，而所提三条明显地不同意成立联合政府和联合统帅部，因此，无法求得双方提案的基本共同点，再去重庆谈判已无必要。为了答复各方询问，准备早日公布五条协定，以引起舆论注意和督促国民政府改变态度。会议还决定：成立解放区联合委员会，由边区参议会发起。准备委员会党内由周恩来、林伯渠、高岗、薄一波等14人，党外由李鼎铭、续范亭等21人共同组成。

12月8日　毛泽东、周恩来同包瑞德会谈。毛泽东说，蒋介石提出的建议相当于完全的投降，而交换条件是给我们一个没有任何实际作用的全国军事委员会的席位，我们不能接受。美国开始同意我们的条件，后来又要求我们接受国民党的，我们难以理解。我们欢迎美国帮助我们进行军事训练，但不能指望我们付出接受帮助要经蒋介石批准这样的代价。五点建议中我们已经做了全部让步，我们不再做任何进一步的让步。我们将为另外组成一个独立政府做出准备。

12 月 15 日至 17 日　毛泽东、朱德、周恩来和叶剑英同美国战略情报局伯德上校就美国在山东半岛登陆后的军事合作问题，进行了磋商。在场的还有包瑞德。

12 月 29 日　包瑞德被免去观察组组长职务，由毕孔德上校继任。

12 月　美国《时代》周刊与《生活》杂志特派员白修德到达延安进行采访。在延安的几个星期时间里，白修德先后采访了毛泽东、朱德、周恩来、刘少奇等。1945 年 5 月，白修德发表了一篇新闻特写《延安印象记：共产党对美国的友谊是真诚的》。这篇特写发表后，轰动一时。

# 1945 年

1 月 21 日　美军观察组成员惠特塞上尉在晋东南地区工作时，突遭日军袭击，不幸牺牲。

2 月 5 日　朝鲜革命军政学校在延安罗家坪举行开学典礼。该校校长金白渊、副校长朴一禹。

2 月 22 日　八路军总部将美军观察组大饭堂开辟为"惠特塞纪念堂"。匾额系朱德手书。

3 月 13 日　毛泽东会见 3 月 9 日由重庆返抵延安的美军观察组成员谢伟思。毛泽东在谈话中指出，美国对涉及中国的问题依然没有一个明确的看法，美国政策依旧是暧昧不明的。还指出中国战后最急需的是发展经济。中国必须建立起轻工业以供应市场，提高人民的生活水平。像中国这样大而又落后的国家，在未来的时间里，必然是农业占优势的。农民问题是中国未来的基本问题。除非在解决农业问题的基础上，中国工业化不可能取得成功。中国必须实行土地改革和民主，中国共产党的政策将给中国带来民主和坚实的工业化的手段。最后指出：蒋介石拒绝成立任何真正的联合政府，他宣布在 1945 年 11 月召开国民党一手炮制的国民大会，他现在走的道路是直接导向中国内战和国民党毁灭的道路。必须向中国的自由主义者和中国的朋友美国，讲清楚蒋介石决心立即在国民党独占的基础上建立立宪政府这一最新策略所具有的危险。和平过渡到宪政的唯一希望就是成立联合政府。

4月1日　当天下午，毛泽东和周恩来、朱德、董必武同谢伟思进行谈话。毛泽东说：中国共产党对美国的政策，是寻求友好的美国支持在中国实现民主和在对日作战中进行合作。对国民党的政策仍旧是一方面批评并试图激励其进步；另一方面提出能够作为实现真正统一、民主和使全国一切力量致力于赢得战争的基础的妥协。这个妥协必须意味着国民党和蒋介石专政的结束，这个妥协必须包括承认共产党军队是国家军队的一部分，解放区政权是合法的地方政府。对于国民党，我们不打第一拳，不放第一枪。但是蒋介石现在计划召开的国民大会一定会带来内战。一旦受到攻击，我们将予以反击。一旦中国发生内战，希望美国对国共双方采取不插手政策。

4月2日　美国驻华大使赫尔利在美国华盛顿发表谈话，公开宣布美国只同蒋介石合作，不同共产党合作。

4月4日　美军观察组成员谢伟思奉召离开延安返回美国。

同年春　周恩来会见美军观察组成员修斯多夫，向他介绍中共领导下的人民武装部队在华北敌后抗敌活动等情况。

4月13日　毛泽东、朱德联名致电美国新总统杜鲁门，对罗斯福逝世表示悼念。同日，毛泽东、朱德联名致函美军观察组，表示悼念之情。叶剑英、杨尚昆代表八路军总部，林伯渠、谢觉哉代表边区政府和参议会，前往美军观察组驻地吊唁罗斯福。

4月14日　《解放日报》发表题为《哀悼罗斯福总统》的社论。

4月23日　中国共产党第七次全国代表大会在延安开幕，6月11日胜利闭幕。大会一致通过了毛泽东的政治报告，确立了毛泽东思想作为全党一切工作的指导方针的政治地位，选举产生了新的中央委员会。这是中共历史上空前规模的大会，是团结的大会、胜利的大会。

5月2日　苏联红军攻克柏林。

5月8日　德国法西斯宣布无条件投降。

5月11日　朱德、林伯渠、李鼎铭欢宴苏联、美国、英国在延安的朋友，庆祝盟军在欧洲战争中的胜利。毛泽东出席祝贺。

5月21日　日本共产党领袖冈野进（林哲，也名野坂参三）和朝鲜革命军政学校副校长朴一禹在中共七大全体会议上发表讲演。

6月10日　朱德和叶剑英联名致函惠特塞夫人，对惠特塞牺牲表示悼念。

7月21日　朱德在王家坪举行宴会，庆祝美军观察组来延一周年。

8月14日　日本政府照会美国、英国、苏联、中国四国政府，表示接受《波茨坦公告》。15日，日本天皇以广播"停战诏书"形式，宣布无条件投降。

8月15日　朱德在王家坪举行鸡尾酒会，欢宴盟国友人，庆祝反抗日本法西斯所取得的伟大胜利。

8月28日　毛泽东、周恩来、王若飞由延安飞抵重庆，与国民党进行和平谈判。

8月30日　日本工农学校全体学员和在延安的日本朋友，在王家坪军委礼堂举行出发纪念大会。叶剑英出席并讲话。此后，日本友人离开延安，赴前线工作。

9月2日　日本天皇和政府以及日本大本营的代表在投降书上签字。至此，中国抗日战争胜利结束，这也标志着第二次世界大战的结束。

此后，朝鲜革命军政学校师生和方禹镛大夫离开延安，返回祖国。德国医生米勒、奥地利医生傅莱、印度尼西亚医生毕道文等也离开延安，分别前往华北解放区或参加国际红十字会工作。

10月10日　国共双方正式在重庆签署《政府与中共代表会谈纪要》，即"双十协定"。

10月11日　毛泽东和王若飞返回延安，延安各界万人前往机场欢迎。美军观察组组长叶顿上校也前往欢迎。

11月15日　中央机关在王家坪为阿洛夫举行欢送宴会。随后，阿洛夫启程回国。

## 1946年

1月7日　苏联派来为毛泽东治病的阿洛夫大夫和米尔尼柯大夫飞抵延安，毛泽东的长子毛岸英随同回到延安。

1月10日　中共代表周恩来和国民党政府代表张群正式签署停战协定。

1月11日　由中共、国民党政府和美国三方代表组成的军事调停处执行部在北平正式成立。马海德作为中共代表团的医疗顾问，参加军调部的活动。

3月4日　军事三人小组成员周恩来、张治中、马歇尔和军调部代表叶剑英、郑介民、罗伯逊由归绥（今呼和浩特）飞延安视察。当晚，中共中央举行盛大招待会。次日，周恩来等离开延安，飞往汉口。

4月8日　王若飞、秦邦宪、叶挺、邓发等，在由重庆飞回延安时，因飞机失事不幸遇难。

4月19日　延安各界隆重举行追悼和安葬"四八"烈士仪式。美军观察组杨少校参加了安葬仪式。

6月26日　蒋介石悍然撕毁停战协定和政协决议，以大举进攻中原解放区为起点，发动了全面内战。

7月21日　美国《外交政策汇报》与《新共和杂志》特约撰稿人、哥伦比亚大学教授罗辛格到延安采访，至8月1日离开。期间，毛泽东会见了罗辛格，同他进行了谈话。罗辛格并采访了延安大学副校长李敷仁和驾机起义来延安的国民党空军上尉刘善本。

8月1日　美国著名记者安娜·路易斯·斯特朗（1885—1970）由北平飞抵延安访问。

8月2日　国民党飞机轰炸延安。斯特朗撰写了《延安被炸目击记》的报道。

8月6日　毛泽东在杨家岭会见斯特朗，提出了"一切反动派都是纸老虎"的著名论断。

8月10日　美国总统特使马歇尔和美国驻华大使司徒雷登发表联合声明，宣布"调处"失败。

8月12日　斯特朗采访了延安县牡丹区（今延安市宝塔区梁村乡）劳动英雄李玉贵。

9月1日　斯特朗离开延安，前往华北和东北解放区采访。

9月21日　美国纽约《先锋论坛报》记者斯蒂尔到延安采访。之后，朱德会见了斯蒂尔，指出，这次内战是美国反动派和中国反动派强加给中国人民的。

9月27日　斯蒂尔参加了延安军民在城南七里铺举行的欢迎八路军三五九旅南下归来的盛大仪式，并拍摄了许多珍贵的照片资料。

9月29日　毛泽东会见斯蒂尔，就美国"调解"真相和中国内战前途发表了重要谈话。

9月底　美国专家李敦白经斯特朗推荐，来到延安。不久，李敦白被分配到延安新华广播电台工作。

10月1日　斯蒂尔离开延安，返回北平。

10月10日　延安各界万人集会，开展"美军退出中国运动周"活动。

10月21日　捷克斯洛伐克牙科博士罗别愁（1899—1977）经联合国善后经济总署介绍，来到延安。罗别愁被安排到白求恩国际和平医院工作。

10月28日　英国援华会会长克利浦斯夫人一行由太原飞抵延安。次日，陕甘宁边区政府主席林伯渠，副主席李鼎铭、刘景范设宴招待克利浦斯夫人一行。克利浦斯夫人等先后参观了和平医院、西北医药专门学校等。

10月30日　毛泽东、朱德设宴欢迎克利浦斯夫人一行。

10月31日　克利浦斯夫人离开延安飞往郑州。临行时，朱德和康克清前往机场送行。

10月　美国畜牧专家阳早来到延安，被安排到延安光华农场畜牧组工作。

11月1日　斯特朗返回延安，继续采访。

11月11日　中共中央召开保卫边区、保卫延安干部动员大会。朱德、刘少奇、彭德怀、杨尚昆在会上发表了讲话。

11月30日　中共中央在杨家岭中央大礼堂为朱德六十寿辰举行祝寿活动。斯特朗和美军观察组组长谢路士上校，成员雷克中校、白特乐少校出席祝寿。

12月2日　国际性的宗教慈善组织公谊服务会所属的公谊服务会医疗队，在队长任桐年（叶彼得，英国内科大夫）的率领下，到达延安。队员包括葛礼馥（新西兰外科大夫）、戴杰克（加拿大医疗化验师）、许岩礼（英国爱克斯光技师）、米福兰（美国医疗机械师）、斯坦莉（美国护士）和许岩礼夫人甘贞安（英国护士）。公谊服务会医疗队并带来3卡车计7吨多重的救济药品及医疗器材。朱德在王家坪设宴欢迎服务会医疗队成员。

12月10日　公谊服务会医疗队正式参加白求恩国际和平医院的医务工作。

12月12日　延安各界在边区参议会礼堂举行纪念西安事变十周年大会。美军观察组组长赛尔斯上校和霍克少校出席了会议。这是该组最后一次参加延安的公众集会。

## 1947年

1月21日　斯特朗来到清凉山上，和新华社社长廖承志一起欢度农历丙戌年除夕，并和新华社同志进行了谈话。

1月30日　在北平的军调部美方发言人接见记者发表谈话。称，随着美方人员之撤退，在延安之美军观察组及哈尔滨联络小组亦决定撤销。

2月21日　军调部中共方面最后一批人员由叶剑英率领，从北平飞回延安，马海德同机返回。

2月22日　周恩来在延安会见美国合众国际社记者罗德里克，阐明中共与蒋介石恢复和谈的条件。

3月8日　延安各界在新市场举行保卫边区、保卫延安万人大会。朱德、周恩来、彭德怀、林伯渠、邓颖超先后在会上发表了讲话。

同日　公谊服务会医疗队随和平医院人员离开延安，开始转战陕北。

3月10日　周恩来在王家坪为斯特朗和罗德里克设宴饯行。出席作陪的有美国友人阳早和李敦白等。

同日　当晚，毛泽东会见斯特朗，与她亲切话别。毛泽东在谈话中指出，中共愿意同国民党恢复谈判，条件是：双方恢复1946年1月10日停战协定签订时的实际控制区域；取消1946年11月由"国大"通过的"宪法"，恢复一年前各党派一致通过的政治协商会议决议。在谈到美国拥有原子弹时，毛泽东说：原子弹的诞生，也就结束了它的生命。全世界那些笨人在奢谈原子战争，但是原子弹在战争中已不能再度使用。它在广岛上空的大爆炸已炸毁了它自己。它的收效也就是它的死亡，因为全世界的人民都反对它。自然，原子弹将继续予以发展，它的巨大能力将为人们所利用。

3月上旬　国际友人马海德、阿洛夫、米尔尼柯等相继离开延安，前往华北解放区。

3月11日　斯特朗和罗德里克以及美国观察组最后一批人员乘美军飞机离开延安。

3月12日　国民党飞机对延安进行了疯狂的轰炸。

同日　当晚，朱德、刘少奇、任弼时率中央机关部分工作人员离开延安，前往子长县境内的王家坪（今属杨家园则镇）。

3月18日　毛泽东、周恩来率中共中央机关离开延安，踏上转战陕北的征途。

3月19日　西北野战兵团经过七天七夜的保卫战，在取得歼敌5000余人的重大胜利以后，在彭德怀的亲自指挥下，主动撤离延安。

5月1日　中共中央决定，将原军委外事组改组为中央外事组。中共中央后方委员会书记叶剑英兼任主任，王炳南为副主任。中央外事组下设3个处：编译处，负责人徐大年；研究处，负责人柯柏年；新闻处，负责人董越千。随后，中央外事组在山西临县后甘泉村组建成立，工作人员20余人。

7月18日  贺龙由山西临县来到中共中央机关临时驻地靖边县小河村，准备参加小河会议。正在临县的苏联医生阿洛夫与贺龙同行，来到小河村，准备在小河会议期间为中央领导和与会的负责同志检查身体。

7月21日至23日  中共中央扩大会议在小河村召开。会议重点讨论了如何进一步组织和发展战略进攻，部署战略进攻中各战区的协同作战问题。

7月下旬  小河会议结束后，阿洛夫随贺龙东渡黄河，返回山西临县。

## 1948年

3月23日  毛泽东、周恩来、任弼时率中共中央和解放军总部机关，从吴堡县川口渡口东渡黄河，进入华北解放区。

4月22日  西北野战军光复延安。

4月24日  毛泽东在河北阜平县城南庄，为中共中央起草致西北人民解放军全体同志电，庆祝收复延安的伟大胜利。

5月11日  中共中央西北局和陕甘宁边区政府机关返回延安。边区政府交际处也一同返回延安。

## 1949年

2月  美国物理学家寒春到达瓦窑堡，与在瓦窑堡农具厂工作的阳早会合。

4月  阳早与寒春在延安陕甘宁边区参议会礼堂举行婚礼。边区政府主席林伯渠赠送写有"爱情与真理的结合"的喜幛，并赠送一副贺联："万里良缘；圣地花烛"。

5月20日　西北野战军第六军解放西安。

5月26日　陕甘宁边区政府机关进驻西安。边区政府交际处也随之迁往西安。

8月　阳早和寒春前往陕北三边（靖边、定边、安边）地区，参加创办三边牧场。

2012年11月17日完稿于西安